Wolfgang Beudels / Wolfgang Anders

Wo rohe Kräfte sinnvoll walten

Handbuch zum Ringen, Rangeln und Raufen in Pädagogik und Therapie

Wolfgang Anders (Mitte oben)

Wolfgang Beudels (unten)

Wolfgang Beudels / Wolfgang Anders

Wo rohe Kräfte sinnvoll walten

Handbuch zum Ringen, Rangeln und Raufen in Pädagogik und Therapie

borgmann

Widmung

Dieses Buch ist ganz besonders für

ULLA, die auch im Drüber und Drunter den Überblick behält,
VERA, die alle Lagen mit Zuversicht meistert,
JONAS, der sich mit stoischer Ruhe auf den Kampf des Lebens einstellt,
DAVID, der mit Geduld und Gleichmut wieder nach oben kommt,
ELLEN, die manchem Jungen den Rang streitig macht,
ARNE, der im geistigen Duell gerne neue Grenzen absteckt,
LUKAS, der auch in Rückenlage immer noch lachen kann.

***Wichtiger Sicherheitshinweis:** Alle hier vorgeschlagenen Übungen und Spielideen wurden von Autor und Verlag sorgfältig erwogen und geprüft. Dennoch erfolgt ihre Durchführung auf eigene Gefahr und entbindet den/die Übungsleiter/in nicht von der Beachtung individueller Gefahrenmomente und der Planung entsprechender Sicherungsmaßnahmen. Eine Haftung des Autors bzw. des Verlages und seiner Beauftragten ist ausgeschlossen.*

2., verb. Aufl. 2002
Gesamtherstellung: Löer Druck GmbH, Dortmund

Titelfoto: Beudels
Fotos: Beudels, Anders, van Zoest (1)

Bestell-Nr. 8404 ISBN 3-86145-251-0

Inhalt

Zitate

Aufrecht stand er und nahm das Wort vor den Männern von Argos:
Auf zum Ringen, wer darin auch sich möchte versuchen!
Sprach's; da erhob sich der mächtige Sohn des Telamon, Ajas,
Auch Odysseus erhob sich, der listige Meister in Ränken.
Beide traten gegürtet hervor in die Mitte des Platzes,
Packten einander und hielten sich fest mit den kräftigen Armen,
Wie die begegnenden Sparren, die hoch am Dach eines Hauses
Dicht aneinander der Zimmerer fügt, den Winden zum Trotze.
Beiden knackte der Rücken, vom Druck der verwegenen Arme
Hart gepreßt, und es troff der quellende Schweiß auf den Boden.
Viele Beulen schwollen empor an den Seiten und Schultern,
Rotgedunsen vom Blut; und immer noch rangen die beiden
Siegesbegierig im Kampf um den festgeschmiedeten Dreifuß.
Weder vermochte Odysseus im Fall ihn zu Boden zu bringen
Noch den anderen Ajas, gehemmt von der Kraft des Odysseus.
Als sie schon müde gemacht die wohlgeschienten Achaier,
Redete so zu diesen der Sohn des Telamon, Ajas:
Göttlicher Sohn des Laertes, erfindungsreicher Odysseus,
Heb mich oder ich dich; das andre wird Zeus schon besorgen.
Sprach's und hob ihn empor; Odysseus aber, voll Arglist,
Stieß ihn von hinten ins Kniegelenk und lähmt' ihm die Glieder.
Rücklings fiel er zu Boden, es fiel auf die Brust ihm Odysseus
Nieder im Sturz; verwundert staunten da wieder die Männer.
Nun zum zweitenmal hob ihn der vielerprobte Odysseus,
Doch bewegt' er ihn kaum und brachte ihn nicht in die Höhe,
Krümmte ihm aber das Knie; da stürzten die beiden zu Boden,
Dicht aneinandergepreßt, und wurden vom Staube besudelt.
Und zum drittenmal standen sie schon und hätten gerungen,
Doch Achilleus erhob und hielt sie zurück mit den Worten:
Reibt euch länger nicht auf und macht ein Ende dem Drängen.
Beide verdienen den Sieg! Empfangt nun beide die gleichen
Preise und geht, damit auch andre Achaier noch kämpfen.
Also sprach er; sie hörten ihn an und folgten gehorsam,
Wischten den Staub sich ab und hüllten sich gleich in die Kleider.

Aus: Ilias (HOMER, um 700 v.Chr.)

Unter allen Wettkämpfen, die üblich sind, hat das Pankration den Vorzug, obwohl es aus unvollkommenem Ringen und unvollkommenem Boxen zusammengesetzt ist. Alle geben ihm den Vorzug, außer den Eleern; sie sehen den Ringkampf als Kraftprobe und, um ein Dichterwort zu gebrauchen, für leidvoll an. Nicht nur wegen der Verschlingungen bei den Ringergriffen, die einen geschmeidigen und flinken Körper erheischen, sondern auch wegen des dabei vorgeschriebenen dreimaligen Wettkampfes. Während sie es für unerhört halten, daß beim Pankration und Faustkampf ohne wirklichen Kampf der Kranz verliehen wird, weisen sie den Ringer nicht zurück, da die Spielregel einen solchen Sieg ausdrücklich dem verschlungenen und mühevollen Ringkampf allein zugesteht.

PHILOSTRATOS (um 200 n.Chr.)

Anacharsis: Weswegen, bester Solon, tun dies bei euch die Jungen Männer? Die einen umschlingen einander und stellen sich ein Bein, andere wieder packen sich an der Kehle, versuchen sich gegenseitig zu Boden zu werfen und wälzen sich wie Schweine im Kot. Zu Anfang aber – ich sah es selbst -, nachdem sie sich der Kleider entledigt hatten, salbten sie sich mit Öl, und einer rieb den anderen friedlich abwechselnd ein; darauf jedoch – ich weiß nicht, was sie anwandelte – rennen sie mit geducktem Kopf aufeinander zu und schmettern ihre Stirnen aneinander wie die Widder. Und sieh, wie der dort den Burschen an den Beinen aufgehoben und zu Boden geworfen hat, sich auf ihn stürzt und nicht mehr emporkommen läßt, ja ihn noch tiefer in den Lehm stößt; er schlingt endlich beide Beine um dessen Bauch, preßt den Ellenbogen auf seine Kehle und würgt den Armen. Der aber klopft ihm auf die Schulter und fleht ihn, glaub' ich, an, ihn nicht ganz zu erdrosseln. Nicht einmal das Öl hindert sie, sich zu besudeln, so daß man es bald gar nicht mehr bemerkt.
Solon: Mich wundert gar nicht, Anacharsis, daß du diese Übungen so siehst, denn sie sind dir fremd (...). Vermutlich lernt und tut auch ihr vieles, was uns Griechen verwunderlich vorkäme, wenn einer von uns zum erstenmal wie du jetzt dabeistünde. Doch beruhige dich, mein Lieber! Was du hier siehst, ist kein Wahnsinn: Diese jungen Leute schlagen und wälzen einander im Lehm oder bestreuen sich mit Sand nicht aus Übermut, sondern diese Übungen sind auf eine ergötzliche Weise recht nützlich und kräftigen den Körper nicht wenig. Wenn du nun (...) in Griechenland länger verweilst, so wirst du binnen kurzem auch selbst zu denen gehören, die sich mit Lehm beschmieren oder mit Sand bestreuen; so vergnüglich und nützlich zugleich wird dir dies vorkommen.
Anacharsis: Bleib mir vom Leibe damit, Solon! Behaltet für euch diesen Nutzen und Spaß (...). Doch sage mir, wie nennt ihr das, was da geschieht, oder wie sollen wir das bezeichnen, was ihr hier treibt?
Solon: Ringkampf heißt die Übung, die auf dem Lehmboden vorgenommen wird, allerdings siehst du auch einige im Sande ringen. Gehen sie in aufrechter Stellung aufeinander los, so sprechen wir von Pankration (...). Wir dachten uns mannigfaltige Übungen aus, haben für jede von ihnen einen Trainer bestellt und lassen nun den einen das Boxen beibringen, anderen wieder den damit kombinierten Ringkampf, damit sie sich daran gewöhnen, die damit verbundenen Anstrengungen auszuhalten, auf die Schläge hin loszugehen und nicht aus Furcht vor Verwundungen auszukneifen. Dies verschafft uns doppelten Nutzen: Es macht sie mutig angesichts der Gefahren, so daß sie ihre Person nicht schonen, und außerdem werden sie stark und kräftig. Durch das Ringen mit gesenktem Kopf lernen sie hinzufallen, ohne Schaden zu nehmen, aber auch wieder leicht aufzustehen, sie machen Bekanntschaft mit Stößen, Verrenkungen und Beugungen; sie lernen, wie man sich würgen lassen kann, und auch wie man den Gegner in die Höhe hebt. Alles, was sie treiben ist nicht nutzlos, denn sie erreichen sehr rasch ohne Frage ein wichtiges Ziel: Ihre derart durchgearbeiteten Körper werden unempfindlicher und kräftiger (...). Nun vernimm, du Wunderlicher, wozu Lehm und Sand dienen, die dir ja gleich anfangs gar lächerlich vorkamen: Zunächst sollen die Ringer nicht auf harten, sondern auf weichen Boden fallen, damit sie keinen Schaden nehmen; ferner nimmt ihre Schlüpfrigkeit zu, wenn sie im Lehm schwitzen, weshalb du sie mit Aalen verglichen hast, aber auch das ist weder nutzlos noch lächerlich, vielmehr trägt auch dies nicht wenig zu ihrer Stärkung und Spannkraft bei, wenn sie in dieser Lage gezwungen sind, einander fest zu fassen und den entgleitenden Gegner nicht loszulassen. Glaube ja nicht, daß es eine Kleinigkeit sei, einen mit Öl und Lehm beschmierten schwitzenden Mann aufzuheben, wenn er dazu noch sich müht, dir aus den Händen zu schlüpfen.

Aus einem fiktiven Zwiegespräch zwischen Solon und Anacharsis, LUKIAN (um 150 n.Chr.)

Man beschloß, daß der eine von den Brüdern Thord mit Grettir ringen sollte, und er war auch dazu bereit. Nun trat der eine von den Brüdern vor. Grettir stand aufrecht da; der andere rannte schnell auf ihn los, aber konnte ihn nicht von der Stelle rücken. Grettir langte ihm über den Rücken, packte ihn an der Hose, hob ihn so an den Beinen empor und schleuderte ihn sich so über den Kopf, daß er mit den Schultern auf den Boden zu liegen kam; das war ein mächtiger Fall. Dann sagten die Leute, jetzt sollten beide Brüder auf Grettir losgehen, und es geschah auch. Es war ein heißes Ringen, bald war der eine, bald der andere im Vorteil; aber Grettir hatte doch immer einen von den Brüdern unter sich; bald lag er, bald lagen beide Brüder in den Knien, bald ging es ihm, bald den beiden andern schlecht; so mächtig hatten sie sich gepackt, daß sie blau und blutig wurden. Das erschien allen als eine großartige Unterhaltung. Und als sie aufhörten, dankten ihnen alle für ihren Ringkampf. Und das war das Urteil aller, die als Zuschauer dabei saßen, daß die beiden Brüder zusammen nicht stärker waren als Grettir allein, obwohl sie jeder für sich Kräfte hatten wie sonst zwei starke Männer. Sie waren gleich stark, so daß keiner von ihnen dem andern etwas anhaben konnte, wenn sie miteinander rangen.

Aus der Islandsaga

Die Zitate stammen aus: Barisch, H. (1977): Sportgeschichte aus erster Hand. Würzburg: Arena

Vorwort

Ich habe das hundert Mal oder mehr erlebt. Meine Übungsgruppe trabt, besser, trottet durch die Halle – schwerfällig, träge, lustlos. Plötzlich kommt „Leben in die Bude“. Es lacht und jauchzt, die Turnschuhe quietschen wie die Pneus, es geht ran und drunter und drüber. Warum? Weil ich gesagt habe: „Nehmt Euch einen Partner, sucht Euch eine Linie, stellt Euch gegenüber und versucht, den Anderen über die Linie zu ziehen!“ Das zündet. Das ist etwas Anderes als Aufwärmrunden zu drehen, obwohl die natürlich auch ihren Sinn haben. Jetzt aber „geht es um was“, obwohl nichts auf dem Spiel steht. Die Anderen sind plötzlich nicht nur irgendwie anwesend, sondern da. Handgreiflich, mit blitzenden Augen leisten sie den Widerstand, den es braucht, damit das Spiel gelingt. Du oder Ich? Mit Kraft oder List? Schnell entscheiden oder hinhalten und abwarten? Siegen können – Siegen müssen?

Wolfgang Beudels und Wolfgang Anders gehen in diesem Buch von solchen und ähnlichen Erfahrungen aus. Sie haben – am eigenen Leibe und bei anderen – erlebt, dass wohlverstandenes, klug geregeltes, mit ganz einfachen Mitteln hergestelltes Kämpfen noch bevor es zu einem technisch anspruchsvollen Sport wird, schon drei Dinge leisten kann ...

– Menschen in Bewegung bringen,
– Menschen zueinander bringen,
– Menschen zu sich selbst bringen.

Das ist mehr als man in vielen Bewegungsbereichen erhoffen kann. Deshalb richten sich – gerade heute – viele Erwartungen auf diesen Bereich. Kämpfen ist pädagogisch „in“. Lehrpläne öffnen sich. Die Kinderabteilungen des Judoverbandes verzeichnen einen ungewöhnlichen Zulauf. Sozialbehörden und Ministerien unterstützen Programme zur „Gewaltprävention“.

Die beiden Autoren wissen das, aber sie vermeiden die Falltür, die sich da öffnet. Sie „verkaufen“ das einfache Kämpfen nicht als Heilmittel für allerlei persönliche und gesellschaftliche Bedürfnisse und Gebrechen. Sie verstehen es als ein tiefgründiges – nicht bis ins Letzte auslotbares – Beziehungsereignis. Das kann ebensogut glücken und etwas Gutes bewirken, wie es auch misslingen, und dann leider etwas nicht so Gutes bewirken kann. Das liegt daran, so stellt Lutz GERDES in seiner soeben fertiggestellten Dissertation (HAMBURG Fachbereich Sportwissenschaft 2001) fest, dass sich die Kampfpartner in einer eigentümlich doppelten Weise begegnen können.

In einer Art sind sie sich gegenseitig wie Gegenstände, die es in geschickter, bewegungstechnisch richtiger Weise zu behandeln gilt, um das äußere Kampfziel, die Niederlage des Gegners, zu erreichen. Diese sachliche, objektivierende Begegnung ist nötig. Sie stellt keine Verfehlung des menschlich Gebotenen dar, wie manche glauben, die sich im Sinne einer reinen Subjektideologie aussprechen. Es darf nicht verdrängt oder vorschnell verurteilt werden, dass wir einander sachlich behandeln – es gehört zum Realitätsprinzip, das anzuerkennen. Ohne solche wechselseitige Vergegenständlichung gibt es keine wirkungsvollen Kampfgriffe und Techniken, auch nicht unter den Bedingungen des einfachen Kämpfens, wie es in diesem Buch vorgestellt und unterstützt wird. Und ohne die Erfahrung der besonderen, objektiven Beschaffenheit des Gegenüber gibt es auch kein Wissen und kein Gefühl dafür, wie damit angemessen und pfleglich umzugehen sei.

In der anderen Art aber begegnen wir einem „Du", einem bestimmten, einmaligen Menschen, zu dem wir in unstrategischer, uns öffnender und aufschließender Weise in der Aktion des Kämpfens, in unserer „Leibesbeziehung" Du sagen können. Über dieses besondere Für- und Miteinander kann man schlecht Auskunft geben, es ist im Erleben da.

Bleibt das Kämpfen rein sachlich-strategisch, wird es nicht als letztlich so gelungen bezeichnet werden können, als wenn sich die menschlich tiefe Begegnung mit ereignet. Ist es aber der Fall, dann wird auch die Niederlage noch zum Gewinn.

Leider kann man das, was da wünschenswert und wichtig ist, als Pädagoge und Therapeut nicht zielsicher herstellen. Es muss sich zwischen den Beteiligten ereignen. Aber man kann Vorkehrungen treffen, Rahmen setzen, einladen. Das ist es, was Wolfgang Beudels und Wolfgang Anders in diesem Buch tun. Sie erklären den erzieherischen Sinn des einfachen Kämpfens. Sie bieten in sinnvoller Gliederung Übungen und Spiele an, die geeignet sind, um in das Thema hineinzukommen, es lohnend nach verschiedenen Seiten auszuschreiten und Brücken auch in das sportliche Kämpfen zu bauen. Sie lösen damit, so gut das über Geschriebenes und Bebildertes möglich ist, ein vordringliches praktisches Problem. Vom Wert des Kämpfens sind viele Bewegungserzieher und Bewegungstherapeuten – zurecht – überzeugt. Aber sie bleiben befangen, wenn sie sich nicht selbst aufgrund eigener sportlicher Kampferfahrungen gut auskennen. Sie wissen nicht, wie sie das Thema trotzdem präsentieren, methodisch aufbauen und verantwortungsgerecht begleiten sollen. Ihnen kann nun geholfen werden.

Jürgen Funke-Wieneke

1. Einleitung

Unsere Idee, ein Buch zum Thema Ringen, Rangeln und Raufen zu schreiben, entstand aus dem Motiv, diesen von uns selbst als sehr lustbetont erlebten Bewegungsbereich anderen Menschen in einer ansprechenden Form näher zu bringen und ihnen etwas von unserer eigenen Begeisterung mitzugeben, denn – so haben wir es sowohl in Gruppen mit Kindern als auch mit Erwachsenen erlebt – die unübersehbare Freude der Teilnehmer[1] am Balgen, Rangeln, und (friedlichen) Raufen bestätigt uns in unserer pädagogischen Arbeit und erfreut und begeistert uns selbst. Zudem beobachten wir gerade bei Kindern besondere Kompetenzen, die sie sonst nur selten zeigen und anwenden können bzw. dürfen. Ringen, Rangeln und Raufen ermöglicht Kindern, Jugendlichen und auch Erwachsenen durch die Vielseitigkeit und die Multidimensionalität des Angebots neben den auch intendierten pädagogischen Zielsetzungen verschiedene Urbedürfnisse zu befriedigen: Nämlich das Verlangen nach Nähe, Berührung, Halten, Gehalten- und Getragen-Werden sowie die Lust, zu jagen, zu fangen, loszulassen und wie eine Katze mit der Maus zu spielen. So wundert es nicht, wenn Teilnehmer auf Fachtagungen nach entsprechender Selbsterfahrung verwundert fragen, warum diese Formen körperlicher und emotional-sozialer Auseinandersetzungen einerseits nicht schon viel früher in die Kindergärten und Schulen eingebracht worden seien und andererseits, warum sie nicht auch für Erwachsene angeboten werden.

Wir sind davon überzeugt, dass sich hier im Laufe der Jahre ein Wandel vollziehen kann, wenn Ringen und Raufen als bedeutungsvolles pädagogisches und therapeutisches Medium erkannt und genutzt wird. Dies ist sicherlich nicht nur relevant im Hinblick auf die immer weiter zunehmende Unverbindlichkeit menschlicher Begegnungen und eskalierende gesellschaftliche Gewalt.

Der Mensch ist ein soziales Wesen, das sowohl auf Kontakt durch die Sprache als auch durch die Haut nicht verzichten kann. Kaiser Friedrich II. (1194-1250) versuchte herauszufinden, welche Sprache Kinder sprechen würden, wenn sie ohne Worte zu hören aufwachsen würden. Dies scheiterte am vorzeitigen Tod der Säuglinge; sie starben, da mit ihnen nicht gesprochen wurde und der Körperkontakt nur auf die notwendigsten Versorgungsmaßnahmen beschränkt blieb. Was sie am Leben erhalten hätte,

[1] Der Einfachheit halber verwenden wir in diesem Buch die männliche Form der Anrede. Selbstverständlich sind mit Teilnehmer auch die Teilnehmerinnen, mit Pädagogen auch die Pädagoginnen, mit Therapeuten auch die Therapeutinnen und mit Spieler auch die Spielerinnen gemeint.

wäre die Schaffung der natürlichsten Bedingungen gewesen: warmherziger, d.h. vor allem wirklicher „sozialer Kontakt“ über Sprache und Berührung. Obwohl sie physisch (Nahrung, Flüssigkeit, Hygiene) gut versorgt waren, kam es zum Erscheinungsbild des körperlichen Verfalls (Marasmus).

Das Urbedürfnis des Menschen nach Berührung ist genetisch angelegt. Würde es uns verwehrt, so erkrankten wir, bis im ungünstigsten, aber nicht unwahrscheinlichsten Fall der Tod eintritt. Gerade Kinder suchen sich ihre Berührungsmöglichkeiten bei ihren meist gleichaltrigen Spielgenossen, sie kabbeln sich gerne, raufen zuweilen, messen Kräfte und entwickeln Finessen, um kraftsparend und möglichst effektiv ihr Ziel, den anderen „aufs Kreuz zu legen“, zu erreichen. Somit befriedigen sie vielfältige unausgesprochene Wünsche: Nähe und Berührung zu erfahren, eigene Kräfte zu entwickeln und in Verbindung mit eigener Geschicklichkeit und Gewandtheit die Selbstwirksamkeit zu erleben, zugleich aber auch den eigenen Körper durch muskuläre Arbeit, durch Zug, Druck, Nachgeben und Bewegungen des Partners erneut und immer wieder anders zu spüren, unerwartete Situationswechsel erleben zu dürfen und frei in der Entscheidung zu sein, schwierige Situationen selbständig (fair) zu bewältigen. Dabei realisieren sie möglicherweise stille Sehnsüchte: in den Arm genommen, gehalten und gedrückt (geherzt) zu werden. Aber auch Überlegenheitsstreben und andere verborgene Wünsche lassen sich hierbei friedfertig umsetzen: So kann man jemanden spielerisch „aufs Kreuz legen“ oder ihn „in die Knie zwingen“, in jedem Fall will/muss man „einen Standpunkt vertreten“ und „Position beziehen“, die „ver-treten“ sein will. Man darf sogar anderen „den Buckel runterrutschen“, man darf „sich querstellen“ oder jemanden ohne Rücksicht auf den sozialen Status „auf den Arm nehmen“. Wo sonst hätten wir – wenn nicht beim Ringen, Rangeln und Raufen einen so geschützten und legitimierten Ort in unserer Gesellschaft?

Die körperliche Auseinandersetzung mit der anderen Person, die wir als **Partner** und nicht als **Gegner** verstehen, ist zugleich eine geistige Herausforderung. Selten sind in zwischenmenschlichen Begegnungen persönliche Grenzüberschreitungen so leicht möglich und schnell vollzogen wie beim Rangeln und Raufen; die Beteiligten aber wissen oder werden es bald erkennen, dass sie ihre Freude und ihren Spaß beim gemeinsamen Austoben nur behalten können, wenn ihr Partner seelisch und körperlich unversehrt bleibt, womit Fairness, Kooperationsbereitschaft und Empathie als Grundlage impliziert und intrinsisch entwickelt werden.

Der Bewegungsbereich Ringen, Rangeln und Raufen stellt eine körperkontakt-intensive und zugleich berührungsfreundliche, „sanfte“ Kampfform dar, die im deutlichen Gegensatz zu den Distanz-Kampfsportarten (wie Boxen,

Fechten, Kung-Fu...) mit ihren kurzen, angreifenden oder abwehrenden, oft verletzenden Schlägen, Hieben oder Tritten zu betrachten ist.
Wir vermitteln keine Techniken anderer Sportarten wie im Judo oder Ringen, sondern umfangreiche, erprobte und beliebte Spielformen, die „Lust auf mehr" wecken und Erinnerungen an längst vergessene alte Spiele wieder aufkommen lassen.

Wir sprechen

- alle Kinder in Kindergarten und Schule sowie
- Jugendliche, aber
- auch Erwachsene an, die sich stark fühlen, und sich mal schwach erleben oder gar stark bleiben wollen;
- alle Schwachen an, die plötzlich ihre Stärken wiederentdecken, nutzen und neue Kräfte entwickeln möchten und
- natürlich alle anderen an, die sich für „normal" halten und
- auch diejenigen, für die ein sogenannter spezieller Förderbedarf notwendig ist, somit alle Menschen, die in Kindergarten, in Regel- und Sonderschulen, therapeutischen Einrichtungen arbeiten, und auch Familien, bei denen das Ringen und Raufen über das Tummeln und die beliebten Kissenschlachten hinausgehen soll.

Ihnen allen wollen wir mit unserem Buch einen Bewegungsbereich erschließen und näher bringen, in dem die sportlichen Aktionen wahnsinnig viel Spaß bereiten, auch und gerade angesichts angenehmer Erschöpfung zufrieden machen und in denen körperliche und seelische Begegnungen stattfinden, die wir im Alltag nur selten erleben.
Dass dies gelingen kann, hat sich in unserer langjährigen Praxis bei Kindern, Jugendlichen und bei Erwachsenen sowie in Begegnungen mit Familien (Eltern-Kind-Raufen) in ermutigender und überzeugender Weise gezeigt.

„Ringen, Rangeln und Raufen" ist keine Sportart; dieses Bewegungsfeld entspricht archaischen Bewegungswünschen und -bedürfnissen und stellt die Grundlage dar für die später entstandenen Kampfsportarten. Aus unserer Sicht kann es hinführen zu der einen oder anderen Sportart (z.B. Judo, Ringen), soll aber als eigenständiges, hochmotivierendes, aktivierendes und zugleich entspannendes, sozialisierendes und therapeutisch wirksames Medium erlebt, erkannt und weitergegeben werden.
Wir verstehen somit Ringen, Rangeln und Raufen als ein Handlungs- und Bewegungsfeld, das triebhaft, spielerisch (gleichzeitig aber übend und

kräfteentwickelnd), lustbetont, archaisch, animalisch–menschlich und – im besten Fall – nur mit einer einzigen Regel versehen ist:

Es ist alles erlaubt, was nicht weh tut.

Der Leser findet in diesem Buch einen Theorie- sowie einen Praxisbereich vor. Die theoretischen Grundlagen im ersten Teil beinhalten vielseitige Facetten des Buchthemas. Sie beginnen mit der Skizzierung einiger relevanter Kampfsportarten, wodurch eine erste Abgrenzung zum Inhalt und zur Intention dieses Buches ahnbar und nachvollziehbar wird.
Begrifflichkeiten werden geklärt sowie allgemeine und spezielle Ziele für das pädagogische und therapeutisch orientierte Vorgehen mit Kindern und Jugendlichen entwickelt und begründet. Darin lassen sich die unterschiedlichen Positionen in der Entwicklung methodischer Wege zur Einführung und Durchführung des Ringens, Rangelns und Raufens erkennen, so dass wir es – wie es auch unserer eigenen Erfahrung und inneren Einstellung entspricht – den interessierten Pädagogen und Therapeuten überlassen, diesen oder jenen Weg zu favorisieren oder einen neuen, noch nicht „ausgetretenen Pfad" zu gehen. Dieser kann und soll den Bedürfnissen und Möglichkeiten der jeweiligen Klienten angepasst werden.
Im Praxisteil (Kap. 4) werden auf der Grundlage der theoretischen Ausführungen in insgesamt sechs Kategorien 195 in zahlreichen Unterrichts-, Förder- und Therapiestunden erprobte Spiele, Übungen und Aufgaben aus dem weiteren und engeren Bereich des Ringens, Rangelns und Raufens vorgestellt und ausführlich erläutert. Diese werden als „Vorschläge" verstanden und sind mit ein wenig Erfahrung vielfältig erweiter- bzw. variierbar. Einige Vorschläge dazu finden sich bereits innerhalb der jeweiligen Spielbeschreibungen. Eine Einführung in den Umgang mit der Spielesammlung findet sich zu Beginn des Kapitels. In einer abschließenden Übersicht können sich Pädagogen/Therapeuten und/auch interessierte Leser informieren, welche Orte bzw. Räumlichkeiten neben der „Normalturnhalle" für die Umsetzung genutzt werden können.

2. Ausgewählte Kampfsportarten

Die im Buchtitel genannten Begriffe **Ringen, Rangeln und Raufen** verleiten zur Assoziation mit leistungsorientiertem Ringen. Diese gedankliche Verknüpfung liegt nahe und ist insofern leicht nachvollziehbar, als in einem Fall begriffliche Identität gegeben ist, dem „Ringen“, sogar erstgenannt, möglicherweise dadurch Priorität zugeschrieben wird. Die Nennung der drei Begriffe in der vorgenommenen Abfolge geschieht allerdings aus Gründen der sprachlichen Lesbarkeit, dem auch Gewohnheit zugrunde liegt (die Alliteration bedeutet jedoch nicht, dass es sich hier um „synonyme Begriffe“ handeln könnte oder sollte). Unsere Akzentsetzung erfolgt unter (sonder-)pädagogischen Aspekten und will mehr das Rangeln und freundschaftliche Raufen in den Mittelpunkt rücken, wobei inhaltliche Anleihen bei einigen bekannten (Zwei-)Kampfsportarten denkbar, in begrenztem Maße erwünscht sind und auch vollzogen werden.
Rangeln und Raufen entstammt einer natürlichen, frühen kindlichen Form spielerisch vollzogener körperlicher Begegnung und Auseinandersetzung mit anderen Kindern. Dieses Rangeln stellt zum Beispiel ein nicht auf ein spezifisches Ziel bezogenes Kabbeln oder Balgen dar, dessen Ursprung u.a. in der Befriedigung des Bedürfnisses nach Nähe zu anderen liegt, dem Wunsch, den eigenen sowie den Körper des anderen kennenzulernen, Kräfte zu mobilisieren, sie zu spüren und seine eigenen Grenzen zu erkennen, aber auch sich und andere zu „testen“, Finessen zu entwickeln u.ä.m.
Wir betrachten es als einen möglichen Weg, sich in seinem sozialen Umfeld (Familie, Kindergarten, Schule) zu orientieren, Sicherheit zu finden und damit soziale Rangpositionen (d.h. „Rangeln“) abzuklären. Es mag auch der Verbesserung und Festigung geistig-körperlicher Voraussetzungen für Verteidigungs- oder Angriffssituationen dienen, wie sie in zahlreichen Kampfsportarten begründet sind.
Fernab dieser potentiellen Instrumentalisierungstendenzen aber sehen wir primär den Sinn des Ringens, Rangelns und Raufens darin, Kindern und Jugendlichen einen legalen und strukturierten Rahmen für das (Aus-)Leben ihrer Bewegungslust zu schaffen, den sie sonst nicht, nur selten oder an ungeeigneten Orten und zu ungünstigen Anlässen vorfinden. Darüber hinaus es ist bedeutsam, ihnen kontinuierlich ein psycho-physisches Regulativ zu bieten, innerhalb dessen sie ihre Gesamtbefindlichkeit positiv beeinflussen können. Hiermit werden sowohl individuelle wie auch soziale Ressourcen gefordert und gefördert.
Erforderlich sind dazu seitens der Pädagogen eine gute Kenntnis der Bewegungsinhalte und ihrer methodischen Darbietung, also Inhalts- und Handlungskompetenz, zu der die nachfolgenden Kapitel beitragen wollen,

sowie grundlegende Selbsterfahrungen, wodurch die Empathiefähigkeit gesteigert, das Verstehen und Nachempfinden kindlicher, verbaler oder motorischer Aktionen und Reaktionen erst ermöglicht werden.
Den Zweikampf-Sportarten wird im Rahmen pädagogisch orientierter Diskussionen über Sozialisationsentwicklung, Gewaltprävention usw., die nicht selten plakativ ausgetragen werden, mit Vorurteilen meist auf der Basis der Unkenntnis der emotional-sozialen und geistigen Zielsetzung, die diesen Sportarten zu Grunde liegen, begegnet.
Zahlreiche Kampfsportarten werden heutzutage in Sportvereinen angeboten, gekoppelt mit Wettkämpfen auf nationaler oder internationaler Ebene, und mit verschiedenartigsten Argumenten auf unterschiedlichsten Ebenen begründet und reflektiert.
Kampfsportarten wie Ringen, Judo, Sumo, Boxen... können mit Ringen, Rangeln und Raufen assoziiert werden und sollen daher hier hinsichtlich ihrer Gemeinsamkeiten und erforderlichen Abgrenzungen erläutert werden. Happ (1998) verwendet zur Kategorisierung der Kampfsportarten die Begriffe „Distanz-“ und „Kontaktsportarten“. Den Distanzsportarten ordnet sie diejenigen zu, „bei denen sich beide Kämpfer im wesentlichen nicht berühren“ (Happ 1998, 14). Hierzu zählt sie beispielsweise Boxen, Fechten sowie verschiedene Selbstverteidigungsarten (u.a. Kung-Fu, Ju-Jutsu). Die Formen der Körperkontakte äußern sich u.a. in Schlägen, Tritten und Umklammerungen, aus denen es sich zu befreien gilt. Wenn auch hinsichtlich der motorischen Aktivitäten sowohl in Kontakt- wie in Distanzkampfsportarten Ähnlichkeiten erkennbar werden können, so liegt bei letzteren eine *höhere Verletzungsgefahr und die „implizite Absicht, den anderen gefährlich treffen zu wollen“*, vor.
Beim Kontaktkampfsport hingegen liegt „von Beginn an ein ständiger Kontakt zum Partner“ vor. Er ist „die Voraussetzung für das gemeinsame Kämpfen“ (Happ 1998, 14). Unter anderem aus diesem Grunde ordnen wir „Ringen, Rangeln und Raufen“ ebenfalls den Kontaktsportarten, wie Judo und Ringen, zu.
Die im Kontext von Ringen, Rangeln und Raufen stehenden Sportarten bzw. Zweikampfformen werden im folgenden vorgestellt und anschließend aus unserer Sicht bewertet.

2.1 Ringen

Über 4000 Jahre alte Wandzeichnungen in den ägyptischen Königsgräbern von Ben Hassan zeugen von schon damals durchgeführten Ringkämpfen; in den olympischen Spielen der Antike war Ringen eine Disziplin innerhalb des Fünfkampfes (Pentathlon) und als letztere der fünf Disziplinen (Laufen, Weitsprung, Speer und Diskuswurf, Ringen) auch der Höhepunkt des Fünfkampfes, in dem ursprünglich nur im Stand gerungen wurde und der Gegner aus dieser Standposition zu Fall gebracht werden musste. Diese Kampftechnik verschmolz später mit dem Faustkampf zum Pankration.

Abb. 1: Ringen im Alten Ägypten (BARISCH S. 22)

Heutzutage ist Ringen eine Zweikampfsportart, die im Stand beginnt und auf einer in der Größe festgelegten kreisförmigen Kampffläche ausgetragen wird. Der Gegner muss durch besondere Techniken entweder mit beiden Schultern auf den Boden gebracht werden (Schultersieg durch Niederhalten über eine Dauer von einer Sekunde), oder der Sieg wird durch entsprechenden Punktevorsprung erreicht, der sich durch die von den

Kampfrichtern gegebenen Wertungspunkten (10 Punktedifferenz entspricht technischer Überlegenheit) für gültige Griffe ergibt; das Kampfende wird sonst durch einen Gong nach Beendigung der Kampfdauer – je nach Alter und Geschlecht drei bis fünf Minuten ohne Pause – signalisiert.
Es gibt zwei Formen des Ringkampfes:
Die griechisch-römische Stilart (nur Männer) entwickelte sich aus dem französischen Bodenringen und dem antiken klassischen Standkampf. Im griechisch-römischen Stil, der auch als der klassische Stil bezeichnet wird, sind Würfe, Schwünge, Züge, Fassarten, Balancestörungen nur oberhalb des Hüftbereiches (Gürtellinie) anwendbar. Somit werden Angriffe mit Füßen und Beinen sowie Angriffe auf diese ausgeschlossen.
Im Freistil – Ringen (Männer und Frauen) sind die erlaubten Griffanwendungen auch unter Einbeziehung von Füßen und Beinen erlaubt. Damit ist diese Sportart vielseitiger, beweglicher und spannender. Der Ringkampf wird auf einer begrenzten Mattenfläche (mit Sicherheitszone) über eine festgelegte Zeit durchgeführt.
Verboten sind Griffe, Fassarten und Bewegungen, die zu Verletzungen führen, gesundheitlich bedenklich oder lebensgefährlich sein können, womit Kratzen, Beißen, Biegen, Brechen, Quetschen, Schlagen, Treten, Stoßen, Gelenküberdehnungen, Würgen, Fingerfassen und wirbelsäulenstauchende Griffe gemeint sind.
Eine spezielle Form des traditionellen japanischen Ringkampfes stellt das Sumo ("Sich-Wehren") dar, bei dem die schwergewichtigen Kämpfer (90-140 kg Körpergewicht), die nur mit einem Lendenschurz bekleidet sind, mit speziellen, oft schlagend-stoßenden Hand-Armbewegungen und Körpergriffen ihren Gegner in oft nur wenige Sekunden dauernden Kämpfen von der Kampffläche befördern.

2.2 Judo

Judo ist ein in Japan entstandener Zweikampf- und Selbstverteidigungssport, dem nach seinem Begründer Jigoro Kano (1860-1938) zwei Prinzipien (das technische sowie das moralische Prinzip, zugrunde liegen: „Sei-Ryoku-Zen-Yo" bedeutet den „besten Einsatz von Geist und Körper" bzw. „bester Einsatz der vorhandenen Kräfte", welches in der Silbe „ju", dem „Nachgeben", „Sanftem", „Geschmeidigen" enthalten ist. Die Silbe „do" bezeichnet den „Weg", den „Grundsatz", dem „Kano" gegenseitige Hilfe für den wechselseitigen Fortschritt und das beiderseitige Wohlergehen („Ji-Ta-Kyo-Ei") zuordnet. Dieser aus dem von den Samurai gepflegten JuJutsu entwickelte sanfte Zweikampf- und Selbstverteidigungssport enthält die Verantwortung als moralisches Prinzip für gegenseitige Unterstützung und Unversehrtheit.

Das sportliche Ziel des Judokampfes liegt im überraschenden Wurf des Gegners aus dem Stand auf den Boden. Die entwickelte Kampftechnik beinhaltet Wurf- und Grifftechniken, durch deren Anwendung (Zug und Druck) das Gleichgewicht des Gegners gestört werden soll. Wird der Kampf (dessen Dauer bei Frauen 4 und bei Männern 5 Minuten dauert) nicht durch von den Kampfrichtern gegebene Punkte (Ippon) entschieden, muß der Gegner mit einer Haltetechnik 30 Sekunden festgehalten oder mit einem besonderen Griff zur Aufgabe gezwungen werden.
Die Kampffläche besteht aus einer gepolsterten Mattenfläche von mindestens 8 x 8 Metern, deren äußerer Rand als Gefahrenzone mit einem 1 m breiten Streifen rot markiert ist.
Den Ritualen (korrektes Grüßen: „Rei") vor und nach Beendigung einer Übungsstunde sowie vor und nach einem Partnerkampf sowohl im Knien als auch im Stehen kommt eine besondere soziale und emotionale Bedeutung zu.

2.3 Boxen

Boxen stellt eine Jahrtausende alte Kunst dar, mit den Fäusten zu kämpfen; es diente der Erziehung der Jugendlichen, war zeitweise als gewalttätiges Spektakel verpönt (Kirmes) und oftmals auch verboten. Abbildungen boxender Männer finden sich in den Ruinen alter sumerischer Tempel (ca. 5000 vor Christi). Auch ägyptische Steinrelieffunde (3000 vor Christi) belegen die praktizierte Boxkunst. Seit den 23. antiken Olympischen Spielen gehört Boxen zum Wettkampfprogramm (Weinmann 1991, 93) Im Mittelalter war Boxen Bestandteil des Ringens, welches in Fechtschulen gelehrt wurde. Erst 1740 wurden vermutlich vom Erfinder der Boxhandschuhe Kampfregeln aufgestellt. In den Olympischen Spielen der Neuzeit wurde Boxen erstmals 1904 ausgetragen.
Die Kämpfer versuchen, ihren Gegner durch korrekte Schläge mit gepolsterten Handschuhen auf bestimmte Körperstellen kampfunfähig (knock out) zu machen oder ihn durch Punkte zu besiegen. Dabei sind nur Schläge auf die Körpervorderseite oberhalb der Gürtellinie einschließlich des Kopfes erlaubt.
Der Kampf selbst wird auf einer quadratischen, gepolsterten und rutschfesten Kampffläche (Boxring) mit vierfacher Seilumspannung ausgetragen, von einem Ringrichter geleitet und von Punktrichtern bewertet. Er erstreckt sich über mehrere Runden von jeweils zwei Minuten Dauer mit einer Minute Pause zwischen den Runden. Elemente der Kampfausführung sind u.a. die Deckung, Ausweichbewegungen, gerade Stöße, Haken und Schlagverbindungen.
Seit 1995 gibt es durch den Deutschen Amateur-Boxverband (DABV) ver-

abschiedete Wettkampfregeln für Frauen (spezifische Wettkampfkleidung, kürzere Kampfdauer etc.). Frauenboxen wird seit mehreren Jahrzehnten international betrieben; eine deutsche Frau (Regina Halmich) gewann 1995 den Weltmeistertitel, auch in den folgenden Jahren bis 2002 wurde sie mehrfach WIBF-Worldchampion. Zu den erfolgreichsten männlichen Boxern Deutschlands zählt Henry Maske u.a. mit mehrfachen Titeln als DDR-Meister, Europameister, und (IBF) Weltmeister im Halbschwergewicht von 1993-1996.
Wegen der hohen gesundheitlichen Beeinträchtigungen wurde besonders der Amateurboxsport entschärft, dennoch muß bei jedem Wettkampf ein (Ring-) Arzt zugegen sein.

Die vergleichende Übersicht ermöglicht einerseits einen Einblick in wichtige Regeln der genannten Kampfsportarten sowie in das Bewegungs- und Erlebnisfeld des Ringens, Rangelns und Raufens. Ebenso werden durch weitere Kriterien (methodische Aspekte, Anspruchsniveau, Lernvoraussetzungen etc.) die für die Umsetzbarkeit des Themas als besonders positiv zu bewertenden Faktoren offensichtlich.

	Kontaktsportarten			Distanzsportart
	Ringen	Judo	Ringen Rangeln Raufen	Boxen
Ziel des Kampfes	Schultersieg durch Niederhalten beider Schultern über 1 Sekunde oder durch Punkteüberlegenheit (10 Punkte Vorsprung)	Gegner 30 Sekunden halten oder ihn aus dem Stand kampfentscheidend zu Boden werfen oder ihn durch Würgegriff oder Hebeltechnik zur Aufgabe zwingen	Niederhalten des Partners in Bodenlage auf dem Rücken (ca. 5 Sekunden) oder ihn immobilisieren über 10 Sekunden oder ihn zur freiwilligen Aufgabe „bewegen"	Primäres Ziel ist der Sieg nach Punkten. Seltener sind Siege durch k.o. (Niederschlag mit anschließender Kampfunfähigkeit von 10 Sekunden Dauer meist durch gezielte Schläge auf Kinn, Schläfe, Halsschlagader, Kehlkopf, Solarplexus, Magen, Leber, Herz oder Milz) oder durch technisches k.o.(Kampfabbruch zwecks Gefahrenabwendung)
Berührungsstellen	griechisch-römisch (klassisch): oberhalb der Gürtellinie; Freistil: ganzer Körper	ganzer Körper	ganzer Körper	Kopf, Körpervorderseite oberhalb der Gürtellinie
Kontaktformen	Ringen im Stand und am Boden: Werdegriffe, Beingriffe, Hüft-, Armschwünge, Ausheber, Wälzer, Kontergriffe, Schieben, Drücken, Ziehen, Werfen, Heben, Halten	Kämpfen im Stand und am Boden: Ziehen, Schieben, Werfen, Drehen, Drücken, Wälzen, Halten, Würgen	Ziehen, Schieben, Klammern, Drücken, Drehen, Wälzen, Halten, Heben, Tragen, (Werfen)	Stoßen, Boxen mit optimaler Schlagrichtung und max. Krafteinsatz und max. Schnelligkeit
Rituale	Begrüßung durch gegenseitigen Handschlag	Verbeugen vor und nach dem Kampfende vor dem Gegner und dem Kampfrichter	Gegenseitige Verbeugung (auch Begrüßung) vor und nach dem Kampf. Beim Bodenrandori erfolgt sie im Kniestand, beim Standrandori im Stand bei jeweils korrekt sitzender Kleidung	Antippen beider Hände an die des Gegners vor Beginn des Kampfes

Tabelle 1a

	Kontaktsportarten			Distanzsportart
	Ringen	**Judo**	**Ringen Rangeln Raufen**	**Boxen**
Verbotene Handlungen	Alle Faßarten, Bewegungen und Griffe, die Verletzungen verursachen können, z.B. Schlagen, Stoßen, Treten, Kratzen, Beißen, Falten, Fassen von Fingern, Würgen	wie beim Ringen	wie beim Ringen, Judo und Boxen	Rundschläge auf die Körperrückseite, Schläge unterhalb der Gürtellinie, Treten oder Beinhakeln, Klammergriffe, Kopf- und Oberkörperducken, Kopfstöße, Tief-, Nacken-, Nierenschläge, Handwurzelschläge und Schläge nach Break oder Stop
Verletzungsgefahr, körperliche Phänomene	´Blumenkohlohren´, leichte Stauchungen und leichte Gelenkverletzungen	Prellungen, Gelenkverletzungen	evt. sportübliche Verletzungen (z.B. Zerrungen, Überdehnungen)	Platzwunden (Augenbrauen), Durchblutungsstörungen von Herz und Gehirn, (vgl. Text Boxen)
Verantwortung für Fortsetzung oder Abbruch des Kampfes in „kritischen" Situationen in der Praxis	der Kämpfer selbst	der Kämpfer selbst	der Kämpfer selbst	Ringarzt Sekundant Ringrichter
Einstiegsniveau hinsichtlich koordinativer und physiologischer Voraussetzungen	hoch/mittel	hoch/mittel	gering/gering	hoch/hoch
Spezifische Methodik erforderlich	ja	ja	nein	ja
Übungserfordernis	sehr hoch	sehr hoch	gering	sehr hoch
Bekleidung	Einteiliges Trikot; bei Frauen zusätzlich: weiche Ringerschuhe (BH ohne metallene Teile empfohlen)	reißfeste Jacke, lange Hose, Gürtel	Trikot (Hemd und Hose) oder Judojacke mit Gürtel (ggf. auch mit Hose), Barfuß, kein Schmuck	Boxhandschuhe und Bandagen, Tief- und Mundschutz, (bei Amateuren: Kopfschutz und Trikot) Hose, Schuhe

Tabelle 1b

	Kontaktsportarten			Distanzsportarten
	Ringen	**Judo**	**Ringen Rangeln Raufen**	**Boxen**
Schulsport	nein, aber möglich	nein, aber möglich	ja („Ringen und Kämpfen")	nein
Vereinssport	ja	ja	nein	ja
Trainer mit spezifischer Ausbildung erforderlich	ja	ja	nein	ja
Alterszulassung bei Wettkämpfen	ab 13. Lebensjahr	im Kindesalter	entfällt, spielerisch ab 3. Lebensjahr möglich	nach vollendetem 10. Lebensjahr (C-Jugend)
Geschlechter-spezifisch	nur unter Frauen nur unter Männern	dito dito	nein	dito dito
Kampffläche	kreisförmige, gepolsterte Mattenfläche von 9 Metern Durchmesser	mit Matten ausgelegtes Quadrat von 8x8 bis 10x10 Metern	Turnmatten oder Judomatten, Niedersprungmatten sowie Weichbodenmatten, Größe abhängig von den geplanten Aktivitäten	Stumpfes, aber gepolstertes Bodenquadrat (4.9 bis 6.10 Metern) mit 4 Seilen umspannt
Kampfdauer	je nach Alter und Geschlecht 3 bis 5 Minuten, mit 1 Minute Pause; ggf. Verlängerung von max. 3 Minuten	vgl. s.o. Ziel des Kampfes	Nach Vereinbarung, ca. 1-2 Minuten	Amateure: 4 Runden à 2 Minuten Profis: bis zu 12 Runden à 2 Minuten Pausendauer jeweils 1 Minute

Tabelle 1c

3. Pädagogische und therapeutische Aspekte des Ringens, Rangelns und Raufens

3.1 Zielsetzungen

Die Zielsetzungen des Bewegungs- und Erlebnisfeldes stellen sich bei Durchsicht der fachspezifischen Literatur auf der Basis eines breitgefächerten Hypothesenspektrums sehr vielfältig dar. Hoffnung und Wirklichkeit müssen und können dabei nicht immer identisch sein, doch gibt es – auch ohne Vorliegen wissenschaftlich anerkannter Untersuchungen – so viele bedeutsame empirische und pädagogisch-therapeutisch nutzbare Erkenntnisse, die gewonnen wurden in langfristigen subjektiven Beobachtungen und Erfahrungen der in der Berufspraxis arbeitenden Pädagogen und Therapeuten sowie durch Pilotstudien, dass es gerade in der heutigen schulischen und gesellschaftlichen Situation unverzichtbar scheint, Ringen, Rangeln und Raufen nicht mehr als marginales Bewegungsbedürfnis einer spezifischen Altersgruppe zu sehen, sondern als ein zentrales Erlebnisfeld zu thematisieren, wie es z.B. bei den neuen Freizeitsportarten (Inline-Skating, Beachvolleyball/Beach-Sport, Abenteuer- und Erlebnissport usw.) seit langem der Fall ist. In Anerkennung der besonderen Werte, die – wie später noch dargelegt wird – in der „Sportszene“ z.T. einmalig sind, wollen wir uns nachfolgend mit den Zielsetzungen dieses Bewegungsbereiches befassen. Wie schon aus oben genannten Definitionen hervorgeht, handelt es sich beim Ringen und Raufen um ein friedliches Gegeneinander, gleichzeitig aber auch um ein kämpferisches Miteinander, welches regelbetont, empathiegeladen und u.a. auch an Ritualen und Techniken anderer bekannter und anerkannter Kampfsportarten orientiert ist (vgl. Tabelle 1, S. 21). Sportwissenschaftler (vgl. Rieder 1977, Kiphard 1980 u.a.), Sonderpädagogen, Therapeuten und sogar die Schuladministrative haben sich des Themas „Ringen und Raufen“ angenommen.
Flosdorf und Rieder betonten schon in den 70er Jahren die therapeutische Funktion des Sports, insbesondere derjenigen Sportarten und Bewegungstätigkeiten, die auf ihre heil- oder sonderpädagogischen Funktionen „gefiltert“ werden konnten. „Im umfangreichen, heilpädagogisch und gruppentherapeutisch aufgearbeiteten Übungsstoff aus allen bisher erprobten Sportarten werden häufig methodische Wege beschritten, die weit außerhalb der Schulmethoden liegen“. Im heilpädagogischen Sport können „Erlebnis, Erfahrung, Wagnis, Risiko, Leistung, Bewegung, Fertigkeiten, Lernen und Spielen ... zur persönlichkeitsspezifischen Aktualisierung beitragen.“ (Rieder 1977, 135f).

In seinen Untersuchungen an verhaltensauffälligen Heimkindern gehörten Ringen und Boxen zu den sporttherapeutischen Inhalten, die er trotz mancher Vorbehalte aus therapeutischer Sichtweise dennoch für einen „nicht zu ersetzenden Bestandteil der Sporttherapie“ beschreibt. „Zum Aufbau einer gesunden jugendlichen Ichstärke, der Selbstachtung und eines für Verhaltensgestörte besonders notwendigen Selbstbewusstseins gehört die geformte Kraft, das Durchsetzungsvermögen und die reale Selbsteinschätzung, gehören Durchhalten und Ausdauer, Ertragen von Schmerzen, Frustrationstoleranz und Widerstandskraft. Aus der Formulierung dieser Eigenschaften, die zu erreichen mit einer entwicklungsgemäßen Anwendung des Kampfsports beabsichtigt ist, ergeben sich Art, Methode und Umfang ihrer Durchführung. Das Bild eines gesund geäußerten Kampfbedürfnisses, wie wir es in scherzhaften Balgereien von Kindern als Auswirkung des Betätigungsdrangs vor uns haben, entspricht der Wirklichkeit einer heilpädagogischen Sportstunde, in der der wachsame Übungsleiter immer eine totale Niederlage von Kindern verhindern wird. Der Kampfcharakter wird durch das Spiel am Ende der Stunde herabgemildert, ebenso werden Kraftübungen mit Partnern, Tauziehen und Schiebekämpfe ins Programm aufgenommen. Die Werte des Ringens sind neben einer jungenhaften Lebendigkeit in der Verbesserung der allgemeinen Kraft, der Beweglichkeit und Geistesgegenwart zu sehen, die gerade gehemmte und retardierte Kinder so notwendig brauchen. Aber auch Zusammenarbeit und Gruppenleistung wird möglich, wenn zwei Stärkere gegen mehrere Schwächere oder drei Kleinere gegen einen Größeren ringen.“ (Rieder 1977, 152)
Auch Gerr (1980) hebt die positiven Effekte regelmäßigen Ringens insbesondere auf physiologische Parameter hervor. Er belegt anhand einer einjährigen amerikanischen Studie an 28 Grundschulkindern im Alter von etwa 10 Jahren Auswirkungen im körperlichen Leistungsverhalten durch Ringen im Vergleich zu einer basketballspielenden Gruppe. Demnach verbesserten sich im physiologischen Bereich

- das cardiopulmunale System um 100 %,
- die allgemeine sowie die Schnelligkeitsaudauer um mehr als 40 % im Vergleich zur basketballspielenden Vergleichsgruppe,
- die Koordinations- und Reaktionsschnelligkeits-Werte um 25 % gegenüber der Vergleichgruppe.

Durch eine weitere Studie zum Ringen und Raufens bei Kindern und Jugendlichen über einen Zeitraum von ca. 14 Jahren kam Gerr (1982) zu folgenden Erkenntnissen und Schlüssen:

- Ringer besitzen ein stark ausgeprägtes Kraftgefühl. Ihr Kampfverhalten ist geprägt durch Mut, Willenskraft und schnelle Entscheidungsfähigkeit; sie lernen und haben gelernt, Selbstvertrauen und Selbstwertgefühl zu entwickeln und Niederlagen 'gut zu verkraften'.

- Sie zeichnen sich aus durch geschulte Konzentrationsfähigkeit.
- Ihre Selbsteinschätzung ist realistisch, ihr Selbstwertgefühl sehr positiv, und ihre Befindlichkeit ist von innerer Ausgeglichenheit gekennzeichnet.
- Durch Haut- und Körperkontakt mit dem Partner steigt die soziale Integration; Ringer zeigen sich kontaktfreudig und haben keine sozialen Hemmschranken.
- Körper und Geist können weitgehend kontrolliert werden, während Aggressionen abgebaut und soziales Verantwortungsbewusstsein entwickelt werden.
- Bei Ringern ist das Mannschafts- und Gemeinschaftsgefühl besonders ausgeprägt, weswegen sie auch in der Lage sind, persönliche Interessen zugunsten der Mannschaft zurückzustellen.

Den Ursache-Wirkungszusammenhang der psychomotorischen Aspekte durch Raufen/Ringen stellt er folgendermaßen dar (Gerr 1982, 19)

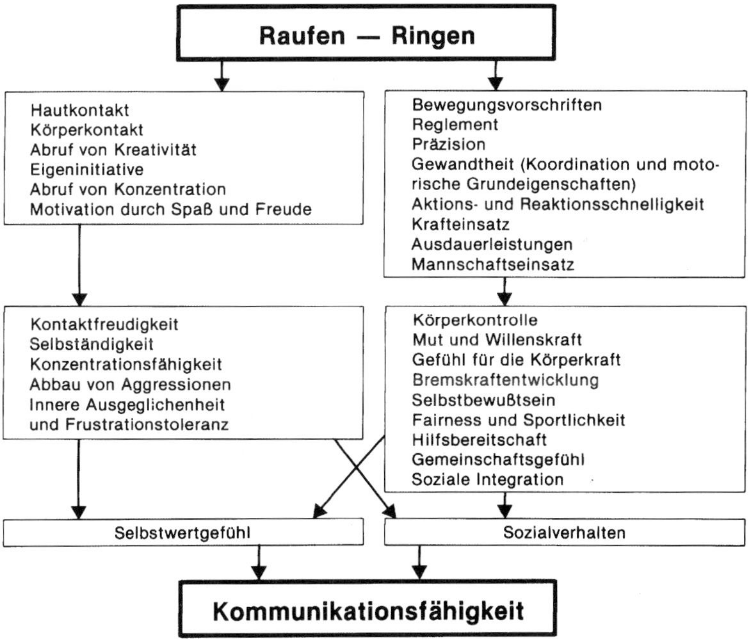

Abb. 2: Gerr (1982, 19)

Auch in den administrativen Vorgaben (z.B. RdErl. v. 21.6.1999 des Ministeriums für Schule und Weiterbildung, Wissenschaft und Forschung) des Landes NRW wurde Ringen erstmals in den Sportrichtlinien für die Primarstufe aufgenommen. Als „Ringen und Kämpfen – Zweikampfsport“ wird der Bewegungsbereich zwar nicht definiert, offenbar, weil er allen Pädagogen (nur zu) geläufig sein dürfte. Zahlreiche Wirkungen werden dem Ringen und Kämpfen jedoch zugeschrieben, durch deren Umsetzung die „Zielpalette“ von Schule und Sportunterricht unterstützt oder erweitert werden soll.

Neben den traditionellen und sich stets wiederholenden physiologischen und sozial-emotionalen Zielsetzungen, wie sie für zahlreiche Sportarten Gültigkeit haben (Kraft, Gewandtheit, Geschicklichkeit, Geschmeidigkeit, Reaktionsschnelligkeit, verantwortungsbewußtes Handeln, rücksichtsvolles Miteinander usw.) gibt es auch eine nahezu kampfsportspezifische Akzentuierung, der besondere Beachtung gebührt: „Die Beherrschung von Emotionen und die Sorge um die körperliche Unversehrtheit der Partnerinnen bzw. des Partners müssen das Kräftemessen steuern. So verhelfen Ringen und Kämpfen zu einem regelgeleiteten gleichberechtigten Miteinander. Mädchen lernen, ihre (Körper-) Grenzen zu behaupten und Jungen, sich einfühlsamer zu verhalten und auf Überlegenheitsansprüche zu verzichten. So können der unmittelbare Körperkontakt und das Sich-Anfassen zu wichtigen Erfahrungen des Miteinanders im Gegeneinander werden und ein besonderes Vertrauen entwickeln helfen.“ (vgl. RuL, Ringen und Kämpfen, 30)

„Pädagogisch aufbereiteten Kampferfahrungen“ wird zugeschrieben, „Lernchancen im Sinne einer Gewaltprävention“ zu schaffen und nutzbar zu machen“ (a.a.O.).

Einer solchen Instrumentalisierung des Bewegungsfeldes steht der Sportwissenschaftler J. Funke skeptisch gegenüber. In einem 1988 veröffentlichten, beachtenswerten Aufsatz stellt er die Ambivalenz dar, die dem Ringen und Raufen innewohnt. Er versteht „Ringen ... nicht im Sinne einer bestimmten Sportart, sondern als Ordnungsbegriff einer kultivierten, handgreiflich-kämpferischen Thematisierung von Bewegungen, in der vom Schlagen und Stoßen abgesehen wird. Deshalb sammle ich unter diesem Begriff sowohl definierte sportliche Handlungsbereiche wie Ringen und Judo als auch volkstümliche und spielerische Kämpfe und Kampfspiele.“ (vgl. Funke 1988, 17)

Im engen Kontakt zweier Körper Haut auf Haut gewinnen andere Dimensionen einen besonderen Stellenwert, die den des „Über- oder Unterlegenseins“, des „Angreifens oder Niederringens“, des „Festhaltens und Immobilisierens“ sowie des „Ausweichens“, des „Entziehens“ oder des „Gegenwehrleistens“ auf eine andere Ebene rücken. Diese Phänomene las-

sen sich um weitere ergänzen; z.B.: „Flüchten“, „Widerstand leisten“, „Stand halten“, „Position beziehen“, „Fesseln“, „Fallen“, „Aufstehen“. Sie sind zugleich Merkmale im alltäglichen Leben, bleiben aber für den außen stehenden Betrachter weitgehend unsichtbar. Was dem Beobachter verborgen bleibt und nur bei den Beteiligten selbst spürbar ist, sind z.B. der Wechsel von Spannungsaufbau und –abbau, die Kraftentwicklung und -rücknahme; der tonische Dialog, der Muskeldialog, ist ein intimer Dialog, in dem und mit dem die „Kämpfer“ non-verbal kommunizieren. Auch ihr Herzschlag, ihre Atmung, ihr Körpergeruch, ihre zuweilen aufkommenden beschleunigten oder verzögerten Bewegungsausführungen, ihre Impulssteuerungen und Bewegungspausen signalisieren nur dem Kampfpartner allein die körperliche und geistig-seelische Verfassung seines „Gegenübers“.
Um aber Ringen und Raufen in seiner pädagogischen Bedeutung angemessen einschätzen zu können, entwickelt Funke (1988, 17) ‘Denkfiguren’, nach denen wir normalerweise die pädagogische Relevanz eines Handlungsfeldes einschätzen können. So stellt er sechs Argumente zusammen, die hier verkürzt wiedergegeben werden.

(1) „Man braucht das, was sich dort zeigt, zum (Über-) Leben (das **kulturtechnische** Argument).

(2) Wer diese Handlungen ausführt, wird den in ihnen niedergelegten Sinn erkennen. Damit erschließt er sich dem Geistigen seiner (Bewegungs-) Kultur (das **bildungstheoretische** Argument).

(3) Es führt kein Weg an diesen Handlungen vorbei, jedes Kind muss durch sie hindurch, um zu sich selbst zu kommen (das **entwicklungstheoretische** Argument).

(4) Man lernt oder bewältigt durch die Handlung hindurch etwas, worauf sie verweist, und das ist das Wichtige (das **symbolische** Argument).

(5) Handlungen dieser Art sind bedeutsam, weil sich durch sie die Bewegung des Menschen formt, weil körperliche Mängel ausgeglichen werden und weil ggf. durch sie eine spielerische Freiheit des Sich-Bewegens erlangt wird (das **bewegungspädagogische** Argument im engeren Sinne).

(6) Handlungen dieser Art bereiten ganz einfach Freude und fördern das persönliche Wohlbefinden. Sie sind zwar zwecklos, aber dennoch subjektiv sinnvoll, und subjektive Sinnerfüllung zu vermitteln, ist auch das Geschäft einer wohlverstandenen Pädagogik (das **hedonistische** Argument).

Während er die zwei erst genannten Argumente als nicht besonders tragfähig bewertet, stellt er die besondere Bedeutung des entwicklungstheoretischen, des symbolischen, des bewegungspädagogischen und des hedonistischen Arguments heraus.

a) Zum entwicklungstheoretischen Argument

Ringen und Raufen ist für die kindliche Entwicklung in unserem Kulturkreis offenbar ein nicht zwingend erforderliches Verhalten, jedoch lässt es sich schon im Kindesalter, und auch nahezu durchgängig in der Schule beobachten. Pädagogen werden somit in Handlungszwänge versetzt und sind aufgefordert, sich der „handreiflich-kämpferischen Thematisierung" der Bewegung „zu stellen", der sich zugleich die Chance zu „praktischer Unterstützung der Moralerziehung" eröffnet. „Das Dilemma jeder praktischen Moralerziehung besteht darin, erziehliche Situationen zu finden". In den Kontaktsportarten Ringen und Judo obliegt insbesondere dem 'Werfer' die Fürsorgepflicht dem Unterliegenden gegenüber und innerhalb der partnerschaftlich auszutragenden kämpferischen Auseinandersetzungen sind Rollenwechsel mehrfach möglich. „Man mag nun kontrovers darüber denken, ob eine solche kampfspezifische Fürsorge, gesetzt den Fall, sie würde tatsächlich gelernt, auch übertragen werde in andere Lebensbereiche. Die These erscheint mir jedenfalls nicht unbegründet, dass solche körperbezogenen Erfahrungen ähnlicherweise zu Wissensbildung und Moralerziehung beitragen können, wie die Bild- und Wortsymbolik, auf die wir ansonsten fast ausschließlich setzen, indem wir gute Worte geben oder schlechte Beispiele zeigen." (Funke 1988, S. 18)

b) Zum symbolischen Argument

Bewegung ist nicht nur motorische Ausdrucksform, sie ist zugleich auch Symbolsprache. Als z.B. eine Grundschulgruppe von einer Lehrerin einen Ball zum Fußballspielen bekam, ergriff ihn ein Junge, klemmte den Ball unter seinen Arm und rannte damit fort, während die anderen Kinder erbost hinter diesem herliefen. Seine Absicht lag nicht darin, ein neues Fangspiel zu entwickeln, sein Bewegungsverhalten sprach offenbar andere Themen an, so z.B. „Behalten und Abgeben", „Festhalten und Bestimmen" oder, wie Funke an Beispielen „Fangen und Werfen" artikuliert: „Geben und Empfangen"; darin drücken sich beispielsweise Geiz, Gier, Großzügigkeit, Bedürfnis des Beschenktwerdens und Hoffnung auf Gegengabe aus. „Der Körper lügt erkennbar weniger als unsere Sätze. Und das macht derartige Arbeit so aufschlussreich und echt." (Funke a.a.O., 19) Wer über eigene Erfahrung direkter friedlicher, aber kämpferisch orientierter körperlicher Auseinandersetzung verfügt und sensibel reflektiert, kann sehr wohl nachvollziehen, wenn Funke betont, „dass Stärke verpflichtet, auch Unterlegenheit eine Waffe sein kann, dass aus einem Mitmenschen ein Feind wird – und wie man das ändert bzw. nicht geschehen läßt, dass Widerstehen 'lohnt', dass Nachgeben 'klug' ist, dass 'Gemeinheit' zum Erfolg führt, aber nicht zur Befriedigung eines höheren Anspruches, alles dies erschließt die Symbolik des Ringens. Man erkennt, wie man – wortwörtlich 'unter Druck gesetzt'– handelt, vielleicht auch wie man handeln könnte, dass Eingeschnürtsein, seiner Freiheit beraubt sein heißt und welchen Drang zur Freiheit man selbst entwickelt. Ich denke, diese Hinweise genügen, um Ringen in einem ersten Anlauf als symbolträchtige Körperübung zu kennzeichnen. Es geht im Grunde um die Ausübung von Herrschaft, von Menschen über Menschen und alles was damit verbunden ist an Gefühlen und Einsichten." (Funke, 1988, S. 19)

c) Zum bewegungspädagogischen Argument

In der allgemeinen Bewegungsformung sieht er ein in der Sportpraxis wenig beachtetes und selten realisiertes Ziel des Unterrichts. „Spezialisierte Fertigkeitsschulung steht im Vordergrund. Je mehr dabei die Feinmotorik eine Rolle spielt, ... umso mehr ergibt sich meines Erachtens auch die Notwendigkeit, hier etwas für das Grobe zu tun, für die ganzkörperliche Bewegung, für ihre Rhythmik, ihren Fluß, ihren Zusammenhang, ihre Leichtfertigkeit, Umkehrbarkeit, Dynamik, Raum- und Partneranpassung." Die körperbildenden und gestaltformenden Elemente des Ringens stützen eine sinnerfüllte symbolträchtige Situation und wenden sich ab von einem sinnreduzierten Bodybuilding (vgl. Funke a.a.O., 19).

d) Zum hedonistischen Argument

Balgen, Ringen, Rangeln und Raufen ermöglichen in spielerischer oder auch strukturierter Form „das Einbringen und Ausleben einer spezifischen Sinnlichkeit. Es führt zu lustvollen Körpererfahrungen und trägt unmittelbar und im Nachspüren und Nacherleben zum persönlichen Wohlbefinden bei. Es sättigt das Bedürfnis nach Kraftverausgabung und Anstrengung, es erschöpft und damit macht es Erholung genießbar." (Funke a.a.O., 19)
Aus der Sicht individuell ausgerichteter Perspektiven lassen sich Funkes sechs Argumentationsebenen ebenso individuell bewerten und gewichten. Jede einzelne Ebene hat ihre Berechtigung, die Betonung der einen hat zwangläufig eine gewisse Entwertung der anderen zur Folge. Differentielle Bewertungen sind durch die jeweilige Berufserfahrung und Intention des Betrachters erklärbar. So betont beispielsweise Rieder (1977) aus sporttherapeutischer Sicht die persönlichkeitsbildenden und sozialisierenden

Funktionen von Ringen und Raufen, ja sogar vom Boxen; Gerr (1980) – als Vertreter des Ringkampfsportes – stellt die physiologischen Leistungsverbesserungen in den Vordergrund seiner Betrachtungen, während aus kultus- bzw. bildungsministerieller Sicht dem Ringen und Raufen primär gewaltpräventive und –reduzierende Wirkung zugesprochen wird.
Die im Zusammenhang mit Ringen und Raufen angestrebten Ziele lassen sich nur im Einklang von Methode und Inhalt, unter Beachtung individueller und gruppenspezifischer Bedürfnisse, Fähigkeiten und Erfordernisse sowie vor allem über die Herstellung einer tragfähigen und qualitativ hochwertigen Beziehung zwischen Pädagoge/Therapeut und Teilnehmern erreichen.

3.2 Überlegungen zur Auswahl der Inhalte

Aus der Fülle der zahlreich vorliegenden Bewegungs-, Spiel- und Kampfformen hat der Pädagoge eine Auswahl zu treffen und eine Abfolge festzulegen, die er individuell und gruppenspezifisch ausrichten wird. Dabei werden eine Reihe verschiedener Entscheidungskriterien herangezogen, die den 'Weg' strukturieren (sollen). Frank (1988, 42) schlägt z.B. fünf Stufen vor, die er mit seinen Schülern erarbeitet hat. Wir haben diese Stufen mit Hinweisen/Aspekten, sowie Zielformulierungen erweitert und der folgenden Übersicht zusammengestellt: (siehe Tabelle 2 auf S. 33).

Dabei ordnet er der ersten Stufe i.d.R. bekannte Partnergymnastik/Übungen zu und bahnt in den beiden folgenden Stufen über Kräftevergleiche mit Hilfe von Medien (z.B. Tauziehen), aber noch ohne Körperkontakt, Körpernähe und -kontakt an. Dieser Struktur lassen sich die bekannten methodischen Prinzipien „vom Leichten zum Schweren", „vom Einfachen zum Zusammengesetzten/Komplexen", „vom Bekannten zum Unbekannten" nicht zuordnen, denn die Kinder bzw. die Jugendlichen kennen diese Bewegungsinhalte, und selbst Zweikämpfe (auf 5. Stufe) sind vielen auch aus eigenen bereits gewonnenen Erfahrungen nicht unbekannt. Dennoch findet sich hier eine Stufung, die u. E. in der sukzessiven Entwicklung der Sensibilität für sich selbst und andere über differenzierte, also gestufte Bewegungsangebote und in einer vertauensvollen Begegnung zweier Partner liegen. Andere Autoren wie z.B. Olivier (1995) orientieren sich an motorischen und kognitiven Anforderungen und konstruieren ebenso wie Frank ein auf subjektive Einschätzung gestütztes System, das für den Praktiker ebenso gut nachvollziehbar ist. Ausgangsbasis ist hier die Motorik, deren Kompetenzen sich durch die Realisierung des methodischen Prinzips 'vom Einfachen zum Zusammengesetzten / Komplexen' steigern lassen, während dessen die kognitiven Kompetenzen, denen Olivier auch

	Aspekte	Ziele
Spiele mit Körperkontakten	• ohne Wettkampf • dem anderen bei oder nach den Übungen die eigenen Reaktionen mitteilen	• Reaktionen des/der anderen spüren • „Vorsicht“ lernen
Ringspiele ohne direkten Körperkontakt	• Wettbewerbsformen • indirekter Körperkontakt • Einsatz von Geräten	• Reaktionen des Gegners antizipieren • Dosierung von Aktionen/Reaktionen • Fintieren
Ringspiele, bei denen nur mit bestimmten Körperteilen angegriffen werden darf	• Beschränkung auf bestimmte Körperpartien/teile • direkte wechselseitige Angriffe auf bestimmte Gliedmaßen des Partners • Erleichterung der Konzentration durch Beschränkung	• Entwicklung von Geschicklichkeit • Verbesserung der Reaktionsfähigkeit • Erspüren eines angemessenen Krafteinsatzes
Ringspiele auf dem Boden	• Wettbewerb/ Kräftemessen • Durchführung auf Boden oder Matte (1:1; Gruppe gegen Gruppe) • noch stark eingeschränkte Bewegungsvielfalt	• Kennenlernen/Erproben von Ring- und Raufspielen • Aufbau von Vertrauen in die eigenen Fähigkeiten • Entwicklung dauerhafter Fairness im Umgang miteinander
Ringspiele im Stand	• Wettbewerb/Kräftemessen • Bewegungsaufgaben in der Gruppe • mehrere gegen einen Gegner/Mitspieler	• Kennenlernen/Erproben von Ring- und Raufspielen • Aufbau von Vertrauen in die eigenen Fähigkeiten • Erweiterung des Bewegungs- und Spielrepertoires

Tab. 2: Modularer Aufbau des Themas „Ringen und Raufen“ (nach Frank 1988)

die emotionalen – sozialen Fähigkeiten zuordnet, sukzessiv gefördert und erweitert werden.

Als Ausgangsbasis für einfache 'awareness' – Übungen (Körpergefühl entwickeln und Leiberfahrungen sammeln) kann die Orientierung an der Entwicklung motorischer Grundmuster dienen. So können in diesen 'Positionen' (in Ruhe und in Bewegung) die unterschiedlichsten Anforderungen in den Aufgabenstellungen der beiden Beteiligten erlebt und ggf. reflektiert werden. Tabelle 2 veranschaulicht beispielhaft die Vielfalt einfacher Grundübungen / Basisspiele, an der sich neuartige, ungewohnte Bewegungssituationen, Körperlagen und -haltungen ergeben und somit neuartige und komplexe Bewegungserfahrungen sammeln lassen.

Die sich aus der Übersicht ableitenden Aktivitäten erweitern die koordinativen Kompetenzen, verbessern die Vorstellung vom eigenen Körper und seinen verbleibenden Bewegungs(frei)räumen, verstärken das kinästhetische Empfinden auf der Grundlage propriozeptiver Stimulationen, und fördern die Bewegungsfreude auch aufgrund der ungewöhnlichen, neuartigen und reizvollen Auseinandersetzung mit sich selbst, dem eigenen Körper und der sich entwickelnden Erweiterung des Bewegungsrepertoires, aber auch wegen der partnerschaftlichen, geistig – körperlichen Nähe.
Dem Charakter der Perspektivenvielfalt in der Bewegungs- und Sporterziehung haben wir sechs Kategorien mit insgesamt vier Schwerpunkten erstellt, die innerhalb des umfangreichen Fundus, eine Orientierung ermöglichen. Eine Reihenfolge soll und können sie dennoch nicht vorgeben, da eine Systematik -falls überhaupt- nur vor dem Hintergrund spezieller Kenntnisse des Adressaten und seiner individuellen pädagogisch-therapeutischen Erfordernisse möglich ist. Die Akzentuierung unser Inhalte liegt auf der

- Entwicklung und Entfaltung der Bewegungsfreude,
- Entwicklung der Bereitschaft Körperkontakt (KK) aufzunehmen in individuellen Grenzen zu akzeptieren und zu reflektieren,
- Förderung und Stabilisierung des Vertrauens (V) zueinander und zu sich selbst, sowie
- dem Versuch, Ringen und Raufen von einem emotional- sozial niedrigem Anspruchsniveau über „anbahnen und entwickeln“ (RA), „erproben und verfeinern“ (RE) bis hin zu einem höheren Anspruchsniveau „genießen und ausleben“ (RG) zu steigern.

Für uns waren entwicklungsorientierte und sozial-emotionale Überlegungen zur Auswahl und Kategorisierung der Übungen und Spiele relevant. So ist das (schnelle) Erlernen von Techniken bzw. sportartspezifischen Fertigkeiten sowie der Aufbau konditioneller Fähigkeiten weniger wichtig als eine sensible Annäherung an das Thema und die Entwicklung der Bereitschaft, sich dauerhaft und freudvoll damit auseinander zusetzen. Dazu gehört der Respekt vor möglichen Vorbehalten (seitens der Teilnehmer wie der Pädagogen/Therapeuten) und das Aufzeigen von Wegen, diese Vorbehalte zu überwinden. Wir haben uns für Inhalte entschieden, die (zunächst) ohne „Kampf“ und „Krampf“ Menschen in Bewegung bringen und Spaß erfahren lassen können, die ein vorsichtiges, elementares Ausprobieren von Ringen, Rangeln und Raufen zu lassen, aber auch hinführen zu einem „grenzenlosen“, nicht aber „regellosen“ (!) Ausleben persönlicher Kampfeslust. Darüber hinaus finden sich auch Inhalte, die helfen, die notwendigen Voraussetzungen wie Vertrauen zu sich selbst und anderen und der Fähigkeit zum sozial angemessenen Umgang mit körperlichen Berührungen, zu schaffen. Mit der Einteilung in verschiedene Kategorien wird jedoch nicht eine Reihenfolge im pädagogischen oder therapeutischen Vorgehen vorgegeben. Vielmehr können den Erfordernissen der Gruppe entsprechend spezifische Inhalte aus jeweiligen Schwerpunkten ausgewählt und umgesetzt werden.

Bewegungsfreude (BF)
In der bewegungsorientierten Förderung ist es einerseits ein wichtiges Ziel, diejenigen Kinder, Jugendliche und Erwachsene, die sich ungern bewegen oder sich nicht viel zutrauen, zu „aktivieren", d.h. „in Bewegung zu bringen". Andererseits bringen viele Kinder einen unbändigen „Bewegungshunger" mit, den es zu stillen und in sozial verträgliche Bahnen zu lenken gilt. Dies kann oft nur gelingen, wenn Spiele im Vordergrund stehen, die keine großen Anforderungen an die motorische Leistungsfähigkeit stellen, schnell zu initiieren sind und für die kein oder nur wenig Gerät und Material erforderlich sind. Besonders über lustbetonte Spiele, an denen alle teilnehmen können und in denen alle Erfolgserlebnisse haben, d.h. also weitgehend unabhängig sind vom jeweiligen Könnens- und Leistungsstand, kann sich dauerhafte Bewegungsfreude und Interesse an weiteren „Bewegungsthemen" wie Ringen, Rangeln und Raufen entwickeln.

In diesem Kapitel finden sich Spiele und Übungen, die für (fast) alle Altersgruppen geeignet und meist auch mit großen Gruppen gespielt werden können. Sie eignen sich sowohl zum allgemeinen Aufwärmen als auch zur Auflockerung „zwischendurch". Ein wichtiges Kriterium ist zudem, dass die Spiele eine allmähliche Einstimmung auf das Thema Ringen, Rangeln und Raufen ermöglichen. So gibt es Spiele, die zunächst für kurze Zeit einen nahen körperlichen Umgang miteinander beinhalten, und/oder Aufgaben, die nur in Kooperation und mit Absprache untereinander gelöst werden können. Zudem bieten einige Spielelemente erste vorsichtige Erfahrungen mit körperkontakt-betonten Wettkämpfen und der dazu erforderlichen Technik und Taktik.

Körperkontakt aufnehmen und akzeptieren (KK)
Während in vielen Sportarten und -spielen Berührungen und Körperkontakt in den meisten Fällen als aggressive und/oder regelwidrige Handlungen angesehen werden, sind diese im und für Ringen, Rangeln und Raufen unabdingbare Voraussetzungen, ohne direkten, unmittelbaren und häufig sehr engen Körperkontakt ist nicht viel möglich. So haben viele Kämpfchen und Kämpfe (v.a. die Zweikämpfe) das Fixieren bzw. Immobilisieren des Körpers des Partners durch den eigenen Körper zum Ziel. Gleichwertiges Ziel innerhalb des Zweikämpfens ist es aber zudem, für die körperliche Unversehrtheit Sorge zu tragen. Auch dazu ist Körperkontakt notwendig.

Die in einem eigenen Kapitel vorgestellten Spiele und Übungen wollen eine sensible Einführung in diesen Bereich ermöglichen. Körperkontakt soll zunächst „erprobt" werden. Dazu müssen eine Reihe von Vorbehalten und Ängsten abgebaut werden. Es geht aber auch um das Respektieren und ggf. Neudefinieren von Grenzen. Unabhängig vom Alter und vom Entwicklungsstand sind Rückzugsmöglichkeiten zu schaffen, deren Nutzung fraglos eingeräumt wird. Dennoch sollte für die Erarbeitung dieses Themenbereiches je nach Alter, Zusammensetzung der Gruppe, Vorerfahrungen der Teilnehmer usw. unterschiedlich viel Zeit für die praktische Umsetzung wie für Reflexionen eingeplant werden.
Das Praxisangebot bietet unterschiedliche „Grade" von Körperkontakt an. So finden sich Spiele, Aufgaben und Übungen, bei denen zunächst durch den Einsatz von Geräten und Materialien indirekter Körperkontakt aufgenommen und erfahren wird. Die einen beinhalten kurze und eher „unverbindliche" körperliche Berührungen, während andere den engen und unmittelbaren körperlichen Umgang miteinander (partnerweise oder innerhalb der Gruppe) thematisieren. In diesem Kapitel geht es jedoch noch nicht darum, den Körperkontakt zu nutzen, um den Partner/Mitspieler zu Fall zu bringen, am Boden zu halten oder zu „besiegen".

Vertrauen entwickeln und stabilisieren (V)
Vertrauen zu sich selbst und zu anderen ist eine wichtige Voraussetzung, um sich auf das Thema Ringen, Rangeln und Raufen einzulassen. Neben einer positiven Einstellung zum eigenen Körper, die Sicherheit verleiht, gehört auch die Gewissheit, sich in neuartigen und kritischen Situationen auf den Partner und die Gruppe verlassen zu können. Dabei geht es nicht nur darum, dass Regeln akzeptiert und eingehalten werden. Die Auseinandersetzung mit einem neuen Thema beinhaltet darüber hinaus immer Risiken, die gemeistert werden wollen, soll sich ein Erfolgserlebnis, eine Stärkung des Selbstbewusstseins und auch dauerhafte Freude einstellen. Bevor Ringen und Raufen möglich wird, muss ich mir sicher sein, dass ich „getragen", aber nicht – und schon gar nicht gegen meinen Willen – „fallengelassen" werde, dass ich „geschoben und gezogen", aber nicht schmerzhaft „hin- und hergezerrt werde", dass ich „geführt" aber nicht „in die Irre" geleitet werde und dass ich u.U. von meinem „Partner besiegt", aber nicht von einem „Gegner gedemütigt" werde.

Ein dauerhaftes vertrauensvolles „Klima" zu schaffen, ist das übergreifende Ziel, das mit den Spielen dieses Kapitels erreicht werden soll. Neben dieser „Basisarbeit" helfen diese jedoch auch dabei, einzelne Elemente des Ringen, Rangelns und Raufens unmittelbar vorzubereiten.

Ringen, Rangeln und Raufen – anbahnen und entwickeln (RA)
Die Spiele, Aufgaben und Übungen dieses Kapitels ermöglichen erste und grundlegende praktische Erfahrungen im Rahmen des Themas. Hier stehen Inhalte im Vordergrund, die – sehr häufig in Partnerarbeit – an Bekanntes anknüpfen und durch kleinere körperlich-kämpferische Elemente anreichern. Die wichtigsten Zielaspekte bestehen in der Entwicklung basaler technischer bzw. motorischer Voraussetzungen (wie Abrollen, Fallen, Ziehen, Schieben, Tragen usw.) und dem Aufmerksamwerden für die charakteristischen Merkmale bzw. Erfordernisse, um Ringen, Rangeln und Raufen überhaupt durchfüh-

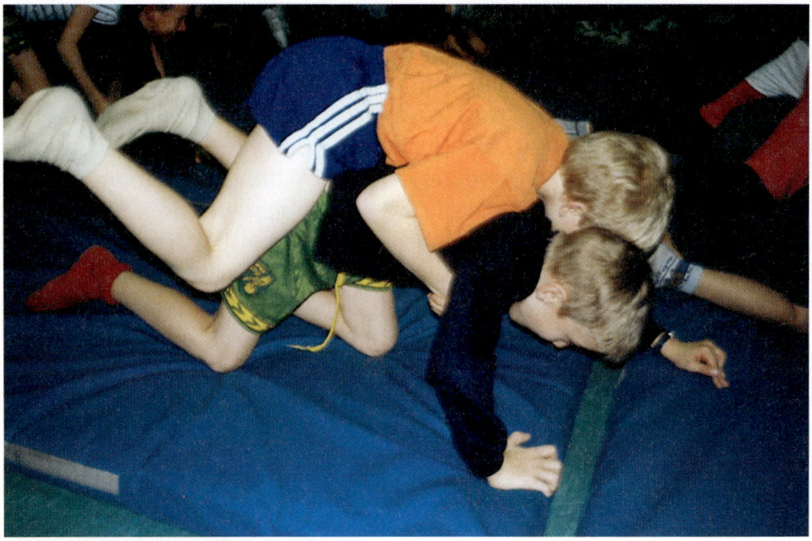

ren zu können (Einsicht in Regeln und Rituale, den Mitspieler als Partner und nicht als Gegner erleben usw.).
Die Art und Weise Annäherung erfolgt spielerisch, setzt nur geringe technische wie koordinative Fertigkeiten voraus und kann dennoch unterschiedliche individuelle Erfahrungen, Wünsche und Bedürfnisse berücksichtigen. Herkömmliche Übungssituationen werden dabei weitgehend vermieden. Ebenso spielerisch werden jedoch allmählich die notwendigen, technischen, körperlichen, kognitiven wie auch die sozial-emotionalen Voraussetzungen erarbeitet und verbessert. Die Diskussion und das Erlernen zentraler Regeln und Rituale gewinnt damit auch einen immer höheren Stellenwert.

Ringen, Rangeln und Raufen – erproben und verfeinern (RE)
Das Schwergewicht der in diesem Kapitel vorgestellten Spiele und Übungen liegt in der Erweiterung und Verfeinerung des vorher erworbenen (Bewegungs-)Repertoires. Im experimentierenden und reflektierenden – körperlichen – Umgang miteinander entwickelt sich zunehmend ein „eigener Stil", indem individuelle Stärken noch besser genutzt werden, um individuelle „Schwächen" noch besser auszugleichen. Dazu kommt das Kennenlernen und Erproben taktischer Elemente (Finten) als das „Salz in der Suppe des Ringens und Raufens". Auch sie werden im kämpferischen Spiel bzw. im spielerischen Kampf erfahren.

In dieser Hinsicht nehmen auch die Bedeutung und der Raum für Reflexion immer mehr zu. Durch die steigende Kompetenz, zunehmende Sicher-

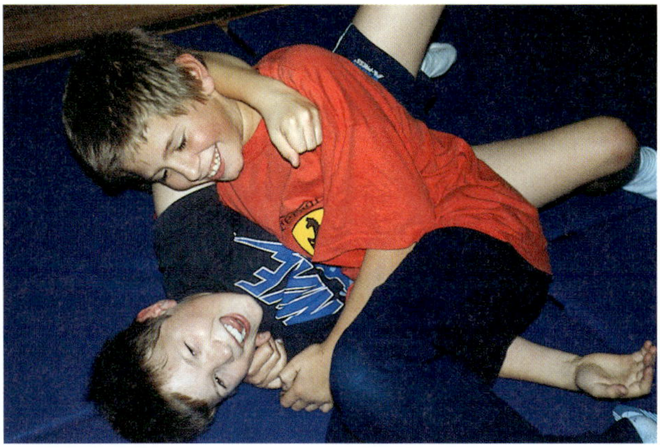

heit und das wachsendes Interesse am Thema werden die angebotenen Inhalte mehr und mehr als „Vorschläge“ erkannt, die in gemeinsamer Absprache verändert und variiert werden können. Überlegungen können angestellt werden, wie möglicherweise in anderen „Konstellationen“ (z.B. „Zwei gegen Eins“, „Gruppe gegen Gruppe“), mit anderen Regeln (z.B. „Zeit-“ statt „Punktekampf“) und mit anderen Geräten, Medien oder Materialien das Thema noch freudvoller bzw. „bedeutungsreicher“ gestaltet werden kann.

Ringen, Rangeln und Raufen – genießen und ausleben (RG)
Im Vordergrund dieses Praxisteils stehen komplexe Spiele und Wettkämpfe. Hauptzielsetzung ist es, Möglichkeiten zum Austoben zu schaffen, in denen alle Facetten des Ringen, Rangelns und Raufens erlebt und genossen werden dürfen. Dass die Grundregeln auch hier und gerade hier ihre Gültigkeit behalten, bedarf eigentlich keiner Erwägung. Der Focus liegt jedoch auf dem „Hier und Jetzt“. In den vorgeschlagenen Spielen und Wettkämpfen kann sich der eigentliche Charakter des Themas, die „unbändige Kampfeslust“ entfalten.

Je mehr Kenntnisse, motorische, kognitive und soziale Fertigkeiten im Vorfeld erworben wurden, desto mehr Spaß können diese bereiten. Dennoch sind sie weitgehend unabhängig von den individuellen Voraussetzungen der Teilnehmer. Jedes Spiel ist ohne großen Aufwand so veränderbar (als Erweiterung wie auch als Redzierung), dass alle so daran teilnehmen, wie sie können und wie sie wollen.

3.3 Methodische Überlegungen

Die Frage nach der Methodik (und Didaktik) im Sportunterricht leitet Kurz mit folgenden Worten ein *„'Welche Sportarten sind pädagogisch wertvoll?' – So darfst du nicht fragen. Es kommt darauf an, wie sie vermittelt werden."* (Kurz 1998, 9). Der entscheidenden Frage aber, was wir erreichen wollen (Intention), ordnen wir die Inhalte (das Was) und demzufolge auch die Form, die Methode (das Wie) zu und betrachten es als interdependent, also gegenseitig voneinander abhängig und sich gegenseitig beeinflussend. Da wir uns nicht mit einem sportartspezifischen, spezielle Bewegungsfertigkeiten erforderndem oder solche anvisierendem Inhaltsbereich befassen, entfallen sog. „methodische Übungsreihen"; wie sie i.d.R. in „autonomen" Positionen bei der Vermittlung der Sportarten (Kurz a. a.O., 17) verwendet werden. Aufgrund der vielfältigen, gegenseitig voneinander abhängigen und komplexen Variablen (z.B. psychische Verfassung, Ängste, Kontaktbereitschaft, individuelle Biographie; vgl. folgende Grafik), würden diese auch kaum wissenschaftlichen Gütekriterien genügen können. Welche Einflüsse bei Ringen, Rangeln und Raufen im Vergleich zu anderen bewegungsbezogenen Tätigkeiten verstärkt zusammentreffen und das Erleben der Beteiligten bestimmen, soll die folgende Abb. 3 veranschaulichen.

Dabei stellen sich u. E. drei Ebenen heraus, die – sich selbstverständlich überschneidend – Rangpositionen bildende Variablen beinhalten und somit unterrichtsmethodisch von besonderer und entscheidender Bedeutung sind:

Die Primärfaktoren

a) Lehrkraft
b) Psychische Konstitution
c) Umgang mit Nähe und Distanz
d) Emotional-soziales Erleben
e) Körperwahrnehmung
f) Kommunikation

In Kenntnis der Inhalts- und Aufgabenstrukturen trifft der Pädagoge auf der Grundlage kritischer Reflexion o.g. Faktoren eine Entscheidung hinsichtlich des Umsetzungszeitpunktes und der evtl. spezifischen inhaltlichen Erfordernisse (vorbereitende Übungen / Spiele etc.) für diesen Bewegungsbereich.

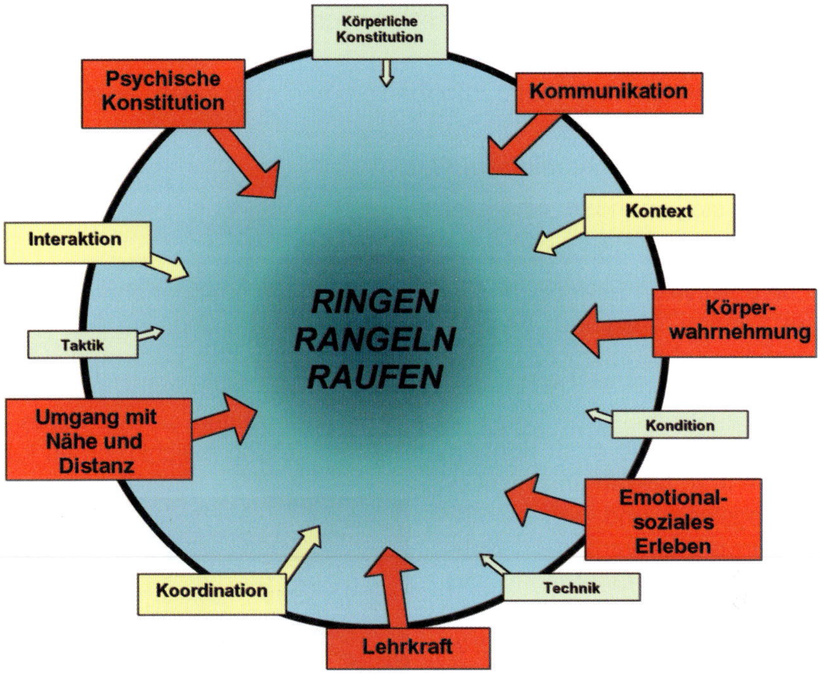

Abb. 3: Pädagogisch-therapeutische Variablen beim Ringen und Raufen

Hier steht im Vordergrund die Abklärung psychologischer und sozial-emotionaler Bedingungen mit z.T. erheblicher Brisanz. Wie gehen Kinder und Jugendliche z.B. mit den spezifischen Formen persönlicher, körperlicher und zugleich seelischer Bewegung im Zweikampf um? Die Reichweite dieser und anderer Fragen wird nicht zuletzt auch in unserer Alltagssprache deutlich.

- Können die Partner muskulären/emotionalen „Widerstand aufbauen und leisten"?
- Können sie Muskelspannungen spüren, entwickeln, erhalten und auch abbauen?
- Also: Können sie „eine Position einnehmen", sie „behalten (behaupten)" und „verteidigen" und somit „ihren Standpunkt" vertreten?
- Sind sie im „(statischen, inneren) Gleichgewicht" und lassen sich nicht „aus der Ruhe bringen" oder stehen sie „auf der Kippe"?
- Lassen sie sich leicht „herumkriegen" und „unterkriegen"?

- Kann man ihnen (nicht oder nur schwer) „den Boden unter den Füßen wegziehen"?
- Darf man ihnen auch mal „(zu)nahe kommen" und ihnen „an die Wäsche gehen"?
- Kann man auf sie „hereinfallen"?
- Lassen sie jemanden „ins Leere laufen"?
- Sind sie jemandem „unter- oder überlegen"?

Welche positiven – aber auch nicht zu leugnenden unangenehmen – Emotionen können ausgelöst werden durch die ungewöhnliche Nähe, den hautnahen und direkten Körperkontakt auch an selten berührten Körperstellen, den Geruch des anderen, das Spüren des Gehalten-Werdens oder des Umklammert-Seins? Wie erleben und verarbeiten sie Momente der Immobilisierung, die einer nonverbalen Aufforderung gleichkommen kann, Gegenwehr zu leisten und nicht in bewegungsloser und angespannter Erstarrung zu verharren. Spüren sie vielleicht Ohnmacht und glauben, nicht mehr reagieren zu müssen, nicht schnell genug drohenden Situationen ausweichen und sich schließlich ihnen nicht mehr oder erst später entziehen zu können? Entschließen sie sich notfalls für ein Aufgeben (z.B. durch „Abschlagen") als freiwilliges Zugeständnis einer Niederlage?

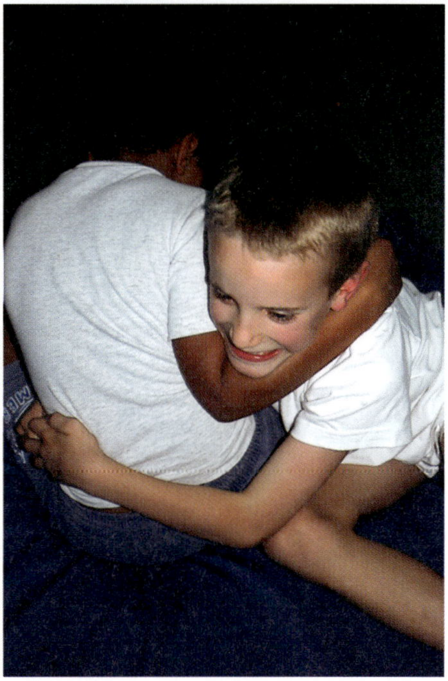

Wissen wir, durch welche Biographien und somit durch welche körperlichen und seelischen Erfahrungen die Partner geprägt sind? Wie sie ihren Körper und den des anderen wahrnehmen, ihn erleben, und wie sehr ihr Körpergedächtnis, welches frühere angenehme und unangenehme Berührungserfahrungen gespeichert hat, ihr Verhalten im engen körperlichen Kontakt zu anderen beeinflusst? Welche Sinnlichkeiten und Begehrlichkeiten werden wachgerufen und können sich entwickeln, werden bewusst oder unbewusst erlebt und bleiben meist dennoch unausgesprochen?

Ringen und Raufen, so wird deutlich, kann sich zu einer intensiven, leibbetonten, erotischen Begegnung zweier Menschen entwickeln, mit den Konsequenzen ambivalenter Gefühlsentwicklung und -äußerung. Vom Pädagogen werden aufgrund seiner erkennbar großen Verantwortung eine hohe Empathiefähigkeit, Sensibilität, Aufgabenreflexion, Selbstdistanzierung und Interventionskompetenz erwartet. Er sollte in der Lage sein, den Symbolgehalt von Bewegung und non-verbaler Kommunikation des einzelnen und der Gruppe zu verstehen und in „schwierigen Situationen" individuell vorzugehen und ggf. den Schwächeren zu schützen.
Insofern hat sich der Pädagoge in seiner Funktion als Therapeut besonders in Frage zu stellen und die Selbstreflexion als Bestandteil zu seiner Entscheidungsfindung hinzuzuziehen. Dieser ersten psychischen Ebene wird Vorrang eingeräumt, während die Sekundär- und Tertiärfaktoren entweder die erste Ebene maßgeblich mitbeeinflussen oder nachrangige Bedeutung erhalten.

Den sekundären Wirkfaktoren ordnen wir zu
- Interaktion,
- Rahmenbedingungen und
- Koordination

Diese auf der zweiten Ebene angesiedelten Faktoren stehen in engem Zusammenhang mit den erstgenannten, sind u. E. jedoch nicht maßgeblich an der Entscheidungsfindung beteiligt. Die im allgemeinen vorhandene Basis der gemeinsamen verbalen Verständigung, des Verstehens nonverbaler mimisch-gestischer Impulse, Regelabsprachen, Akzeptanz moralischer und ethischer Zielsetzungen erleichtert die Realisierung des Themas „Ringen, Rangeln und Raufen. Sie wird begleitet bzw. unterstützt durch günstige Kontextbedingungen (wie geeignete räumliche, mediale sowie personale Faktoren).
Die individuellen sensomotorischen und psychomotorischen Vorraussetzungen der beteiligten Akteure, im wesentlichen also ihre Bewegungskoordination, sind in der Regel in erforderlichem und ausreichendem Maße vorhanden, so dass sie in den seltensten Fällen hinterfragt werden müssen. Die Koordinationsleistungen werden zugleich gefördert und verbessert während der vorbereitenden Spiele und Zweikämpfe, wie es auch bei den Faktoren der dritten Ebene zutrifft.

Als Tertiäre Wirkfaktoren betrachten wir
- Kondition,
- Konstitution,
- Technik und
- Taktik.

Konditionssteigerungen als physiologische Parameter (Kraft, Schnelligkeit, Ausdauer, Schnellkraft, Gelenkigkeit etc.) und die im Laufe des Trainings entsprechend den Anforderungen sich ergebenden konstitutionellen Veränderungen sind funktionale Effekte. Ringen, Rangeln und Raufen wird nicht unter der Perspektive einer einseitig ausrichteten Förderung motorischer, physiologischer und konditioneller Fertigkeiten gesehen. Ebenso wie diese Ziele immanent entwickelt werden, erweitern sich auch die technischen und taktischen Finessen. Die Grundlagen sind aber bei nahezu allen Kindern und Jugendlichen vorhanden, so dass die tertiären Faktoren ebenfalls zur Entscheidungsfindung kaum noch ausschlaggebend sind.

3.4 Motorische Aktivitäten im Zweikampf

Da Ringen, Rangeln und Raufen im wesentlichen auf natürlichen Bewegungsmustern beruht, entfällt eine zwangsläufige Konzeption sportmotorisch-methodischer Übungsreihen, (ein solches Konstrukt wäre wegen der Fragwürdigkeit einer sachbezogenen „Logik" der aufeinander aufzubauenden biomechanischen Bewegungsmuster und motorischer Lernprinzipien beim Ringen, Rangeln und Raufen außerdem fachlich kaum vertretbar). Dennoch sind methodische Überlegungen erforderlich, die jedoch den Rahmen üblicher Planungen von Unterrichts- und Therapieeinheiten nicht überschreiten. Das Anforderungsniveau an koordinative Fähigkeiten ist anfangs gering, mit zunehmender Erfahrung und wachsendem Können der Kinder wird es allerdings aufgrund ihres sich verstärkenden Interesses an spezifischen Bewegungsmustern und Lösungsstrategien steigen.

Prinzipien wie „vom Leichten zum Schweren", „vom Einfachen zum Zusammengesetzten", „vom Bekannten zum Unbekannten" werden in der Regel von erfahrenen Pädagogen intuitiv realisiert. „Problemlösungen" sollen nicht „erzwungen"

Methodische und sicherheitsrelevante Gesichtspunkte/ steigender Schwierigkeitsgrad	Partner A agiert durch	Festhalten, Drücken, Einsetzen seines Körpergewichtes, Schieben, Ziehen, Anheben-Aufheben-Tragen, Umdrehen etc.					
		Partner A soll Partner B:					
	Partner B leistet Widerstand in folgenden Positionen	Fixieren/ Immobilisieren	Im Gleichgewicht stören/ Aus dem Gleichgewicht bringen	Umdrehen/ Umkippen/ zu Fall bringen	Anheben-Aufheben-Tragen (Werfen)	B agiert alleine	B agiert mit Hilfe
Bodenposition mit großer Unterstützungsfläche, niedrigem Körperschwerpunkt u. geringem Bewegungsspielraum	Robben	x		x	x	x	x
	Kriechen/ Krabbeln	x	x	x	x	x	x
	Drehen/Wälzen	x		x	x	x	x
Stand- und Fortbewegungsposition mit geringer Unterstützungsfläche, zunehmend höherem Körperschwerpunkt, höheren Gleichgewichtsanforderungen und größerem Bewegungsspielraum	Vierfüßlerstand	x	x	x	x	x	x
	Vierfüßlergang	x	x	x	x	x	x
	Hockstand	x	x	x	x	x	x
	Hockgang	x	x	x	x	x	x
	Kniestand	x	x	x	x	x	x
	Kniegang	x	x	x	x	x	x
	Stand beidbeinig	x	x	x	x	x	x
	Stand einbeinig	x	x	x	x	x	x
	Gehen/Hüpfen	x	x	x	(x)	(x)	(x)
	Laufen			x	(x)	(x)	(x)
	Ausgangs- oder Übergangsposition bei Bodenrandoris	Ein erster Schritt im Lernprozess, zugleich Ziel im Partnerkampf	weitere Aktivitäten und Möglichkeiten im Partnerkampf				

Tab. 3: Motorische Aktivitäten im Zweikampf

werden, sondern in Ruhe im Zusammenspiel von Körper und Geist von den Beteiligten entwickelt werden.
Die Vielfalt der partnerbezogenen Aktivitäten (vgl. Tab. 3) lässt sich aus der Kombination der Aktionen von Partner A (horizontale Achse) mit den Aktionen von Partner B (vertikale Achse) ermitteln, wobei die koordinativen und andere Leistungsanforderungen (Kraft, Beweglichkeit, Verantwortungsbereitschaft usw.) sowie die Sicherheitserfordernisse in Richtung der eingetragenen Pfeile zunehmen.
Darin kommen die methodischen Aspekte wie „vom Bekannten zum Unbekannten“, „vom Risikolosen zum Risikoreicheren“, „vom Einfachen zum Zusammengesetzten“ zum Tragen und vermitteln auch dem Laien eine grundlegende Planungssicherheit. Die Struktur und Lesart der Tabelle helfen dem Pädagogen somit, eigenständig Partneraktionen mit sich wachsenden Anforderungen zusammenzustellen.

3.5 Sicherheitsaspekte

Mediale Voraussetzungen
Die Bodenbeschaffenheit der Kampffläche für die aktiv Beteiligten hat unmittelbare Auswirkungen auf die Qualität der Bewegungsausführung, auf die Erfolgschancen und auch auf die Freude und Motivation.
Im Freien können die Kämpfe auf Sand oder Rasenflächen, die insbesondere, wenn es öffentlich zugängliche Anlagen sind, unter dem Aspekt der Sauberkeit und Gefahrlosigkeit (Glasscherben etc.) geprüft werden sollten, erfolgen. Der Boden ist weich und somit körperfreundlich und akzeptabel, sofern entstehender Schmutz an Körper und Kleidung in Kauf genommen werden kann.
Gleiche Ansprüche an den Boden werden auch in Hallen gestellt, in denen alle verfügbaren Matten (Weichböden, Turnmatten, Judomatten) für Ringen, Rangeln und Raufen genutzt werden können. Ideal sind jedoch die mittlerweile mit glatten Oberflächen versehenen Judomatten, da sie weder zu hart noch zu weich und gut transportierbar (Format 1x1 Meter) sind. Auf Weichböden erfordern Bodenrandori (freier Bodenkampf), da der Körper stärker einsinkt und weniger Gegendruck vom Boden erhält, z. T. erhöhte Kraftanforderungen. Sie bieten aber besonderen Schutz beim Fallen auf den Boden.
Turnmatten sind von ihrer Festigkeit auch geeignet, haben jedoch meist den Nachteil der Stumpfheit, womit gewolltes Gleiten, Robben, Rutschen verhindert werden, und Schürfwunden auftreten können. Die neueren Turn- und Gymnastikmatten sind aber in vielen Fällen schon von glatter Oberflächenbeschaffenheit und z.T. schon mit Klettverschlüssen ausgestattet, die ein festes Zusammenliegen einer größeren Kampffläche sicherstellen.

Eine Markierung der äußeren Begrenzung der Bewegungsfläche – im Judo z.B. ist der Rand der Kampffläche mit roten Matten ausgelegt – ist zur Verhinderung von (unbeabsichtigten) Überschreitungen und Fortführung der Kämpfe auf dem härteren Boden sehr empfehlenswert. Auch auf die Sauberkeit der Matten sollte geachtet werden, so z.B. werden Judomatten stets Rückseite an Rückseite (waagerecht liegend) aufbewahrt.

Hygienische Voraussetzungen
Da Ringen, Rangeln und Raufen durch ungewöhnlich engen Körperkontakt bei gleichzeitig hoher körperlicher Anstrengung und hohem Krafteinsatz gekennzeichnet sind, werden an die körperliche Hygiene der Beteiligten genauso hohe Anforderungen gestellt. Sauberkeit sollte eine Selbstverständlichkeit sei, obwohl sie aber wahrscheinlich bei zahlreichen Kindern noch ein kontinuierlich anzustrebendes Erziehungsziel bleiben wird. Fingernägel sollten nicht über die Fingerkuppen hinaus überstehen. Auf den Judo- und Turnmatten erfolgt Balgen, Ringen und Rangeln ausschließlich barfuss, z.T. sind Socken oder sog. Stoppersocken akzeptabel. Traditionelle Ringerschuhe stehen meist nicht zur Verfügung. Turnschuhe selbst würden die Judomatten zu sehr abnutzen und sind im Zweikampf oft schmerzbereitende „Waffen“.
Schmuck (Halsbänder, Zierringe, Freundschaftsbänder am Handgelenk usw.) sowie Armbanduhren sollten selbstverständlich abgelegt werden, ebenso Haarspangen etc., da sie die freie Bewegungsmöglichkeit zum Teil erheblich einschränken und zu unangenehmen Verletzungen beim Kämpfer selbst oder beim Partner (durch Einschnürungen, Gelenkverdrehungen insbesondere bei den Fingern) führen können.

Zur Kleidung
In Anlehnung an die Sportarten Judo sind auch unter dem Aspekt der Steigerung der Bewegungs- und Angriffsmöglichkeiten eine entsprechende Oberbekleidung zweckmäßig. Da die übliche Sportkleidung zu dünn und nicht reißfest ist, kämen lediglich Griffe zur Geltung, die direkt am Körper ansetzen. Durch eine stabile Jacke, die wie beim Judo ein besonders verstärktes Revers aufweist, kann diese selbst als direktes „Angriffsobjekt“ für spezielle, aber auch unspezifische Grifftechniken mit einbezogen werden. Auch der festsitzende Judogürtel steigert die Vielfalt der Angriffs-, Halte- und Ausweichmöglichkeiten. Eine lange Hose, wie sie auch beim Judosport zur offiziellen Ausstattung der Judokas gehört, ist gerade für Aktivitäten im Knien oder Robben auf den Matten zur Schonung der Kniescheiben sinnvoll, kann aber auch durch jede andere Trainingshose ersetzt werden.

Sicherheitshinweise beim Ringen, Rangeln und Raufen im Wasser
Zahlreiche Grundübungen des Ringens, Rangelns und Raufens, können – und sollten – auch im stehtiefen Wasser durchgeführt werden, sofern die Wassergewöhnungsphase abgeschlossen, zumindest aber die Fertigkeiten Untertauchen (Luftanhalten), Umgang mit Auftrieb und Augenöffnen beherrscht werden, d.h. eine vertraute Beziehung zum „Wasser“ existiert.

Beim Ringen und Raufen im Wasser werden durch die veränderten physikalischen Umgebungsbedingungen (Wasserwiderstand, Fortbewegung, Schwerkraftreduzierung und Auftrieb) völlig neue Bewegungserlebnisse ermöglicht. Einige wasserspezifische Faktoren bzw. Sicherheitsaspekte sind dabei zu berücksichtigen (s.u.).
Die höhere Dichte des Wassers als die der Luft spielt eine entscheidende Rolle für die Freude am Fallen in das als „weich“ erlebte Wasser. Die Gleichgewichtserhaltung ist erheblich vereinfacht und der Einfluss des Wassers auf das vegetative Nervensystem fördert entspannende Effekte und verbessert die emotionale Stimmung der Kinder.

Beckenumfassungen, Beckentiefe
Von Schwimmbeckeneinfassungen, Mauern, Einstiegsleitern oder anderen festen Installationen insbesondere in Freizeitbädern (Inseln, Sitzbänke unter der Wasseroberfläche), sollte genügend Abstand gehalten werden, die Kinder sind auf diese Gefahren auch hinzuweisen. Ebenso ist entsprechend der durchzuführenden Aktivitäten auf eine ausreichende Beckentiefe (mind. Brusthöhe) zu achten.

Untertauchen
Das Untertauchen, bzw. Untergetaucht-Werden, kann Bestandteil einer regelgerechten kämpferischen Auseinandersetzung sein. Da hierbei die körperliche Belastung sehr hoch sein kann, ist der Sauerstoffverbrauch gesteigert und die Atemfrequenz erhöht. Der Werfende weiß (oder ggf. beide Partner wissen) beim Untertauchen oder Getaucht-Werden nicht, in welchem Augenblick der Atemphase (z.B. während des Atemanhaltens, des Einatmens, oder des Ausatmens) der jeweils andere sich befindet. Deswegen ist es unbedingt erforderlich, dass jeder auch in diesem Punkt Verantwortung und Fürsorgepflicht für den anderen übernimmt, indem er dessen sofortiges Wiederauftauchen sicherstellt und sich von dem Wohlbefinden seines Partners überzeugt.

Zeitlicher Umfang
„Traditionelles" Schwimmen erfolgt in zyklischen Bewegungen, d.h. in der kontinuierlichen Ausführung von Schwimmbewegungen (Arm-, Beinzug...) in rhythmischer Abstimmung mit der Atmung. Auch hier ist u.U. eine starke körperliche Belastung gegeben. Beim Ringen, Rangeln und Raufen im Wasser aber ist in verstärktem Maße darauf zu achten, dass die individuelle Belastungsgrenze nicht überschritten wird, genügend Erholungsphasen eingeplant und ggf. inhaltliche Wechsel vorgenommen werden.

Wichtiger Sicherheitshinweis: Alle hier vorgeschlagenen Übungen und Spielideen wurden von Autor und Verlag sorgfältig erwogen und geprüft. Dennoch erfolgt ihre Durchführung auf eigene Gefahr und entbindet die/den Übungsleiter/in nicht von der Beachtung individueller Gefahrenmomente und der Planung entsprechender Sicherungsmaßnahmen.
Eine Haftung des Autors bzw. des Verlages und seiner Beauftragten ist ausgeschlossen.

Rituale
Kinder und Jugendliche (wie auch Erwachsene) brauchen insbesondere in neuen, ungewohnten Situationen Strukturierungshilfen, die z.B. Sicherheit und Vertrauen ermöglichen, Mut und Kampfesgeist aktivieren und die Bereitschaft fördern, sich auf Neues einzulassen. Rituale sind strukturgebende Gestaltungsformen und ermöglichen reflektierendes Verhalten. Ihnen liegt der Gedanke zugrunde, sozial betonte Einstellungen wachzurufen sowie Ruhe und Besonnenheit zu fördern.
Ihre Wirkung zeigt sich in der atmosphärischen Umstimmung von „Alltagssituationen" mit ihren oft negativen Begleiterscheinungen wie Eile, mangelndem Mitgefühl, „Außer-Sich-Sein" und dem Wahren der „Etikette" auf das kommende Erleben im Hier und Jetzt": Die Erstellung von situationsspezifischen „Spielregeln" oder deren Rückerinnerung und Besinnung auf

diese, die besondere Wertschätzung von sozialen Absprachen und das Gebot ihrer Einhaltung. Kampfspezifische Rituale fördern das Zusammengehörigkeitsgefühl, den gegenseitigen Respekt und die Zusicherung der beiderseitigen Verantwortungsbereitschaft sowie die Aufrechterhaltung der erstellten Werteordnung.
Allen Kampfsportarten liegen Rituale zugrunde, die entsprechend ihrer Herkunft religiös, kulturell oder politisch geprägt sind. Im pädagogischen wie therapeutischen Setting aber können sie selbstverständlich variiert und an der Teilnehmergruppe orientiert werden, wobei die entwickelten Formen von Alltagshandlungen abheben, also ungewöhnlich, zugleich aber nachvollziehbar und akzeptiert sein sollen.
So kann z.B. die gemeinsame Begrüßung in Kreisform zu Beginn der Stunde (Angrüßen) und zum Ende (Abgrüßen) durch das gleiche Zeremoniell erfolgen. Dabei ist in Anlehnung an Rituale aus der Kampfsportart Judo die einheitliche Körperhaltung (Fersensitz) Ausgangsposition aller Teilnehmer, der Gruß wird von einem Teilnehmer ausgesprochen und begleitet die Vorneigung des Oberkörpers, wobei beide Hände auf den Boden gelegt, der Kopf zu den Knien geführt und das Gesäß angehoben wird.
Vor und nach dem Partnerkampf kann die individuelle Begrüßung im Stand oder im Kniestand als Verneigung, per Handschlag oder in selbstgewählter Gestik erfolgen. Dabei soll die äußere Form (Verneigen bedeutet auch Demut) der geistigen Haltung entsprechen, die mit dem eigentlichen Zweck der Ritualisierung identisch ist.
Auch die Schlussreflexion im Kreis kann und sollte ein wesentlicher und unverzichtbarer Bestandteil der Förder-/Unterrichtsmaßnahmen sein, so dass dieser neben evaluierenden auch innovative Eigenschaften zukommt.

Zusammenfassend und exemplarisch werden einige Prinzipien mit rituellem Charakter genannt, die sich in der Praxis als pädagogisch sinnvoll und bedeutsam erwiesen haben.

a) Der Kampf beginnt (möglichst barfuß) nach Begrüßung der beiden Kampfpartner durch gleichzeitiges Verneigen oder per Handschlag auf ein Startzeichen des Schiedsrichters.
b) Nach Kampfende erfolgt die Verabschiedung mit gleichem Ritual wie bei Kampfbeginn.
c) Das nahende Kampfende (durch Ablauf der festgelegten Dauer bedingt) wird vom Schiedsrichter durch lautes Rückwärtszählen signalisiert.
d) Der Kampf kann von jedem Partner zu jedem Zeitpunkt abgebrochen werden. Das Zeichen dazu kann verbal (z.B. 'Stopp!') oder durch

dreimaliges Schlagen mit einer Hand auf den Boden (‘Abschlagen’) gegeben werden.

e) Von den Kampfpartnern wird die Kampfdauer (mit max. Begrenzung) festgelegt sowie der Siegermodus (s. auch l.)

f) Der psycho-soziale Entwicklungsstand ist ausschlaggebend für die Anzahl der Zuschauer und deren Plazierung – entweder direkt neben der Kampffläche (erfordert aus Sicherheitsgründen erhöhte Aufmerksamkeit) oder in Abstand von 1-2 Metern.

g) Aus den Zuschauern werden ein Schiedsrichter sowie ein oder zwei Helfer ausgewählt, die die Sicherheit durch die Matten gewährleisten (z.B. durch Matten zurechtrücken). Auch ein „Sportreporter“ kann durch eine Reporter-Rolle eine besondere Stimmung und Aufmerksamkeit erzeugen.

h) Freiwilligkeit bei der Partnerwahl ist gerade in der Einführungsphase wichtiges Prinzip. Kinder und Jugendliche wählen i. d. R. ihre Partner unter psycho-sozialen Aspekten aus, denen Vorrang einzuräumen ist gegenüber den von Lehrkräften oft favorisierten Parametern wie Körpergröße, Gewicht, Kraft, ...

i) Lehrkraft/Therapeut bietet sich auch als Kampfpartner an, ggf. dürfen mehrere Kinder gleichzeitig gegen/mit ihnen kämpfen. Auch diese Kämpfe dürfen vom Schiedsrichter geleitet und vom „Sportreporter“ kommentiert werden.

j) Gelegentlich aufflackernde Verbissenheit oder bittere Ernsthaftigkeit kann durch verbale Intervention des Schiedsrichters aufgelöst werden.

k) Als Abschlußritual können Bewegungsspiele die Gruppenmitglieder noch einmal zusammenführen und zur emotionalen Entspannung beitragen; auch Entspannungsübungen, u. a. auch mit suggestiven Formeln wie bei A.T., tragen zu einem psychologischen Spannungsausgleich bei.

l) Gewohnheiten hinterfragen – Alternativen (und zugleich Differenzierungsmöglichkeiten) eröffnen.

Traditionellerweise ist Sieger, wem es gelungen ist, seinen Partner an beliebiger Stelle auf der Kampffläche mit den Schultern auf den Boden zubringen (Schultersieg). Es gibt aber auch interessante Alternativen dazu, z.B.:

- Kann es nicht reizvoller sein, ihn in Bauchlage bringen zu müssen, um einen Sieg zu erringen? (Was wohl erheblich schwerer sein wird und dem zufolge seltener gelingt).
- Kann es nicht reizvoller sein, bestimmte Stellen auf der Kampffläche zu markieren, auf die der Unterlegene zu liegen kommen muß, um einen Erfolg des Kampfpartners zu bestätigen?

- Wie interessant und unter welcher 'Komik' verlaufen Kämpfe, bei denen derjenige Sieger ist, dem es gelingt, in die Rückenlage (!) zu kommen (oder in eine andere verabredete Körperlage/-haltung) und dabei seinen Partner zu immobilisieren.

4. Praxis: Spielen – Kämpfen – Üben

4.1 Zum Umgang mit der Spielesammlung

Die in diesem Kapitel aufgelisteten Praxisanregungen sind in folgende Kategorien eingeteilt worden. Die Auswahl erfolgte dabei gemäß den oben erläuterten theoretischen Vorüberlegungen (vgl. Kap. 3.2):

- **Bewegungsfreude – entwickeln (BF)**
- **Körperkontakt – aufnehmen und akzeptieren (KK)**
- **Vertrauen – entwickeln und stabilisieren (V)**
- **Ringen, Rangeln und Raufen – anbahnen und entwickeln (RA)**
- **Ringen, Rangeln und Raufen – erproben und verfeinern (RE)**
- **Ringen, Rangeln und Raufen – genießen und ausleben (RV)**

Jedes Spiel bzw. jeder Praxisvorschlag ist dabei nach dem gleichen Schema gegliedert. Neben einem Bild, das den Inhalt und die Grundsituation möglichst auf einen Blick wiedergeben soll, finden sich folgende Rubriken:

1. Übersicht: Voraussetzungen, organisatorische Hinweise, Spielcharakter
Hier werden in einer Übersicht die wichtigsten Voraussetzungen für eine leichte Umsetzung der Spielidee aufgelistet. So findet sich zunächst der Hinweis, welchen Grad an sozial-emotionalen Erfahrungen die Teilnehmer in Bezug auf Ringen und Raufen mitbringen sollten, um eine freudvolle Durchführung zu gewährleisten. So wäre es z.B. weniger günstig, Kindern, die noch starke Vorbehalte gegenüber Berührungen haben, ein Spiel anzubieten, das engen Körperkontakt erfordert. Darüber hinaus zeigt die Übersicht, welche Sozialform für das jeweilige Spiel vorgesehen ist (Partner/Gruppe), welche äußeren Bedingungen erfüllt sein sollten und ob Materialien bzw. Geräte benötigt werden. Ein Hinweis auf die zentrale inhaltliche bzw. pädagogische Ausrichtung des Spiels komplettiert die Übersicht.

2. Beschreibung

Hier findet sich eine ausführliche Beschreibung sowohl des Arrangements der äußeren Bedingungen, des eigentlichen Ablaufs, der Zielsetzungen sowie ggf. des Einsatzes der entsprechenden Geräte und Materialien.

3. Methodische Hinweise

Ergänzend zur Spielbeschreibung werden unter dieser Rubrik wichtige methodische Hinweise gegeben, die zwar nicht einen reibungslosen Ablauf garantieren, dazu aber beitragen wollen. Dazu gehören auch Beobachtungshilfen und/oder weitere Anregungen zur möglicherweise notwendigen Umgestaltung von (Spiel-)Situationen oder Gruppenkonstellationen.

4. Variationen und Erweiterungen

Die meisten Spiele und Übungen lassen sich ohne großen Aufwand erweitern und variieren. Zum einen können so neue Zielsetzungen eingebracht werden, zum anderen lassen sich so häufig Motivation und Konzentration der Teilnehmer zusätzlich steigern. Unter dieser Rubrik sind die Vorschläge zu finden, die sich in der Praxis bewährt haben.

5. Sicherheitshinweise

Zwar sind Ringen, Rangeln und Raufen nicht gefährlicher als andere Sportarten. Damit aber ein Spiel oder eine Übung nicht zu Verletzungen, Schmerzen, Unwohlsein oder gar Unfällen führt, sind hier, wenn notwendig, die wichtigsten vorbeugenden Maßnahmen noch einmal ausdrücklich erwähnt. Dies richtet sich zuerst an die Pädagogen und Therapeuten, die in diesem Bereich noch über wenig Erfahrungen verfügen.

6. Querverweise

Um die Planung, Organisation und Durchführung von themenspezifischen (Unterrichts-)Reihen, ganzen Stunden und/oder Sequenzen zu erleichtern, sind hier Spiele und Übungen aufgelistet, die nach Meinung der Autoren in einer gewissen näheren Verwandtschaft zu dem beschriebenen Spiel stehen. Die geschieht bewusst kategorie-übergreifend.

Auf Hinweise zum Altersbereich wurde weitgehend verzichtet, da sich nach Meinung der Autoren fast alle Spiele und Übungen bei Beachtung der grundlegenden Sicherheitsvorkehrungen für jede Altersstufe eignen. In dem einen oder anderen Fall sollten durch den Pädagogen/Therapeuten evtl. kleinere Veränderungen (Reduzierungen) vorgenommen werden. Bei den Spielen und Übungen, die dennoch nicht für jüngere Kinder geeignet sind, wurde unter der Rubrik „Sicherheitshinweise" der entsprechende Vermerk angebracht.
Ebenfalls sind Bemerkungen dazu, ob sich die Spiele für ein koedukatives Vorgehen eignen, ausgeklammert worden. Die Entscheidung darüber liegt einerseits in der Kompetenz bzw. in der Erfahrung des betreffenden Päd-

agogen/Therapeuten. Andererseits ist hier die spezifische Gruppenzusammensetzung zu beachten.

4.2. Erläuterung von Fachbegriffen

Im folgenden werden die in den Spielbeschreibungen vorkommenden Bezeichnungen der Körperpositionen, Fortbewegungsarten am Boden und Organisationsformen bildlich erläutert. Darüber hinaus finden sich hier Abbildungen verschiedener Griffarten bzw. Haltemöglichkeiten. Hier wurde aufgrund der sehr unterschiedlichen Bezeichnung in der Fachliteratur auf eine begriffliche Zuordnung verzichtet.

Körperpositionen

- Grätschstand

- Schrittstellung

- Kleine Bank

- Große Bank

- Liegestütz

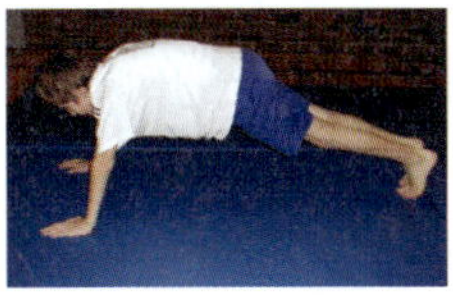

- Unterarmliegestütz

- Hocke

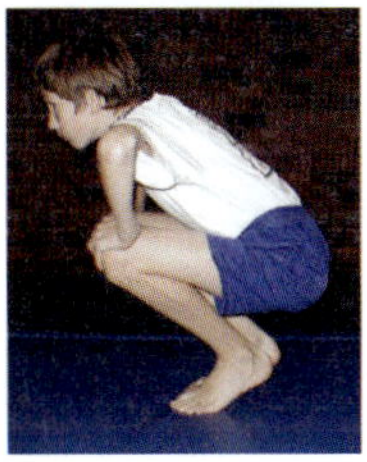

- Kniestand

- Fersensitz

- Langsitz

- Grätschsitz

- Schwebesitz

- Seitlage

- Kopfbrücke

Fortbewegungsarten am Boden

- Robben

- Krabbeln

- Kriechen

- Vierfüßlergang

- Krabben-/Spinnengang

Organisationsformen

- Innenstirnkreis

- Außenstirnkreis

- Flankenkreis

- Gasse

Griffe und Haltemöglichkeiten

Beispiel 1

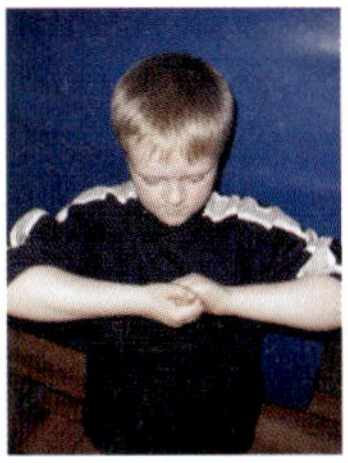

Beispiel 2

Beispiel 3

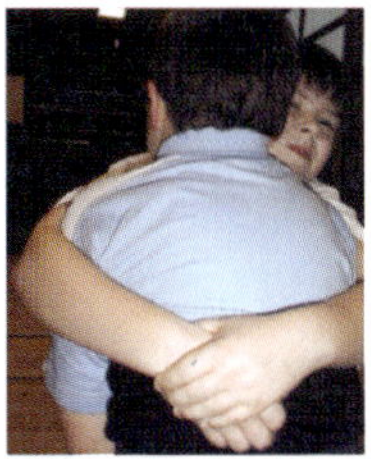

Beispiel 4

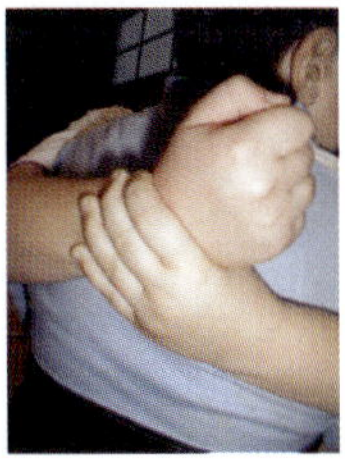

Beispiel 5

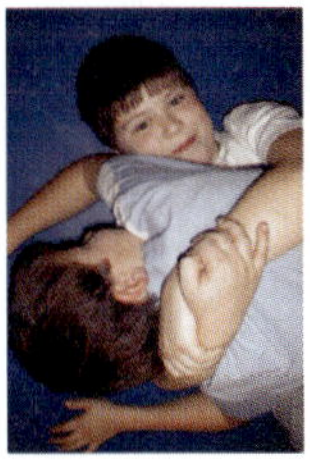

Beispiel 6

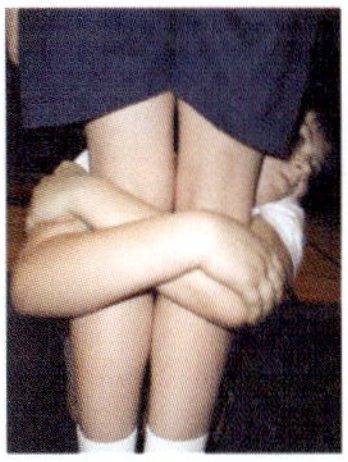

4.3 Spielesammlung

4.3.1 Bewegungsfreude

– entwickeln –

BF
entwickeln

Aufstand (BF 1)

Emotional-soziale Anforderungen
Niedrig
Mittel ✓
Hoch

Sozialform
Partner
Kleingruppe ✓
Großgruppe ✓

Äußere Bedingungen
Mattenfläche, klein
Mattenfläche, groß
Reißfeste Kleidung
Barfuß/Socken
Medien/Material ✓

Charakter
Spielerisch ✓
Übend
Kämpferisch

Die Kinder laufen zur Musik durch die Halle. Bei Musikstopp ruft der Spielleiter eine Zahl (am besten drei und höher). Eine entsprechende Anzahl von Kindern findet sich zusammen und setzt sich mit dem Rücken zueinander auf den Boden. Sie haken sich mit den Armen ein und versuchen, gleichzeitig aufzustehen. Nach dem Aufstehen wird weiter zur Musik gelaufen.

Das Hinsetzen und Aufstehen sollte vor diesem Spiel partnerweise geübt werden.

- Wenn die Ziffer 'zwei' gerufen wird, können statt des Aufstehens Partnerübungen wie Rückenschieben, Butterwiegen oder ähnliches durchgeführt werden

- Butterwiegen (KK 2)
- Rückenringkampf (RE 26)
- Rückenschieberei (RG 18)

BF
entwickeln

Fünfertransport (BF 2)

Emotional-soziale Anforderungen
Niedrig
Mittel ✓
Hoch

Sozialform
Partner
Kleingruppe
Großgruppe ✓

Äußere Bedingungen
Mattenfläche, klein
Mattenfläche, groß
Reißfeste Kleidung
Barfuß/Socken
Medien/Material

Charakter
Spielerisch ✓
Übend
Kämpferisch

Jeweils fünf Kinder bilden eine Mannschaft. Ein „Patient“ liegt auf dem Rücken, die anderen stellen sich um diesen herum. Jedes Kind (in Helferfunktion) nimmt jeweils einen Arm bzw. ein Bein des liegenden „Patienten“; auf ein Zeichen hin soll dieser auf die andere Hallenseite oder zu einem bestimmten Ziel transportiert werden. Dort angekommen, wird der „Patient“ zum Helfer und einer der Helfer zum „Patient“, der wiederum zum Ausgangspunkt transportiert wird. Hier findet der nächste Wechsel statt usw. Sieger ist die Mannschaft, die als erste die Distanz fünfmal mit jeweils gewechselten ‘Patienten’ zurückgelegt hat.

Sollten bei der Mannschaftseinteilung Mitspieler übrig bleiben, so können diese sich anderen Mannschaften anschließen. Entweder helfen sie dann beim Transport (und werden ebenfalls getragen), oder sie werden verteilt auf Start und Ziel. An den jeweiligen Wendemarken können sie dann für ein anderes Mannschaftsmitglied ausgetauscht werden. Günstig ist es, wenn die Kinder schon Erfahrungen im gegenseitigen Tragen haben.

- Statt der Durchführung als Staffel kann diese Spielidee auch in ein Fangspiel integriert werden. Wer gefangen ist, legt sich auf den Rücken und wird von vier Mitspielern („Krankenpfleger“) an den Rand des Spielfeldes oder auf die Weichbodenmatte in der Mitte des Spielfeldes (= „Krankenhaus“) getragen. Dort wird man wieder gesund

und darf ins Feld zurück. Solange die Helfercrew (je Arm und Bein ein „Pfleger“) nicht vollständig ist oder während der „Patient“ getragen wird, darf diese Gruppe nicht abgeschlagen werden.

- darauf achten, dass die getragenen Mitspieler nicht plötzlich und von größerer Höhe auf den Boden fallen gelassen werden.
- evtl. an Start und Ziel eine Matte als „Wechselort“ hinlegen

- Verletzte bergen (BF 6)

BF
entwickeln

Ho! Ha! (BF 3)

Emotional-soziale Anforderungen
Niedrig ✓
Mittel
Hoch

Sozialform
Partner
Kleingruppe
Großgruppe ✓

Äußere Bedingungen
Mattenfläche, klein
Mattenfläche, groß
Reißfeste Kleidung
Barfuß/Socken
Medien/Material ✓

Charakter
Spielerisch ✓
Übend
Kämpferisch

Die Kinder laufen nach Musik. Bei Musikstopp laufen sie zum nächsten erreichbaren Mitspieler und stampfen breitbeinig auf. Dabei winkeln sie die Arme ab, ballen die Fäuste und rufen so laut wie möglich „Ho! oder Ha!". Wer ein wenig zu spät brüllt, muss durch die gegrätschten Beine des Partners krabbeln. Die Musik setzt schnell wieder ein.

Auf laute und rhythmische Musik und schnelles Wiedereinsetzen der Musik achten.

- Statt „Ho! – Ha!" den eigenen Vornamen oder den des getroffenen Mitspielers brüllen.

- Popcorn (BF 8)
- Fangen und Umschmeißen (BF 22)

Tentakelfangen (BF 4)

BF entwickeln

Emotional-soziale Anforderungen
Niedrig ✓
Mittel
Hoch

Sozialform
Partner
Kleingruppe
Großgruppe ✓

Äußere Bedingungen
Mattenfläche, klein
Mattenfläche, groß
Reißfeste Kleidung
Barfuß/Socken
Medien/Material ✓

Charakter
Spielerisch ✓
Übend
Kämpferisch

Bis auf zwei Spieler befindet sich die gesamte Gruppe an einem Ende der Turnhalle. Die beiden übrigen stehen auf der Mittellinie und haben jeweils einen Schaumstoffball in der Hand. Auf ein Startzeichen hin versucht die Gruppe, auf die andere Hallenseite zu kommen, ohne von den beiden Mittelspielern abgetroffen zu werden. Diese dürfen sich nur auf dieser Linie (oder aus einem gekennzeichneten Mittelkreis) bewegen. Wer abgetroffen wird, setzt sich auf den Boden (am Ort des Treffers) und wird eine „Tentakel“. Er darf beim nächsten Durchgang herüberlaufende Mitspieler abschlagen, indem er sie mit den Händen berührt. Dazu werden die Arme weit ausgestreckt und hin- und herbewegt. Das Gesäß muß dabei am Boden bleiben.

Darauf achten, dass erst weitergespielt wird, wenn alle noch freien Spieler auf der Gegenseite angekommen sind und die abgetroffenen/abgeschlagenen sich hingesetzt haben (deutliches Startsignal geben).

- Anstatt von Bällen können Schaumstofffrisbees genommen werden.
- Je nach Gruppengröße mehr Abwerfer bestimmen.
- Bei kleineren Gruppen einen engeren Laufkorridor bestimmen.
- Statt sich hinzusetzen, können die Abgetroffenen auch im Stand oder im Kniestand weiterspielen, sie dürfen jedoch ihre Position nicht verlassen.

- Darauf achten, dass laufende Mitspieler nicht über die sitzenden springen.

- Schutzball (BF 11)
- Drehwurm (BF 14)
- Kreisfangen (BF 23)

Medizinball – Torjagd (BF 5)

BF entwickeln

Emotional-soziale Anforderungen
Niedrig
Mittel ✓
Hoch

Sozialform
Partner
Kleingruppe
Großgruppe ✓

Äußere Bedingungen
Mattenfläche, klein
Mattenfläche, groß
Reißfeste Kleidung
Barfuß/Socken
Medien/Material ✓

Charakter
Spielerisch ✓
Übend
Kämpferisch ✓

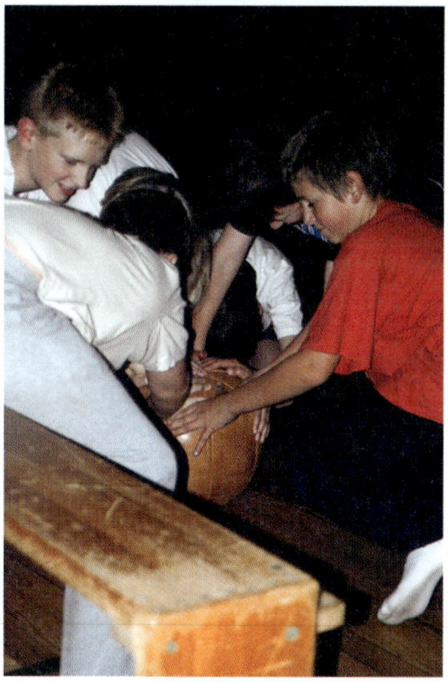

Es werden zwei Mannschaften gebildet mit mindestens je drei Personen. Ein Medizinball soll ins gegnerische Tor (Kastenteil quer aufgestellt) gerollt werden. Der Treffer kann sowohl von vorn wie von hinten erfolgen. Der Ball darf nicht in beide Hände genommen und nicht geworfen werden.

Das Spiel wird spannender, wenn man um das Tor eine Kreislinie zieht, die nicht überschritten werden darf.

Das Spiel kann in verschiedenen Ausgangspositionen/Fortbewegungsarten gespielt werden (aus dem Sitz, Kniestand, Stand).

- Für Kinder ab 7 Jahren

- Das ist mein Ball (RE 2)
- Medizinball schieben (RE 23)
- Käseraub (RE 38)

BF
entwickeln

Verletzte bergen (BF 6)

Emotional-soziale Anforderungen
Niedrig
Mittel
Hoch ✓

Sozialform
Partner
Kleingruppe
Großgruppe ✓

Äußere Bedingungen
Mattenfläche, klein
Mattenfläche, groß
Reißfeste Kleidung
Barfuß/Socken
Medien/Material

Charakter
Spielerisch ✓
Übend
Kämpferisch

Je nach Gruppengröße werden ein bis zwei Fänger ausgewählt. Wer abgeschlagen ist, legt sich auf den Bauch und kann erst weiterspielen, wenn er von einem oder mehreren freien Mitspielern an den Spielfeldrand gezogen wurde. Wer einen „Verletzten" birgt, darf nicht abgeschlagen werden.

Mit jüngeren Kindern zunächst ohne Hinlegen durchführen; das abgeschlagene Kind ist wieder erlöst, wenn es von einem anderen Kind an den Rand geführt wurde.

- Mit älteren Kindern: „Verletzte" wollen nicht geborgen werden und versuchen, sich am Boden festzuhalten.

- Darauf achten, dass abgeschlagene Spieler zum nächstgelegenen Spielfeldrand und nicht quer über das Spielfeld transportiert werden.

- Fangen und Erlösen mit Körperkontakt (KK 4)
- Auf und Nieder (RA 35)
- Hecht im Karpfenteich (RE 40)

BF
entwickeln

Verwundete Hasen (BF 7)

Emotional-soziale Anforderungen
Niedrig ✓
Mittel
Hoch

Sozialform
Partner
Kleingruppe
Großgruppe ✓

Äußere Bedingungen
Mattenfläche, klein
Mattenfläche, groß
Reißfeste Kleidung
Barfuß/Socken
Medien/Material ✓

Charakter
Spielerisch ✓
Übend
Kämpferisch

Je nach Gruppengröße versuchen zwei oder mehr Mitspieler, mit Schaumstoffbällen die anderen abzutreffen. Die „Hasen“ laufen vor den „Jägern“ fort. Wird ein Spieler von einem Ball getroffen, legt er an dieser Stelle eine Hand auf, darf aber weiter laufen. Beim zweiten Treffer wird die andere Hand aufgelegt, dennoch ist er weiter im Spiel. Erst der dritte Treffer führt zum Ausschluß.

Eventuell ist es notwendig, den Raum zu begrenzen, damit die „Jäger“ bessere Chancen haben (z.B. ein halbes Volleyballfeld).

- Sind drei „Hasen“ ausgeschieden und der vierte kommt hinzu, darf der erste wieder ins Spiel zurück.
- Haben die „Jäger“ eine bestimmte Anzahl „Hasen“ gejagt, werden sie ausgetauscht.

- Es dürfen nicht zu viele Bälle auf dem Boden liegen oder rollen, sonst besteht erhöhte Sturzgefahr.

- Fangen und Erlösen mit Körperkontakt (KK 4)

BF
entwickeln

Popcorn (BF 8)

Emotional-soziale Anforderungen
Niedrig ✓
Mittel
Hoch

Sozialform
Partner
Kleingruppe
Großgruppe ✓

Äußere Bedingungen
Mattenfläche, klein
Mattenfläche, groß
Reißfeste Kleidung
Barfuß/Socken
Medien/Material

Charakter
Spielerisch ✓
Übend
Kämpferisch

In einem kleinen Spielfeld als „Pfanne“ (z.B. Mittelkreis) beginnt ein Spieler („Maiskorn“) zu hüpfen. Die anderen versuchen, ebenfalls hüpfend, ihm zu entweichen. Berührt das erste „Maiskorn“ ein anderes, kleben sie fest (z.B. indem sie sich an den Händen halten, sich umschlingen...) und werden zu „Popcorn“, das weitere „Maiskörner“ fangen/berühren will. Schließlich kleben alle aneinander fest und hüpfen in der „Pfanne“ herum.

Auch für größere Gruppen sollte ein kleines Spielfeld ausgewählt werden.

- Mit Musikunterstützung.
- Bei einer bestimmten Anzahl aneinander geklebter „Maiskörner“ werden daraus zwei Gruppen gebildet.

- Fangen und Erlösen mit Körperkontakt (KK 4)
- Atomspiel (KK 21)

Schätzchen suchen (BF 9)

BF
entwickeln

Emotional-soziale Anforderungen
Niedrig
Mittel ✓
Hoch

Sozialform
Partner
Kleingruppe
Großgruppe ✓

Äußere Bedingungen
Mattenfläche, klein
Mattenfläche, groß
Reißfeste Kleidung
Barfuß/Socken
Medien/Material

Charakter
Spielerisch ✓
Übend
Kämpferisch

Die Spieler laufen kreuz und quer durcheinander. Während des Laufens sucht sich jeder einen anderen Spieler („Schätzchen") aus. Beim Ruf „Schätzchen suchen!" geht es dann darum, den ausgesuchten Mitspieler möglichst schnell dreimal zu umrunden. Wer es als erster geschafft hat, ist Sieger. Das Spiel beginnt dann sofort wieder von neuem.

Damit sich nicht immer die gleichen Mitspieler finden, sollte die Regel gelten, dass man sich immer ein neues „Schätzchen" suchen muss.

- Haben sich zwei gleichzeitig als „Schätzchen" gefunden, sollen sie sich sofort ein anderes suchen.

- Fangen und Erlösen mit Körperkontakt (KK 4)
- Atomspiel (KK 21)

Urschrei (BF 10)

Emotional-soziale Anforderungen
Niedrig ✓
Mittel
Hoch

Sozialform
Partner
Kleingruppe ✓
Großgruppe ✓

Äußere Bedingungen
Mattenfläche, klein
Mattenfläche, groß
Reißfeste Kleidung
Barfuß/Socken
Medien/Material

Charakter
Spielerisch ✓
Übend
Kämpferisch

Der „Urschrei“ kann zu einer einfachen, stimmungsvollen bzw. atmosphärischen Gestaltung einer einfachen Staffel eingesetzt werden. Spieler, die im Ziel angekommen sind, brüllen oder schreien so laut wie möglich, um ihre Teamgefährten anzufeuern. Während des Schreiens hüpfen sie und klopfen sich bzw. ihren Körper mit den Händen von oben bis unten wach. Sieger ist nicht nur das schnellste, sondern auch das lauteste Team.

Den Kindern sollte vorher der Sinn des Spiels erklärt werden: wach werden und aufwärmen. Es ist primär für jüngere Kinder geeignet.

- Statt sich selbst, vorsichtig einen Mitspieler wach klopfen.

- Ho! Ha! (BF 3)
- Fallen und Sichern (RA 6)
- Wachklopfereien (RA 40)

BF
entwickeln

Schutzball (BF 11)

Emotional-soziale Anforderungen	
Niedrig	
Mittel	✓
Hoch	
Sozialform	
Partner	
Kleingruppe	
Großgruppe	✓
Äußere Bedingungen	
Mattenfläche, klein	
Mattenfläche, groß	
Reißfeste Kleidung	
Barfuß/Socken	
Medien/Material	✓
Charakter	
Spielerisch	✓
Übend	
Kämpferisch	

Es gibt einen Fänger, alle anderen Mitspieler haben „drei Leben“. Zwei (oder drei) von ihnen sind im Besitz je eines Balles und dürfen nicht abgeschlagen werden. Die Bälle können jedoch „bedürftigen“ Mitspielern zugerollt oder -geworfen werden, damit sie vor den Fängern geschützt werden. Wer in Gefahr gerät, ruft am besten laut um Hilfe. Wer seine drei Leben verloren hat, scheidet aus.

- Evtl. zunächst das Spiel ohne Bälle versuchen (Kinderspiel: „Bruder hilf!“).
- Vor dem Fänger geschützt sind diejenigen, die sich bei Gefahr in Dreiergruppen an den Händen halten, danach dürfen sich diese Personen nicht mehr helfen.
- Bei größeren Gruppen können auch von Beginn an zwei Fänger aktiv werden.

- Nicht zu kleine Bälle nehmen, Sturzgefahr!

- Verletzte bergen (BF 6)
- Fangen und Erlösen mit Körperkontakt (KK 4)

Hase und Igel (BF 12)

Emotional-soziale Anforderungen
Niedrig ✓
Mittel
Hoch

Sozialform
Partner
Kleingruppe
Großgruppe ✓

Äußere Bedingungen
Mattenfläche, klein
Mattenfläche, groß
Reißfeste Kleidung
Barfuß/Socken
Medien/Material

Charakter
Spielerisch ✓
Übend
Kämpferisch

Schwerpunkte
Technik/Taktik
Koordination
Kraft
Ausdauer ✓

Alle Mitspieler setzen sich nebeneinander in einer Linie auf den Boden (Hüfte an Hüfte), blicken aber jeweils in entgegengesetzter Richtung. Ein Spieler ist „Hase“, der einen anderen Spieler („Igel“) fangen soll. Der „Hase“ darf nur in einer Richtung um die Gruppe herumlaufen, der „Igel“ darf die Richtung wechseln. Der „Hase“ kann jedoch den Platz eines anderen Mitspielers einnehmen und so den Weg zum „Igel“ abkürzen. Wird dieser abgeschlagen, wechseln die Rollen.

Bei jüngeren Kindern sollte der mögliche Ablauf erst einmal langsam demonstriert werden.

- Zeit vorgeben, in der der „Igel“ gefangen werden soll.

- Eventuell vorher den Wechsel demonstrieren.

- Ansatz (BF 25)
- Ringrichter (RA 37)

Schlussverkauf (BF 13)

BF entwickeln

Emotional-soziale Anforderungen
Niedrig ✓
Mittel
Hoch

Sozialform
Partner
Kleingruppe ✓
Großgruppe ✓

Äußere Bedingungen
Mattenfläche, klein
Mattenfläche, groß
Reißfeste Kleidung
Barfuß/Socken ✓
Medien/Material ✓

Charakter
Spielerisch ✓
Übend
Kämpferisch

In einem markierten Feld (Mittelkreis der Sporthalle) liegen die Socken aller Mitspieler gemischt und auf einem großen Haufen. Auf ein Startzeichen hin versuchen alle, möglichst schnell ein Sockenpaar (es muss nicht das Eigene sein!) zu finden und anzuziehen. Jeder Mitspieler darf max. zwei Socken gleichzeitig in den Händen halten.

Es empfiehlt sich, Ersatzsocken bereit zu halten.

- Mit „geübten" Mitspielern kann man auf der Matte kurze kleine Kämpfchen (Bodenrandori) durchführen. Wer auf dem Boden liegt, muss seine Socken abgeben,
- Zwei verschiedene Socken anziehen, danach schnell die entsprechenden Partner suchen.

- Mit jüngeren Kindern zunächst ohne Körperkontakt.

- Sockenklau (RG 14)

BF
entwickeln

Drehwurm (BF 14)

Emotional-soziale Anforderungen
Niedrig ✓
Mittel
Hoch

Sozialform
Partner
Kleingruppe
Großgruppe ✓

Äußere Bedingungen
Mattenfläche, klein
Mattenfläche, groß
Reißfeste Kleidung
Barfuß/Socken
Medien/Material

Charakter
Spielerisch ✓
Übend
Kämpferisch

Alle Spieler stellen sich zu einem großen Kreis zusammen. Dann drehen sie sich nach links, dass jeder den Rücken des Vordermannes (Flankenkreis) sieht. Nach dem Startkommando laufen die Kinder vorwärts im Kreis und versuchen, dem jeweiligen Vordermann auf den Rücken zu tippen. Der abgeschlagene Spieler scheidet aus und setzt sich in der Kreismitte auf den Boden oder verlässt den Kreis, um mit den nachfolgenden Spielern einen eigenen „Drehwurm" zu veranstalten. Das Spiel geht so weiter, bis nur noch drei Kinder im Kreis übrig sind.

Wenn möglich, die Markierungen der Sporthalle (zum Beispiel Mittelkreis) als Orientierungshilfe nutzen.

- Ausgeschiedene Spieler bilden neuen Kreis, ab sieben Personen beginnt neues Spiel.
- Richtungswechsel auf Signal.

- Kreisfangen (BF 23)
- Zerreißprobe (RG 1)

BF
entwickeln

Reifendrehlauf (BF 15)

Emotional-soziale Anforderungen	
Niedrig	✓
Mittel	
Hoch	
Sozialform	
Partner	
Kleingruppe	✓
Großgruppe	✓
Äußere Bedingungen	
Mattenfläche, klein	
Mattenfläche, groß	
Reißfeste Kleidung	
Barfuß/Socken	
Medien/Material	✓
Charakter	
Spielerisch	✓
Übend	
Kämpferisch	

In der Mitte des Raumes wird ein Gymnastikreifen gedreht. Solange dieser kreist, laufen die Kinder durch die Halle. Dabei versuchen sie, die „Bewegung“ des Reifens nachzuahmen: nähert der Reifen sich dem Boden, laufen die Kinder gebückt und machen sich immer kleiner. Hört der Reifen auf, sich zu drehen, legen sie sich flach auf den Bauch.

Den Reifen am besten im Mittelkreis drehen. Dieser soll nicht durchlaufen werden.

- Statt vorwärts rückwärts laufen.
- Unterschiedliche Fortbewegungsarten (hüpfen, krabbeln ...).
- Zu zweit, zu dritt usw. laufen.
- Reifen als „Fernbedienung“ nutzen.

- Ho! Ha! (BF 3)
- Verwundete Hasen (BF 7)

Namenstag (BF 16)

Emotional-soziale Anforderungen
Niedrig ✓
Mittel
Hoch

Sozialform
Partner
Kleingruppe
Großgruppe ✓

Äußere Bedingungen
Mattenfläche, klein
Mattenfläche, groß
Reißfeste Kleidung
Barfuß/Socken
Medien/Material

Charakter
Spielerisch ✓
Übend
Kämpferisch

Die Spieler sitzen im Kreis, einer steht in der Mitte. Er ruft laut den Namen eines Kindes, läuft sofort zu ihm hin, um es abzuschlagen. Hat dieses aber rechtzeitig (also vor dem Abschlag) den Namen eines anderen Kindes gerufen, bleibt es an seinem Platz; gelingt ihm dies nicht, wechselt es mit dem Mitspieler seinen Platz und seine Aufgabe.

Evtl. bei Kindern, die sich noch nicht so gut kennen, den Namen mittels Klebestreifen auf die Brust heften.
Der Name des Mitspielers darf nicht genannt werden.

- Ho! Ha! (BF 3)
- Kreisfangen (BF 23)

BF
entwickeln

Dreierfang (BF 17)

Emotional-soziale Anforderungen
Niedrig
Mittel ✓
Hoch

Sozialform
Partner
Kleingruppe
Großgruppe ✓

Äußere Bedingungen
Mattenfläche, klein
Mattenfläche, groß
Reißfeste Kleidung
Barfuß/Socken
Medien/Material

Charakter
Spielerisch ✓
Übend
Kämpferisch

Je nach Gruppengröße werden ein bis zwei Fänger ausgewählt. Wer von den Fängern abgeschlagen wird, übernimmt die Rolle des Fängers. Die Mitspieler können sich jedoch vor dem Abschlagen schützen, indem sie sich zu dritt zusammenfinden und an den Händen festhalten.

Es ist wichtig, dass sich die Mitspieler nach der Handfassung sofort wieder loslassen.

- Die Dreiergruppe soll sich nach der Handfassung gemeinsam auf den Boden setzen und wieder aufstehen, oder jeder soll auf einem Bein stehen etc.
- Statt der Dreiergruppe finden sich nur zwei Kinder als Paar „Brüder“). Alleine im Feld rufen sie laut um Hilfe: „Bruder (Schwester) hilf!“

- Evtl. Spielfeld begrenzen (vorhandene Markierungen, zum Beispiel Volleyballfeld, nutzen).

- Schutzball (BF 11)
- Saftpresse (BF 18)
- Aussitzen (KK 14)

Saftpresse (BF 18)

Emotional-soziale Anforderungen
Niedrig
Mittel ✓
Hoch

Sozialform
Partner
Kleingruppe
Großgruppe ✓

Äußere Bedingungen
Mattenfläche, klein
Mattenfläche, groß
Reißfeste Kleidung
Barfuß/Socken
Medien/Material

Charakter
Spielerisch ✓
Übend
Kämpferisch

Sechs bis acht Spieler bilden durch Handfassung einen Kreis. Sie haben die Aufgabe, die übrigen Gruppenmitglieder einzufangen, indem sie sie durch kurzzeitiges Öffnen des Kreises in ihre Mitte bringen oder einkesseln. Die gefangenen Spieler scheiden aus oder schließen sich dem Kreis an.

- Wenn ein Spieler gefangen wurde, kann der Kreis durch Einhaken der Arme enger gemacht werden, der Gefangene darf versuchen, auf allen Vieren diesem Gefängnis zu entkommen.
- Unverhoffte Saftpresse: Plötzlich finden sich vier zusammen und umzingeln einen oder zwei.

- Für jüngere (unter 7 Jahren) weniger geeignet, da sie noch nicht so gut in der Lage sind, im Kreis mit Handfassung zu laufen.

- Kreisfangen (BF 23)
- Zerreißprobe (RG 1)
- Festnahme (RG 32)

BF entwickeln

Nervensache (BF 19)

Emotional-soziale Anforderungen	
Niedrig	✓
Mittel	
Hoch	
Sozialform	
Partner	
Kleingruppe	
Großgruppe	✓
Äußere Bedingungen	
Mattenfläche, klein	
Mattenfläche, groß	
Reißfeste Kleidung	
Barfuß/Socken	
Medien/Material	✓
Charakter	
Spielerisch	✓
Übend	
Kämpferisch	

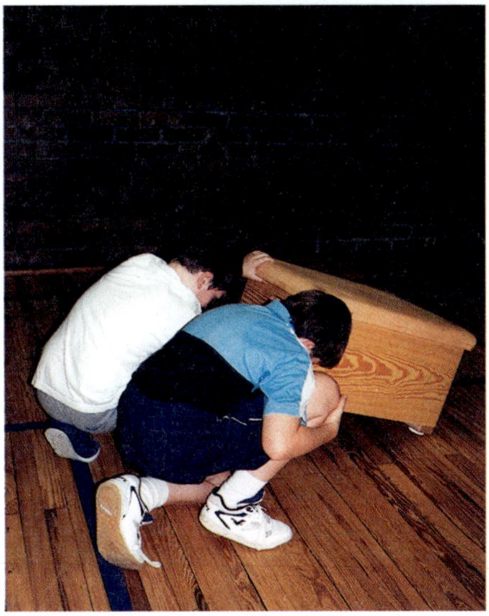

Ein (Küchen-) Wecker wird irgendwo in der Turnhalle versteckt (zum Beispiel hinter einer Bank, zwischen Matten, auf der Sprossenwand). Die Gruppe hat die Aufgabe, diesen zu finden, bevor er klingelt.

- Das Spiel kann man auch draußen im freien Gelände, in der Pausenhalle und auch im Klassen- bzw. Gruppenraum durchführen

- Wecker nicht im Geräteraum verstecken.

- Reifendrehlauf (BF 15)

Blitzschlag (BF 20)

Emotional-soziale Anforderungen
Niedrig ✓
Mittel
Hoch

Sozialform
Partner
Kleingruppe ✓
Großgruppe ✓

Äußere Bedingungen
Mattenfläche, klein
Mattenfläche, groß ✓
Reißfeste Kleidung
Barfuß/Socken ✓
Medien/Material

Charakter
Spielerisch
Übend ✓
Kämpferisch

Die Gruppe bewegt sich durch den Raum bzw. läuft oder krabbelt über die Mattenfläche. Der Gruppenleiter spielt „Petrus“, der mit Hilfe eines am Ende eines Seilchens oder Judogürtels befestigten Sockenpaares „Blitze ausschickt“. Dieses erfolgt durch Hinausschleudern des Seilchens. Wer vom Blitz getroffen wurde, wechselt mit „Petrus“. Wer rechtzeitig, also vor dem erwarteten „Blitzschlag“, sich rückwärts fallen läßt, vorwärts abrollt oder die Rolle rückwärts macht und dadurch getroffen wurde, gilt weiterhin als frei.

Vorher Rolle rückwärts und die Technik des Abrollens rückwärts sowie Abrollen seitlich vorwärts (dem Judo entnommen) üben.

- Die Gruppe bildet stehend einen Kreis, der „Blitz“ wird verlängert durch ein zweites Seilchen oder einen zweiten Judogürtel und tief gekreist. Die Kinder müssen schnell nacheinander hoch hüpfen, um nicht vom „Blitz“ getroffen zu werden. Wer zweimal getroffen ist, tauscht die Rolle mit „Petrus“.

- Auf und Nieder (RA 35)
- Rasenmäher (RA 41)

BF
entwickeln

Schlangenfangen (BF 21)

Emotional-soziale Anforderungen	
Niedrig	
Mittel	✓
Hoch	
Sozialform	
Partner	✓
Kleingruppe	✓
Großgruppe	✓
Äußere Bedingungen	
Mattenfläche, klein	
Mattenfläche, groß	✓
Reißfeste Kleidung	
Barfuß/Socken	
Medien/Material	✓
Charakter	
Spielerisch	
Übend	✓
Kämpferisch	

Ein oder mehrere Spieler haben ein Seilchen, Judogürtel o.ä. in der Hand und führen dies mit „Schlangenbewegungen über den Boden. Die anderen Spieler versuchen, auf die Schlange zu treten oder (im Krabbeln über die Mattenfläche) mit den Händen nach ihr zu greifen und sie festzuhalten.

Hände dürfen nicht genutzt werden; die Arme werden auf dem Rücken gehalten. Es empfiehlt sich, genügend Ballons einsatzbereit zu halten.

- Partner A hat einen Luftballon an einer ca. 50 cm langen Schnur am Fußgelenk befestigt. Partner B versucht, auf den Luftballon zu treten und ihn zum Platzen zu bringen. Danach findet ein Wechsel statt.
- Beide Hände dürfen beim Partner auf die Schultern gelegt werden (dabei auf die Köpfe achten!) oder – das ist sicherer – beide Partner geben sich die Hände.
- Wenn eine Judomattenfläche vorhanden ist, versucht der „Schlangenfänger“, die Schlange im Krabbeln mit der Hand zu fangen.

- Auf der Mattenfläche nur barfuss.
- Auf genügend Sicherheitsabstand der einzelnen Paare achten.

- Blitzschlag (BF 20)
- Füßeln (RE 18)
- Touch-Down (RE 30)

BF
entwickeln

Fangen und Umschmeißen (BF 22)

Emotional-soziale Anforderungen	
Niedrig	
Mittel	✓
Hoch	
Sozialform	
Partner	
Kleingruppe	
Großgruppe	✓
Äußere Bedingungen	
Mattenfläche, klein	
Mattenfläche, groß	✓
Reißfeste Kleidung	
Barfuß/Socken	✓
Medien/Material	
Charakter	
Spielerisch	✓
Übend	✓
Kämpferisch	✓

Es gibt einen Fänger (A) und einen Helfer (B). Wer von A abgeschlagen wurde, muss solange stehen bleiben, bis B kommt. Dann muss der Abgeschlagene einen Fuß anheben oder ein Bein seitlich abwinkeln, so dass es B greifen kann. B versucht, innerhalb einer bestimmten Zeit (ca. 5 bis 10 Sekunden) durch Ziehen, Schubsen, Ausheben des Beines ... den Abgeschlagenen aus dem Gleichgewicht zu bringen, bis er zu Boden fällt. Gelingt es letzterem aber, standhaft zu bleiben, darf er weiterlaufen. Fällt er jedoch zu Boden, muss er sitzen bleiben und warten, bis das Spiel zu Ende ist. Während der ganzen Zeit fängt A weiter und B sucht sich andere Abgeschlagene aus, die er zu Boden bringen möchte.

Es empfiehlt sich, Fänger und Helfer nach einer bestimmten Zeit auszuwechseln.

- Spieler B versucht, die Abgeschlagenen zu Fall zu bringen, ohne dass sie ein Bein vom Boden abheben müssen.

- Das Spiel sollte auf relativ weichem Boden (Turnmatten) erfolgen.

- Fangen und Erlösen mit Körperkontakt (KK 4)
- Fallen und Sichern (RA 6)
- Hahnenkämpfchen (RE 7)

Kreisfangen (BF 23)

BF entwickeln

Emotional-soziale Anforderungen	
Niedrig	
Mittel	✓
Hoch	
Sozialform	
Partner	
Kleingruppe	
Großgruppe	✓
Äußere Bedingungen	
Mattenfläche, klein	
Mattenfläche, groß	
Reißfeste Kleidung	
Barfuß/Socken	
Medien/Material	
Charakter	
Spielerisch	✓
Übend	
Kämpferisch	

Die Gruppe bildet einen großen Innenstirnkreis und hält sich an den Händen fest. Ein Fänger steht außerhalb des Kreises und hat die Aufgabe, einen vorher bestimmten Mitspieler des Kreises abzuschlagen. Der Fänger darf um den Kreis herumlaufen und auch plötzlich die Richtung ändern, der Kreis darf sich jedoch auch mitdrehen.

Damit der Kreis beim Laufen seine Form behält, können z.B. die Linie des Mittelkreises oder in einen Kreis gestellte Keulen als Orientierungshilfe genommen werden.
Ist der Kreis zu groß für einen Fänger, können zwei Mitspieler ausgewählt werden, die abgeschlagen werden sollen (je größer der Kreis, desto weiter sind diese voneinander entfernt). Außerdem kann auf diese Weise jedem Fänger zu einem Erfolgserlebnis verholfen werden.

- Statt einfachem Abschlagen: die zu fangenden Spieler haben eine Wäscheklammer auf dem Rücken befestigt, die vom Fänger abgenommen werden soll.

- Ein plötzliches Loslassen der Hände ist nicht erlaubt.

- Schutzball (BF 11)
- Drehwurm (BF 14)
- Saftpresse (BF 18)

BF entwickeln

Henne und Geier (BF 24)

Emotional-soziale Anforderungen	
Niedrig	
Mittel	✓
Hoch	
Sozialform	
Partner	
Kleingruppe	
Großgruppe	✓
Äußere Bedingungen	
Mattenfläche, klein	
Mattenfläche, groß	
Reißfeste Kleidung	
Barfuß/Socken	
Medien/Material	
Charakter	
Spielerisch	✓
Übend	
Kämpferisch	

Die Spieler stellen sich hintereinander auf (fünf und mehr) und fassen sich fest an den Hüften an. Der erste der Reihe ist die „Henne", die ihre „Küken" schützen soll, indem sie die Reihe so führt, dass sie möglichst gut und schnell ausweichen kann. Ein Spieler („Geier") versucht den letzten Spieler der Reihe abzuschlagen. Gelingt ihm dies, wird die „Henne" zum „Geier".

Mit jüngeren Kinder empfiehlt es sich, zuerst ohne „Geier" das Führen bzw. das Ausweichen der Reihe zu üben. Der Erwachsene sollte dann zunächst die Rolle des „Geiers" übernehmen. Dazu sollten auch nicht mehr als fünf Kinder eine Reihe bilden.

- Auf der Mattenfläche im Krabbeln in Dreierreihen (Festhalten an den Fußgelenken des Vordermanns).

- Auf ein sicheres Festhalten achten.

- Spirale (KK 10)
- Raupenfang (RA 36)

BF
entwickeln

Ansatz (BF 25)

Emotional-soziale Anforderungen	
Niedrig	✓
Mittel	
Hoch	
Sozialform	
Partner	
Kleingruppe	
Großgruppe	✓
Äußere Bedingungen	
Mattenfläche, klein	
Mattenfläche, groß	
Reißfeste Kleidung	
Barfuß/Socken	
Medien/Material	
Charakter	
Spielerisch	✓
Übend	
Kämpferisch	

Jeweils zwei oder drei Spieler setzen sich als Gruppe nebeneinander auf den Boden. Die einzelnen Gruppen sind im Raum verteilt. Ein Fänger versucht, einen anderen Mitspieler zu fangen bzw. abzuschlagen. Der Gejagte kann sich jedoch retten, indem er sich an eine Gruppe heransetzt. Derjenige, der bei dieser Gruppe am anderen Ende sitzt, wird in diesem Moment zum Fänger und der bisherige Fänger zum Verfolgten. Wird dieser abgeschlagen, wechseln die Rollen.

Damit möglichst alle ins Spiel kommen, sollte man darauf achten, dass das Heransetzen häufig bzw. schnell erfolgt. Außerdem sollte die Regel bestehen, dass sich nicht zweimal hintereinander an die gleiche Gruppe angesetzt werden darf.

- Statt in Zweier- oder Dreiergruppen sitzen einzelne Spieler im Langsitz auf dem Boden. Wenn der Verfolgte einem Sitzenden über die Beine springt, wird dieser zum Jäger. Der Gejagte nimmt seinen Platz ein.
- Die Spieler können auch hintereinander sitzen, wobei der „Gejagte“ sich vor die Gruppe setzt und der hintere zum Fänger wird.

- Es ist verboten, über eine Gruppe zu springen.

- Drehwurm (BF 14)
- Kreisfangen (BF 23)

4.3.2 Körperkontakt

– aufnehmen und akzeptieren –

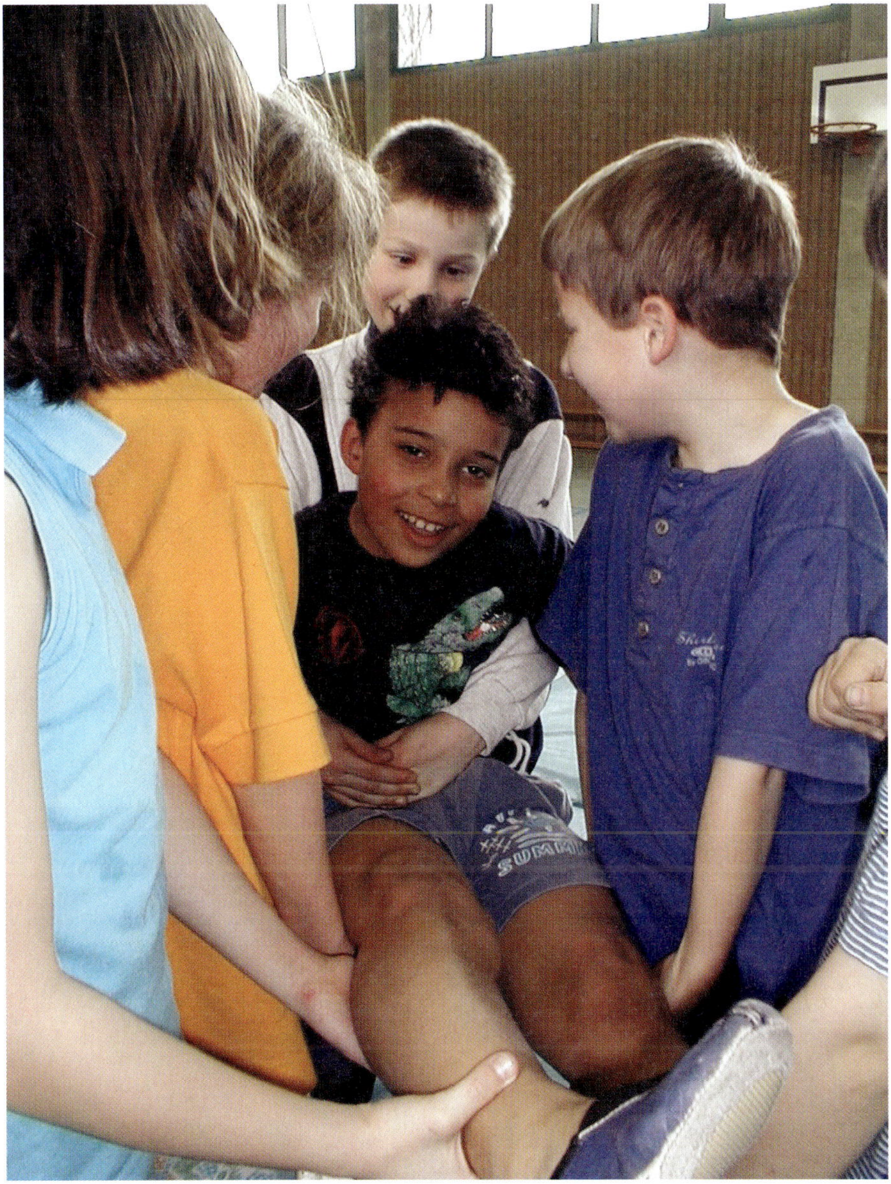

Bauchtanz (KK 1)

Sozial-emotionale Anforderungen
Niedrig
Mittel
Hoch ✓

Sozialform
Partner ✓
Kleingruppe
Großgruppe

Äußere Bedingungen
Mattenfläche, klein
Mattenfläche, groß ✓
Reißfeste Kleidung
Barfuß/Socken ✓
Medien/Material

Charakter
Spielerisch
Übend ✓
Kämpferisch

Der Übende liegt auf dem Bauch und hält die Arme gestreckt. Dann wälzt er sich seitlich und schlägt bei abgewinkeltem Arm mit der Hand auf. Anschließend wird die Übung mit einem Partner durchgeführt. Partner A liegt auf dem Boden und Partner B liegt auf Partner A. Beim Rollen wird immer wechselseitig eine Hand auf den Boden fest aufgeschlagen.

Darauf achten, dass die Körperspannung aufrecht erhalten werden kann.

- Partner A und Partner B liegen zunächst nebeneinander auf dem Boden. Ein Partner wälzt sich zum anderen hin und legt sich über ihn.
- Ein Partner versucht, sich nach ein oder zwei Rollen vom anderen zu befreien, wobei dieser ihn dabei behindert und ihn festhält.

- Max. 3-4 Rollen, da sonst Schwindelgefahr besteht.

- Rollbahn (KK 9)
- Baumstammtreiben (RA 1)

KK
aufnehmen & akzeptieren

Butterwiegen und Rüttelrücken (KK 2)

Sozial-emotionale Anforderungen
Niedrig
Mittel ✓
Hoch

Sozialform
Partner ✓
Kleingruppe
Großgruppe

Äußere Bedingungen
Mattenfläche, klein ✓
Mattenfläche, groß
Reißfeste Kleidung
Barfuß/Socken
Medien/Material

Charakter
Spielerisch
Übend ✓
Kämpferisch

Partner A und Partner B stehen mit dem Rücken zueinander und haken sich mit dem Armen ein. Partner A beugt sich nach vorne, so dass Partner B vom Boden abgehoben wird. Er winkelt die Beine dabei ein wenig an („Butterwiegen“). Dann erfolgt der Wechsel.
Partner A und Partner B stehen hintereinander und strecken die Arme nach oben, so dass Partner A (vorne stehend) seinen Partner B an den Handgelenken fassen kann. Partner A beugt sich nach vorne und zieht so Partner B über seinen Rücken. Wenn Partner B mit seinem Bauch ganz auf dem Rücken von Partner A liegt wird er von diesen leicht durchgeschüttelt.

Darauf achten, dass die Partner möglichst gleich groß und gleich schwer sind.

- Beim „Butterwiegen“ darf sich der tragende Partner nicht zu sehr nach vorne beugen, da sonst die Gefahr besteht, dass der getragene Partner nach hinten überfällt.

- Handstandziehen (KK 5)
- Umarmung (RA 18)

KK
aufnehmen & akzeptieren

Den Hals umdrehen... (KK 3)

Sozial-emotionale Anforderungen	
Niedrig	
Mittel	✓
Hoch	
Sozialform	
Partner	
Kleingruppe	✓
Großgruppe	✓
Äußere Bedingungen	
Mattenfläche, klein	
Mattenfläche, groß	
Reißfeste Kleidung	
Barfuß/Socken	
Medien/Material	
Charakter	
Spielerisch	✓
Übend	
Kämpferisch	

Die Mitspielerinnen ziehen verdeckt Kärtchen, auf denen Sätze (Scharaden) stehen, die sich auf Körperkontakt beziehen. Jeweils zwei Scharaden sind identisch. Es gilt seinen Partner zu finden, indem die Scharaden nonverbal und mit vorsichtigem Körperkontakt durchführt werden. Während des Spiels sind die Augen entweder die ganze Zeit geöffnet oder geschlossen.
Beispiele: „Jemanden um die Ecke bringen"; „Jemandem den Hals umdrehen"; „Jemandem den Rücken herunter rutschen"; „Jemandem den Rücken frei halten"...

Bei jüngeren Kindern empfiehlt es sich, zunächst einzelne Scharaden pantomimisch vorzustellen; es geht aber auch mit bekannten Filmtiteln, Comic-Figuren und deren typischen Geräuschen.

- Die Gruppe läuft auf Musik, bei Musikstopp werden die Scharaden durchgeführt bzw. zu zweit pantomimisch dargestellt, die der Übungsleiter ausruft.

- Darauf achten, dass keine Gegenstände bzw. Hindernisse im Weg liegen.

- Vampir (KK 7)
- Denkmal abtasten (V 22)
- Umarmung (RA 18)

KK
aufnehmen & akzeptieren

Fangen und Erlösen mit Körperkontakt (KK 4)

Sozial-emotionale Anforderungen	
Niedrig	
Mittel	✓
Hoch	
Sozialform	
Partner	
Kleingruppe	
Großgruppe	✓
Äußere Bedingungen	
Mattenfläche, klein	
Mattenfläche, groß	
Reißfeste Kleidung	
Barfuß/Socken	
Medien/Material	
Charakter	
Spielerisch	✓
Übend	
Kämpferisch	

Ein Mitspieler ist Fänger und versucht die anderen abzuschlagen. Wer abgeschlagen wurde, bleibt stehen. Er kann ins Spiel zurück, wenn er durch einen noch freien Mitspieler umarmt und/oder in die Höhe gehoben wurde.

- Die abgeschlagenen Spieler können ins Spiel zurück, wenn sie durch einen noch freien Mitspieler ganz kurz „auf Händen getragen“ (angehoben werden) werden.

- Verletzte bergen (BF 6)
- Verwundete Hasen (BF 7)
- Schätzchen suchen (BF 9)

KK
aufnehmen & akzeptieren

Handstandziehen (KK 5)

Sozial-emotionale Anforderungen
Niedrig
Mittel ✓
Hoch

Sozialform
Partner ✓
Kleingruppe
Großgruppe

Äußere Bedingungen
Mattenfläche, klein ✓
Mattenfläche, groß
Reißfeste Kleidung
Barfuß/Socken
Medien/Material

Charakter
Spielerisch ✓
Übend ✓
Kämpferisch

Die beiden Partner stehen Rücken an Rücken und strecken die Hände nach oben. Partner A fasst Partner B an den Handgelenken, geht ein wenig in die Hocke und zieht Partner B über seinen Rücken langsam und vorsichtig in den Handstand. Durch vorsichtiges Aufrichten von Partner A gelingt es Partner B, wieder in den Stand zu kommen.

Jüngere bzw. kleinere Kinder werden durch einen Erwachsenen in den Handstand gezogen. Dabei empfiehlt es sich, die Kinder auf einem Mattenberg abzusetzen.

- Vor allen bei noch unerfahrenen Mitspielern links und rechts durch zwei Personen Hilfe- bzw. Sicherheitsstellung geben.

- Butterwiegen und Rüttelrücken (KK 2)

Menschen-Tunnel-Brücke (KK 6)

KK
aufnehmen & akzeptieren

Sozial-emotionale Anforderungen
Niedrig
Mittel ✓
Hoch

Sozialform
Partner
Kleingruppe ✓
Großgruppe

Äußere Bedingungen
Mattenfläche, klein ✓
Mattenfläche, groß
Reißfeste Kleidung
Barfuß/Socken ✓
Medien/Material

Charakter
Spielerisch ✓
Übend
Kämpferisch

Fünf oder mehr Mitspielerinnen knien sich eng nebeneinander (Schulter an Schulter, Bankstellung). Eine Mitspielerin krabbelt vorsichtig über diese „Brücke", steigt am Ende ab und kriecht unter den anderen wieder zurück. Dann folgt der nächste Mitspieler.

Es empfiehlt sich, von einem kleinen Kasten auf die „Brücke" zu krabbeln. Die „Brückenspieler" sollten Arme und Oberschenkel möglichst senkrecht halten.

- Statt krabbeln vorsichtig robben.
- Zwei Spieler sind gleichzeitig unterwegs.

- Darauf achten, dass sich die Krabbelnden nicht zu lange auf einzelnen Personen befinden und Rückmeldungen von den anderen bekommen, wo der Druck angenehm oder ggf. schmerzhaft ist.

- Menschenrüttelbank (V 6)
- Mausefalle (RA 13)
- Rückentunnel (RE 19)

Vampir (KK 7)

KK
aufnehmen & akzeptieren

Sozial-emotionale Anforderungen
Niedrig
Mittel ✓
Hoch

Sozialform
Partner
Kleingruppe
Großgruppe ✓

Äußere Bedingungen
Mattenfläche, klein
Mattenfläche, groß
Reißfeste Kleidung
Barfuß/Socken
Medien/Material

Charakter
Spielerisch ✓
Übend
Kämpferisch

Alle Spieler haben die Augen geschlossen bzw. verbunden. Sie gehen langsam in der Halle umher, wobei sie sich mit den Händen absichern. Ein Mitspieler ist unbemerkt vom Spielleiter zum „Vampir“ ernannt worden. Trifft dieser auf einen anderen Mitspieler, hält er ihn kurz fest, rüttelt ihn an der Schulter vorsichtig durch und stößt dabei einen „grässlichen Vampirschrei“ aus. Dieser Mitspieler wird dadurch ebenfalls zum „Vampir“. Treffen zwei „Vampire“ aufeinander, rütteln sie sich gegenseitig durch und schreien beide, werden aber dadurch wieder zu „normalen Menschen“.

- „Vampire“, die sich getroffen heben, werden nicht zu „Menschen“, sondern gehen aus dem Spiel und beobachten es. Sind es die beiden einzigen Vampire im Spiel, ist dieses damit beendet.

- Darauf achten, dass keine Gegenstände bzw. Hindernisse im Weg liegen.

- Den Hals umdrehen... (KK 3)
- Denkmal abtasten (V 22)

KK
aufnehmen & akzeptieren

Maden im Speck (KK 8)

Sozial-emotionale Anforderungen
Niedrig
Mittel
Hoch ✓

Sozialform
Partner
Kleingruppe
Großgruppe ✓

Äußere Bedingungen
Mattenfläche, klein
Mattenfläche, groß ✓
Reißfeste Kleidung
Barfuß/Socken ✓
Medien/Material

Charakter
Spielerisch ✓
Übend
Kämpferisch

Jeweils drei oder mehr Spieler befinden sich hintereinander in Bankstellung. Der Vordermann wird jeweils an den Fußgelenken festgehalten. Nun krabbeln alle „Maden" durch-, über- und untereinander. Dabei soll der Körperkontakt möglichst nicht gelöst werden.

Zunächst diese Vorwärtsbewegung als Partnerübung durchführen.

- Die gesamte Gruppe bewegt sich in der oben beschriebenen Art und Weise über die Mattenfläche.

- Henne und Geier (BF 24)
- Spirale (KK 10)
- Schlangengrube und Ameisenhaufen (RA 16)
- Raupenfang (RA 36)

Rollbahn (KK 9)

KK
aufnehmen & akzeptieren

Sozial-emotionale Anforderungen
Niedrig
Mittel ✓
Hoch

Sozialform
Partner
Kleingruppe ✓
Großgruppe ✓

Äußere Bedingungen
Mattenfläche, klein
Mattenfläche, groß ✓
Reißfeste Kleidung
Barfuß/Socken ✓
Medien/Material

Charakter
Spielerisch ✓
Übend
Kämpferisch

Die Spieler liegen dicht nebeneinander auf dem Bauch auf der Matte. Ein Mitspieler legt sich vorsichtig parallel mit dem Bauch auf den ersten Mitspieler und wälzt sich langsam mit gestreckten Körper über alle anderen hinweg. Dann folgt der nächste Mitspieler usw.

- Gleiche Ausgangsposition, doch dieses Mal drehen sich die Spieler, die auf der Matte liegen, der obere wird dadurch weitertransportiert.

- Menschen-Tunnel-Brücke (KK 6)
- Baumstammflößen (V 1)
- Menschen-Rüttelbank (V 6)

KK
aufnehmen & akzeptieren

Spirale (KK 10)

Sozial-emotionale Anforderungen
Niedrig
Mittel ✓
Hoch

Sozialform
Partner
Kleingruppe
Großgruppe ✓

Äußere Bedingungen
Mattenfläche, klein
Mattenfläche, groß
Reißfeste Kleidung
Barfuß/Socken
Medien/Material

Charakter
Spielerisch ✓
Übend
Kämpferisch

Alle stehen hintereinander und fassen den Vordermann an der Schulter oder an der Hüfte. Sie gehen im Kreis, der spiralenförmig immer enger wird. Wenn es nicht mehr enger geht, versucht der erste Mitspieler an einer Stelle durch ein „Kettenglied“ hindurchzukriechen und die Gruppe hinter sich her zu ziehen.

- Das gesamte Spiel langsam durchführen, nicht laufen.

- Henne und Geier (BF 24)
- Maden im Speck (KK 8)
- Gordischer Knoten (KK 11)

Gordischer Knoten (KK 11)

KK
aufnehmen & akzeptieren

Sozial-emotionale Anforderungen
Niedrig
Mittel ✓
Hoch

Sozialform
Partner
Kleingruppe
Großgruppe ✓

Äußere Bedingungen
Mattenfläche, klein
Mattenfläche, groß
Reißfeste Kleidung
Barfuß/Socken
Medien/Material

Charakter
Spielerisch ✓
Übend
Kämpferisch

Die Spieler stellen sich Schulter an Schulter in einem engen Innenstirnkreis auf. Dann werden die Arme nach vorne gestreckt. Alle versuchen, bei geschlossenen Augen jeweils zwei verschiedene Hände zu finden. Wenn das geschehen ist, werden die Augen geöffnet und es wird versucht, diesen „gordischen Knoten“ zu lösen, ohne dabei die Hände loszulassen.

- Das Spiel von Beginn an mit geschlossen Augen durchführen.
- Im Innenstirnkreis sich die Hände geben, dann den „gordischen Knoten“ herstellen, indem man unter- und übereinander hergeht, um ihn anschließend zu lösen.

- Maden im Speck (KK 8)
- Spirale (KK 10)

Puppenspieler (KK 12)

Sozial-emotionale Anforderungen	
Niedrig	
Mittel	✓
Hoch	
Sozialform	
Partner	✓
Kleingruppe	✓
Großgruppe	
Äußere Bedingungen	
Mattenfläche, klein	
Mattenfläche, groß	
Reißfeste Kleidung	
Barfuß/Socken	
Medien/Material	
Charakter	
Spielerisch	✓
Übend	
Kämpferisch	
Schwerpunkte	
Technik/Taktik	
Koordination	✓
Kraft	
Ausdauer	

Partner A („Puppenspieler“) bewegt Partner B („Puppe“) durch den Raum. Die „Puppe“ soll sich möglichst steif machen und nur die Gelenke beugen bzw. strecken, die der „Puppenspieler“ bewegt.

- Zwei Puppenspieler bewegen eine Puppe.
- Eine Puppe besteht aus zwei oder mehr Mitspielern.

- Marionettenspiel (KK 20)
- Denkmal abtasten (V 22)
- Baumstammtreiben (RA 1)

Klebemeister (KK 13)

KK
aufnehmen & akzeptieren

Sozial-emotionale Anforderungen	
Niedrig	
Mittel	✓
Hoch	
Sozialform	
Partner	
Kleingruppe	✓
Großgruppe	✓
Äußere Bedingungen	
Mattenfläche, klein	
Mattenfläche, groß	
Reißfeste Kleidung	
Barfuß/Socken	
Medien/Material	✓
Charakter	
Spielerisch	✓
Übend	
Kämpferisch	

Jeweils drei oder mehr Spieler finden sich zusammen. Jede Person hat zwei Bierdeckel. Ein „Klebemeister“ hat die Aufgabe, mit Hilfe der Bierdekkel seine Mitspieler aneinander zu „kleben“. Die Bierdeckel bilden die „Klebefläche“ (z.B. Hand auf den Rücken, Hüfte an Hüfte, Knie an Ellbogen...). Nachdem die Gruppe aneinander „geklebt“ wurde, soll sie sich fortbewegen, ohne die Bierdeckel zu Boden fallen zu lassen.

- Das Spiel als Staffel durchführen.
- Über Hindernisse gehen.

- Ringerdusche (KK 17)
- McDonalds (KK 18)

KK
aufnehmen & akzeptieren

Aussitzen (KK 14)

Sozial-emotionale Anforderungen	
Niedrig	
Mittel	✓
Hoch	
Sozialform	
Partner	
Kleingruppe	
Großgruppe	✓
Äußere Bedingungen	
Mattenfläche, klein	
Mattenfläche, groß	
Reißfeste Kleidung	
Barfuß/Socken	
Medien/Material	✓
Charakter	
Spielerisch	✓
Übend	
Kämpferisch	

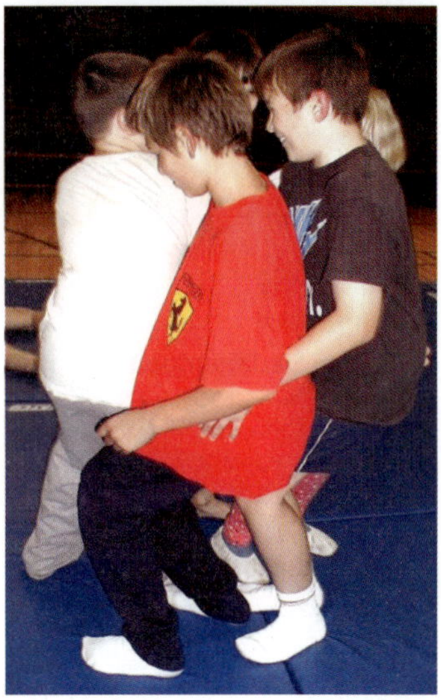

Die Gruppe läuft zur Musik durch den Raum. Bei Musikstopp ruft der Übungsleiter eine Zahl (ab fünf aufwärts), die entsprechende Anzahl von Mitspielern findet sich sodann zusammen. Sie bilden einen engen Flankenkreis und setzen sich dann vorsichtig und langsam auf die Oberschenkel des Hintermannes ab. Setzt die Musik wieder ein, laufen alle wie vorher.

Zunächst nur im Stand mit der ganzen Gruppe (hintereinander oder im Kreis).

- Aufstand (BF 1)
- Atomspiel (KK 21)
- Familie Meyer (KK 22)
- Segelflieger (V 10)

KK
aufnehmen & akzeptieren

Hochwasser (KK 15)

Sozial-emotionale Anforderungen
Niedrig
Mittel ✓
Hoch

Sozialform
Partner
Kleingruppe
Großgruppe ✓

Äußere Bedingungen
Mattenfläche, klein
Mattenfläche, groß
Reißfeste Kleidung
Barfuß/Socken
Medien/Material ✓

Charakter
Spielerisch ✓
Übend
Kämpferisch

Es werden verschiedene Gegenstände und Materialien in der Halle verteilt (Kleinkästen, Reifen, Matten, Teppichfliesen usw.) Die Gruppe läuft zur Musik, wenn die Musik stoppt, müssen sich die Mitspielerinnen vor dem Hochwasser retten, indem sie sich auf eine Matte, Kasten, in einen Reifen... stellen. Die Musik setzt wieder ein, aber manche „Rettungsinseln" sind jetzt vom Hochwasser überspült (Schild, wie Bierdeckel oder ähnliches hinlegen). Bei Musikstopp geschieht das Gleiche wie vorhin: Alle retten sich auf die noch vorhandenen Inseln. Nach und nach bleiben nur noch wenige Inseln über, so dass die Mitspielerinnen sich gegenseitig helfen müssen, um nicht unterzugehen.

Das Spiel kann sehr gut aus dem Atomspiel entwickelt werden (KK 21).

- Höhere Kästen durch Matten absichern.

- Atomspiel (KK 21)
- McDonalds (KK 18)

KK
aufnehmen & akzeptieren

Rückenmassage (KK16)

Sozial-emotionale Anforderungen
Niedrig
Mittel ✓
Hoch

Sozialform
Partner ✓
Kleingruppe
Großgruppe

Äußere Bedingungen
Mattenfläche, klein
Mattenfläche, groß
Reißfeste Kleidung
Barfuß/Socken
Medien/Material

Charakter
Spielerisch ✓
Übend
Kämpferisch

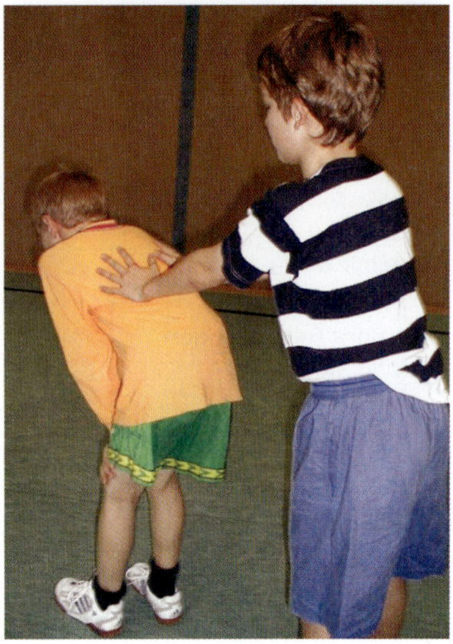

Jeweils zwei Kinder stehen hintereinander. Das vordere Kind beugt sich leicht nach vorne und stützt sich mit den Händen auf den Oberschenkeln ab. Das hintere Kind streicht seinen Rücken mit beiden Händen vorsichtig von oben nach unten, erst in der Mitte, dann weitergehend zur Seite. Anschließend dürfen die Hände, ebenfalls von oben nach unten auf den Rücken des Partners klopfen. Danach wechseln.

- Die gesamte Gruppe stellt sich im Kreis auf (Flankenkreis). Jeder massiert den Rücken des Vordermannes.

- Ringerdusche (KK 17)
- Körperteile begrüßen sich (KK 24)
- Wachklopfereien (RA 40)

Ringerdusche (KK 17)

Sozial-emotionale Anforderungen	
Niedrig	
Mittel	✓
Hoch	
Sozialform	
Partner	✓
Kleingruppe	
Großgruppe	
Äußere Bedingungen	
Mattenfläche, klein	✓
Mattenfläche, groß	
Reißfeste Kleidung	
Barfuß/Socken	
Medien/Material	
Charakter	
Spielerisch	✓
Übend	
Kämpferisch	

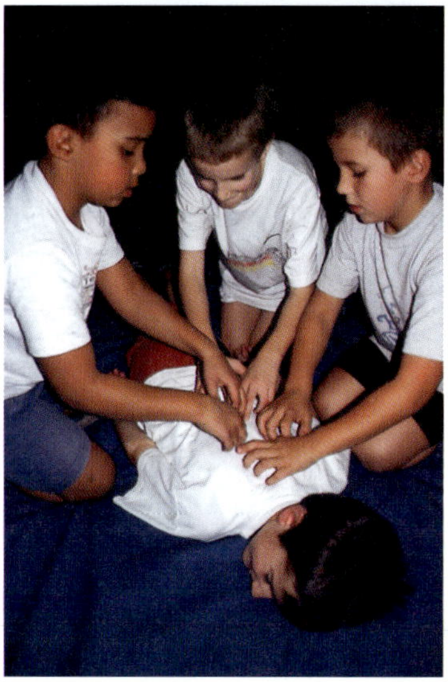

Nach einem anstrengenden Spiel oder nach einem Kämpfchen finden sich zwei Partner zusammen. Partner A legt sich auf den Bauch und schließt die Augen. Partner B kniet sich neben ihn und beklopft seinen Körper von oben nach unter vorsichtig mit den Fingerspitzen. Anschließend wird Partner A „abgetrocknet“: Streichen mit den Handinnenflächen, ebenfalls von oben nach unten.

Das Spiel sollte in einer ruhigen Atmosphäre stattfinden. Es kann Entspannungsmusik eingespielt werden.

- Zwei Spieler massieren einen.

- Rückenmassage (KK 16)
- Sommerregen (V 17)
- Wachklopfereien (RA 40)

McDonalds (KK 18)

Sozial-emotionale Anforderungen
Niedrig
Mittel ✓
Hoch

Sozialform
Partner
Kleingruppe
Großgruppe ✓

Äußere Bedingungen
Mattenfläche, klein
Mattenfläche, groß
Reißfeste Kleidung
Barfuß/Socken
Medien/Material

Charakter
Spielerisch ✓
Übend
Kämpferisch

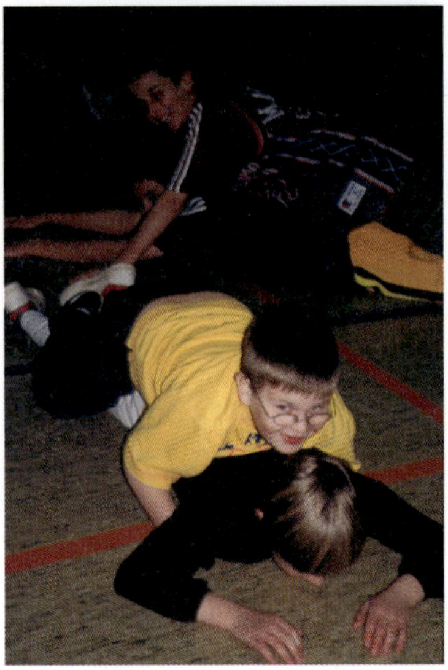

Es handelt sich um eine Abwandlung des bekannten Spiels „Feuer, Wasser, Luft". Die Spieler laufen durch die Halle. Wenn der Spielleiter einen Begriff ruft., müssen die Mitspieler entsprechende Bewegungen (zu zweit oder zu dritt) ausführen. Bei „Pommes Frites" legen sie sich auf den Bauch, strekken die Arme nach vorne und rollen ein bis zwei Mal um die Längsachse. Bei „Cola" stellen sie sich auf ein Bein und strecken dabei einen Arm (Strohhalm) weit nach oben. Bei „Hamburger" legt sich ein Kind auf den Boden mit dem Bauch. Bei „Cheeseburger" legen sich zwei Kinder übereinander auf den Bauch. Bei „Big-Mac" drei Kinder. Bei „Milch-Shake" umarmt ein Kind ein anderes und schüttelt es leicht durch. Bei „Chicken McNuggets" schüttelt sich ein Kind, bewegt dabei die Ellebogen auf und ab und „gakkert" wie ein Huhn.

- Die Kinder können selbst weitere Begriffe mit neuen Bewegungen erfinden.

- Butterwiegen und Rüttelrücken (KK 2)
- Fangen und Erlösen mit Körperkontakt (KK 4)
- Klebemeister (KK 13)
- Umarmung (RA 18)

KK
aufnehmen & akzeptieren

Magnetische Gelenke (KK 19)

Sozial-emotionale Anforderungen	
Niedrig	
Mittel	✓
Hoch	
Sozialform	
Partner	✓
Kleingruppe	
Großgruppe	
Äußere Bedingungen	
Mattenfläche, klein	
Mattenfläche, groß	
Reißfeste Kleidung	
Barfuß/Socken	✓
Medien/Material	
Charakter	
Spielerisch	✓
Übend	
Kämpferisch	

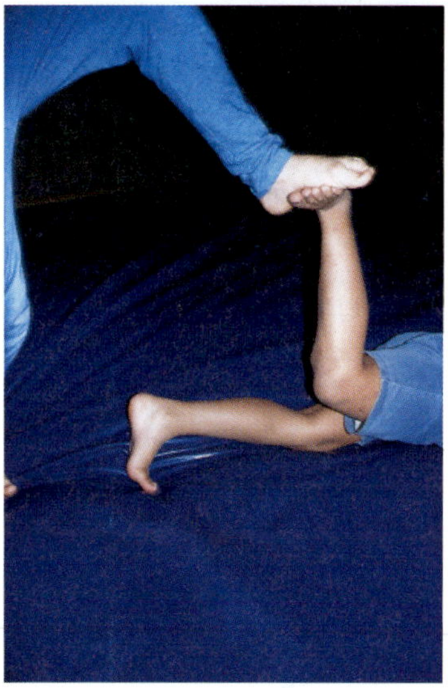

Jeweils zwei Kinder halten zwei Gelenke oder Körperteile (z.B. Ellbogen oder Fußsohlen) aneinander. Dabei kann ein Partner sitzen, der andere stehen. Aufgabe ist es, eine Drehung um eine Körperachse auszuführen, ohne den Kontakt der Körperteile zu lösen.

Für jüngere Kinder ist es einfacher, wenn die Körperteile, die zusammen gelegt werden sollen, benannt werden.

- Körperteile begrüßen sich (KK 24)
- Denkmal abtasten (V 22)

Marionettenspiel (KK 20)

Sozial-emotionale Anforderungen	
Niedrig	
Mittel	✓
Hoch	
Sozialform	
Partner	✓
Kleingruppe	
Großgruppe	
Äußere Bedingungen	
Mattenfläche, klein	✓
Mattenfläche, groß	
Reißfeste Kleidung	
Barfuß/Socken	✓
Medien/Material	
Charakter	
Spielerisch	✓
Übend	
Kämpferisch	

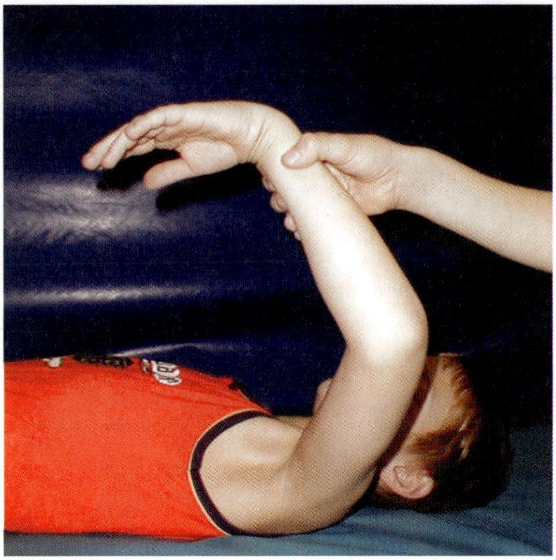

Partner A liegt auf dem Rücken und hat die Augen geschlossen. Partner B kniet daneben und nimmt zunächst vorsichtig einen Arm am Handgelenk Hoch. Der Arm (nur der Unterarm oder auch der ganze Arm) wird ein wenig geschüttelt bzw. hin und her bewegt. Dann kann er aus geringer Höhe auf die Matte fallen gelassen werden, dabei soll er ganz schlaff und entspannt fallen können. Gleiches geschieht mit dem anderen Arm. Dann wechseln die Rollen.
Wird die Aufgabe auch mit den Beinen durchgeführt, so werden diese sanft angehoben und evtl. seitlich hin und her bewegt, danach jedoch vorsichtig abgelegt und nicht fallengelassen.

Während der Übung kann ruhige Musik eingespielt werden. Hilfreich für Kinder ist es, sich vorzustellen, an der Marionette würde plötzlich ein Faden durchgeschnitten.

- Das gleiche Spiel im Stand, allerdings nur mit den Armen.

- Darauf achten, dass die Arme bzw. Beine nicht ruckartig vom Boden abgehoben werden.

- Puppenspieler (KK 12)
- Sommerregen (V 17)

Atomspiel (KK 21)

KK
aufnehmen & akzeptieren

Sozial-emotionale Anforderungen
Niedrig
Mittel ✓
Hoch

Sozialform
Partner
Kleingruppe
Großgruppe ✓

Äußere Bedingungen
Mattenfläche, klein
Mattenfläche, groß
Reißfeste Kleidung
Barfuß/Socken
Medien/Material ✓

Charakter
Spielerisch ✓
Übend
Kämpferisch

Viele, möglichst verschiedenfarbige Gymnastikreifen werden im Raum verteilt. Die Gruppe läuft durch die Halle, während Musik eingespielt wird. Stoppt diese, wird vom Spielleiter eine Zahl gerufen, so dass sich entsprechen viele Kinder jeweils in einem Reifen zusammen finden. Bei einer größeren Anzahl von Kindern pro Reifen ist ein gegenseitiges Festhalten bzw. Unterstützen notwendig.

- Zwei Ziffern rufen. Die zweite Ziffer bezeichnet die Anzahl der erlaubten Bodenkontakte im Reifen. Außerhalb des Reifens ist kein Bodenkontakt erlaubt.
- Die Farbe der Reifen nennen, die betreten werden dürfen.

- Hochwasser (KK 15)
- McDonalds (KK 18)

KK
aufnehmen & akzeptieren

Familie Meyer (KK 22)

Sozial-emotionale Anforderungen	
Niedrig	
Mittel	✓
Hoch	
Sozialform	
Partner	
Kleingruppe	
Großgruppe	✓
Äußere Bedingungen	
Mattenfläche, klein	
Mattenfläche, groß	
Reißfeste Kleidung	
Barfuß/Socken	
Medien/Material	✓
Charakter	
Spielerisch	✓
Übend	
Kämpferisch	

Zunächst zieht jeder Spieler verdeckt ein Kärtchen von einem großen Stapel. Auf diesem Kärtchen steht ein Familienname und ein Familienmitglied (z.B. Mutter Meyer). Wenn alle ein Kärtchen gezogen haben, laufen die Kinder kreuz und quer zu Musik durch die Halle. Auf ein Signal hin (Musikstopp) sollen sich ganz schnell alle Familien finden und in einer bestimmten Reihenfolge auf die bereitgestellten kleinen Kästen setzen. Zuerst der Vater der entsprechenden Familie, dann die Mutter auf seinen Schoß, dann folgt der Sohn und zum Schluss die Tochter. Man kann seine eigene Familie nur durch lautes Rufen finden. Die Familie, die zuerst komplett sitzt, hat gewonnen. Anschließend werden die Kärtchen während der folgenden Laufphase beliebig gewechselt. Beim erneuten Musikstopp gibt es wieder neue Familien.

Bei jüngeren Kindern empfiehlt es sich, statt Familiennamen evtl. Farben als Kennzeichen zu nehmen.

- Die Familien, die sich gefunden haben, sollen zusammen eine Bewegungsaufgabe lösen

- Aussitzen (KK 14)

KK
aufnehmen & akzeptieren

Gondoliere (KK 23)

Sozial-emotionale Anforderungen
Niedrig
Mittel
Hoch ✓

Sozialform
Partner
Kleingruppe ✓
Großgruppe ✓

Äußere Bedingungen
Mattenfläche, klein
Mattenfläche, groß
Reißfeste Kleidung
Barfuß/Socken
Medien/Material

Charakter
Spielerisch ✓
Übend
Kämpferisch

Es finden sich jeweils drei Mitspieler zusammen. Partner A und Partner B stehen sich gegenüber und reichen sich die Hände an ausgestreckten Armen. Sie bilden so eine „Gondel“. Der „Gondoliere“ (Partner C) stellt sich zwischen beide in die „Gondel“. Zu dritt können sie nun gemeinsam laufen, wobei der „Gondoliere“ die Laufrichtung und das Tempo mit Rücksicht auf die „Gondel“ bestimmt. Zwischendurch können die Teams ihre Rollen/Positionen tauschen.

Beim Fangspiel (s.u.) dürfen nur die „Gondoliere“ abgeschlagen werden.

- A und B haben die Augen geschlossen.
- Als Fangspiel.
- Als Staffel.

- Führen und Folgen (V 11)
- Zieh, zieh, zieh!!! (RA 7)

KK
aufnehmen & akzeptieren

Körperteile begrüßen sich (KK 24)

Sozial-emotionale Anforderungen
Niedrig ✓
Mittel
Hoch

Sozialform
Partner
Kleingruppe
Großgruppe ✓

Äußere Bedingungen
Mattenfläche, klein
Mattenfläche, groß
Reißfeste Kleidung
Barfuß/Socken
Medien/Material

Charakter
Spielerisch ✓
Übend
Kämpferisch

Die Gruppe läuft zur Musik durch die Halle. Bei Musikstopp nennt der Spielleiter ein Körperteil. Mit diesem Körperteil sollen sich nun ganz schnell ganz viele Mitspieler begrüßen (z.B. Rücken, dicker Zeh, Ellbogen ...). Setzt die Musik wieder ein, laufen alle frei durch den Raum.

Es sollen sich immer drei, vier oder mehr gleiche Körperteile begrüßen.

- Den Hals umdrehen... (KK 3)
- Magnetische Gelenke (KK 19)

Treue Seelen (KK 25)

Sozial-emotionale Anforderungen
Niedrig
Mittel
Hoch ✓

Sozialform
Partner
Kleingruppe
Großgruppe ✓

Äußere Bedingungen
Mattenfläche, klein
Mattenfläche, groß
Reißfeste Kleidung
Barfuß/Socken
Medien/Material ✓

Charakter
Spielerisch ✓
Übend
Kämpferisch

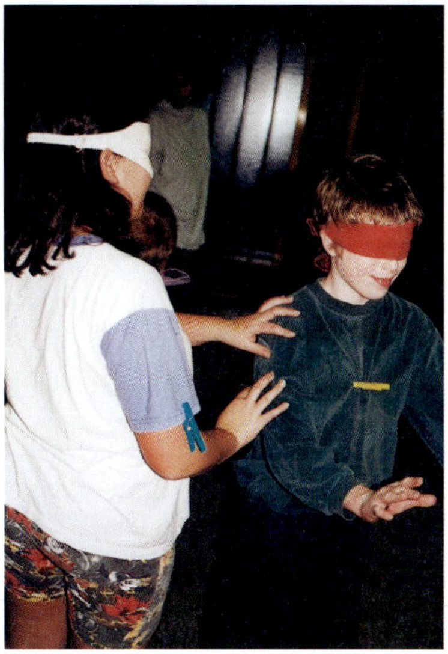

Spieler einer Gruppe finden sich zu Paaren zusammen und bekommen ein bestimmtes Kennzeichen oder wählen sich eins aus. Beide tragen das gleiche Kennzeichen an der gleichen Stelle (z.B. ein Stirnband, ein Band um das Handgelenk, eine Pudelmütze, eine Klammer im Haar oder an den Socken ...). Dann werden die Augen geschlossen oder verbunden und die Aufgabe besteht darin, seinen Partner wieder zu finden.

- Je nach Gruppengröße bilden sich Dreier- oder Vierergruppen, die ihr identisches Merkmal tragen das besondere Kennzeichen.

- Darauf achten, dass sich keine Gegenstände im Weg befinden.
- Darauf achten, dass sich die Mitspieler mit den Händen nach vorne absichern.

- Anklammerei (V 23)
- Nachträuber (RE 5)

4.3.3 Vertrauen

– entwickeln und stabilisieren –

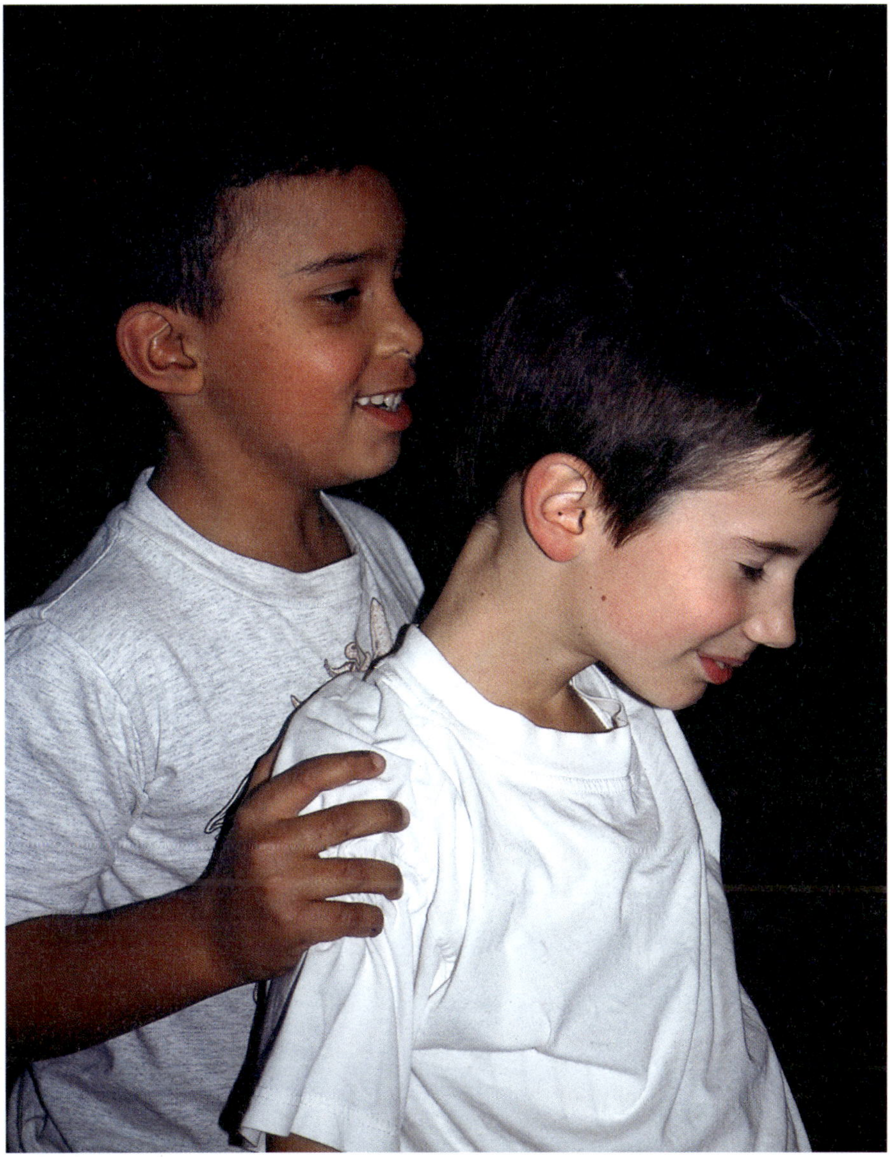

Baumstammflößen (V 1)

Emotional-soziale Anforderungen	
Niedrig	
Mittel	
Hoch	✓
Sozialform	
Partner	
Kleingruppe	
Großgruppe	✓
Äußere Bedingungen	
Mattenfläche, klein	
Mattenfläche, groß	✓
Reißfeste Kleidung	
Barfuß/Socken	✓
Medien/Material	
Charakter	
Spielerisch	✓
Übend	
Kämpferisch	

Jeweils fünf oder mehr Spieler legen sich nebeneinander (Schulter an Schulter) auf den Boden. Eine weitere Person legt sich vorsichtig mit dem Bauch quer auf die Liegenden. Auf ein Zeichen wälzen sich die unteren Mitspieler in eine Richtung um die Längsachse und transportieren so den oben liegenden „Baumstamm“.

Eventuell ist es sinnvoll, zunächst einmal nur das parallele Wälzen zu üben bzw. auszuprobieren.

- Richtungswechsel beim Wälzen.
- Der „Baumstamm“ liegt in Rücklage.
- Die unteren Spieler bilden den „ruhenden Baumstamm“, auf dem sich der obere Spieler als „Eidechse“ bäuchlings oder rücklings vorwärtsbewegt (Vorsicht bei Knie- und Fußbewegungen!).

- Beide Arme beim Rollen über den Kopf nehmen, um die Schultern zu entlasten.
- Die „Eidechse“ soll sich möglichst lang machen, um zur Druckentlastung und -verteilung beizutragen.

- Rollbahn (KK 9)
- Menschenrüttelbank (V 6)
- Briefbeschwerer (RA 20)
- Halten und Drehen (RE 3)

V
entwickeln & stabilisieren

Eierlegen (V 2)

Emotional-soziale Anforderungen	
Niedrig	
Mittel	✓
Hoch	
Sozialform	
Partner	
Kleingruppe	✓
Großgruppe	
Äußere Bedingungen	
Mattenfläche, klein	
Mattenfläche, groß	
Reißfeste Kleidung	
Barfuß/Socken	
Medien/Material	✓
Charakter	
Spielerisch	✓
Übend	
Kämpferisch	

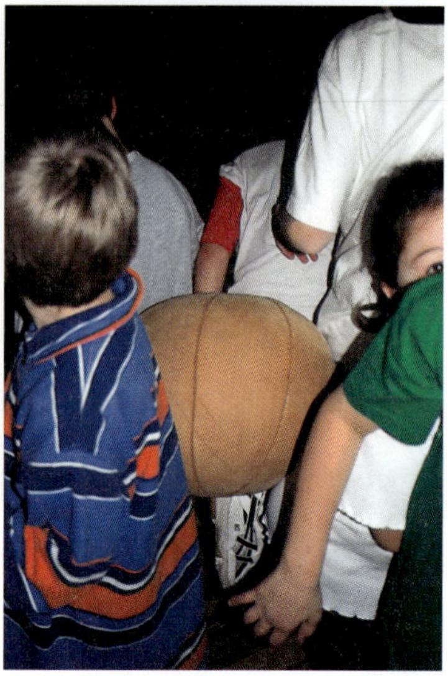

Jeweils drei oder vier Kinder bilden einen engen Außenstirnkreis. Sie klemmen mit ihren Rücken einen großen Ball (Pezzi- oder Medizinball) über der Mitte ein. Aufgabe der Gruppe ist es, dieses „Ei“ zu einem weiter entfernten „Eierkorb“ (z.B. ein umgedrehter kleiner Kasten) ohne Hilfe der Hände zu transportieren und es dort sicher abzulegen.

Die Spieler einer Gruppe sollten in etwa gleich groß sein.

- Als Staffelwettkampf durchführen.
- Den Ball nicht einklemmen, sondern auf die unteren Rücken der vorgebeugten Spieler legen.

- Die Beinbewegungen, die auf engstem Raum erfolgen, sollten möglichst im gleichen Rhythmus und Tempo durchgeführt werden, um ein Stolpern und Fallen zu verhindern und um die unterschiedlichen Bewegungsrichtungen der Spieler zu koordinieren (z.B. geht Spieler A vorwärts, Spieler B seitwärts, Spieler C rückwärts).

- Moleküle (RA 21)

Gewusel (V 3)

V
entwickeln & stabilisieren

Emotional-soziale Anforderungen
Niedrig
Mittel ✓
Hoch

Sozialform
Partner
Kleingruppe ✓
Großgruppe

Äußere Bedingungen
Mattenfläche, klein
Mattenfläche, groß ✓
Reißfeste Kleidung
Barfuß/Socken
Medien/Material

Charakter
Spielerisch ✓
Übend
Kämpferisch

Zwei Gruppen setzen sich an den schmalen Seiten eines Spielfeldes/einer Mattenfläche einander gegenüber. Auf ein Zeichen hin sollen sie versuchen, robbend, kriechend oder krabbelnd auf die andere Seite zu wechseln und aneinander vorbeizukommen. Dabei geht es über-, unter- und durcheinander.

Darauf hinweisen, dass es nicht um Schnelligkeit geht.

- Mit verbundenen Augen.
- Wenn es möglich ist, den Raum abzudunkeln: Taschenlampen einsetzen.
- Vier Gruppen von allen Seiten.

- Aufstehen und Laufen sind nicht erlaubt.

- Schlangengrube und Ameisenhaufen (RA 16)
- Flohkiste (RG 35)

Gletscherspalte (V4)

Emotional-soziale Anforderungen
Niedrig
Mittel
Hoch ✓

Sozialform
Partner
Kleingruppe ✓
Großgruppe ✓

Äußere Bedingungen
Mattenfläche, klein
Mattenfläche, groß
Reißfeste Kleidung
Barfuß/Socken
Medien/Material ✓

Charakter
Spielerisch ✓
Übend
Kämpferisch

Zwei Weichbodenmatten werden hochkant mit den glatten Flächen gegeneinander gestellt. Sie werden von beiden Seiten durch Spieler abgesichert bzw. festgehalten (Füße unten nah an die Matte setzen). Nun kann nacheinander jeweils ein Mitspieler sich durch diese „Gletscherspalte“ hindurchzwängen. Die äußeren Spieler sollen dies einerseits durch starkes Drücken erschweren, andererseits sollen sie den Druck so dosieren, dass der Spieler nicht in der „Gletscherspalte“ stecken bleibt.

Es ist auch möglich, eine Weichbodenmatte gegen die Wand zu stellen und nur eine festzuhalten.

- Die Gletscherspalte wird von beiden Seiten und von zwei Spielern gleichzeitig bezwungen.

Darauf achten, dass alle äußeren Spieler bis zum Ende des Spiels die Matten festhalten. Danach werden diese gemeinsam vorsichtig abgelegt.

- Sandwich (V 19)
- Briefbeschwerer (RA 20)

V
entwickeln & stabilisieren

Kreisbewegung (V 5)

Emotional-soziale Anforderungen
Niedrig
Mittel ✓
Hoch

Sozialform
Partner
Kleingruppe
Großgruppe

Äußere Bedingungen
Mattenfläche, klein
Mattenfläche, groß
Reißfeste Kleidung
Barfuß/Socken
Medien/Material

Charakter
Spielerisch ✓
Übend
Kämpferisch

Zwei Spieler sitzen sich mit leicht gegrätschten Beinen gegenüber und legen ihre Fußsohlen aneinander. Sie reichen sich die Hände, wobei die Knie durchgedrückt werden sollen. In dieser Position versuchen sie, durch Nachgeben (Vorbeugen) bzw. vorsichtiges Ziehen mit ihrem Oberkörper in eine Kreisbewegung kommen.

Sinnvoll ist es, dies mit Kindern als ein wichtiges Prinzip des Ringens und Raufens zu besprechen. Dabei geht es darum, die Möglichkeiten des Bewegungsraumes beim Partner zu erspüren und seinen muskulären und/ oder psychischen Widerstand wahrzunehmen.

- Mit Musikbegleitung
- Mit geschlossenen Augen.

- Darauf achten, dass keine ruckartigen Bewegungen gemacht werden.

- Butterwiegen und Rüttelrücken (KK 2)
- Handstandziehen (KK 5)

Menschenrüttelbank (V 6)

Emotional-soziale Anforderungen	
Niedrig	
Mittel	
Hoch	✓
Sozialform	
Partner	
Kleingruppe	✓
Großgruppe	
Äußere Bedingungen	
Mattenfläche, klein	
Mattenfläche, groß	✓
Reißfeste Kleidung	
Barfuß/Socken	
Medien/Material	
Charakter	
Spielerisch	✓
Übend	
Kämpferisch	

Jeweils vier oder fünf Spieler knien sich Schulter an Schulter in Bankstellung. Eine weitere Person legt sich vorsichtig mit dem Rücken auf diese „Bank“. Durch sanfte Bewegungen der unteren Spieler (vorwärts-rückwärts; hoch-runter) wird die obere massiert bzw. sanft durchgerüttelt.

Das auf der Bank liegende Kind sollte sich zunächst zwischen die knienden Spieler stellen, sich vorsichtig auf eine Person (nah am Gesäß) hinsetzen und dann zügig hinlegen.

- Statt in Rückenlage, sich in Bauchlage massieren lassen.

- Darauf achten, dass der liegende Mitspieler möglichst nah am Gesäß bzw. den Hüften der unteren liegt.

- Menschentunnelbrücke (KK 6)
- McDonalds (KK 18)
- Baumstammflößen (V 1)
- Rollbahn (KK 9)

Umgehung (V 7)

Emotional-soziale Anforderungen
Niedrig
Mittel ✓
Hoch

Sozialform
Partner ✓
Kleingruppe
Großgruppe

Äußere Bedingungen
Mattenfläche, klein ✓
Mattenfläche, groß
Reißfeste Kleidung
Barfuß/Socken
Medien/Material

Charakter
Spielerisch ✓
Übend
Kämpferisch

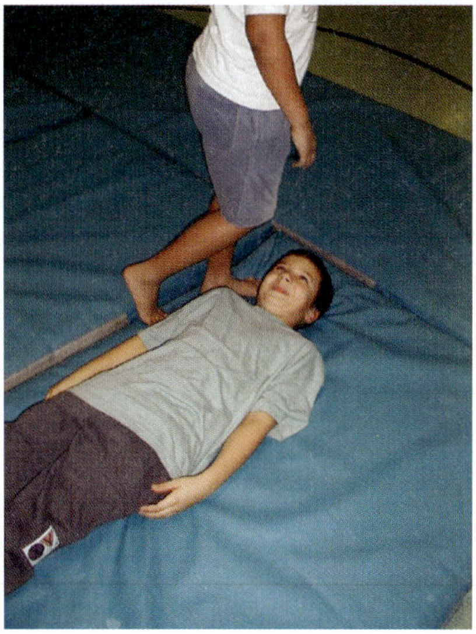

Partner A liegt in Rückenlage auf dem Boden und schließt die Augen. Partner B geht vorsichtig um den ganzen Körper von Partner A herum. Dieser versucht zu spüren, wo sich Partner B gerade befindet.

Das Spiel eignet sich gut nach einer starken Belastungsphase.

- A darf von B auch „überschritten“ werden.
- Während des Umgehens Körperkontakt aufrechterhalten.
- Zwei oder drei Spieler gehen gleichzeitig um einen herum.
- Durch verschiedene Bodenbeschaffenheiten (Hallenboden, Weichbodenmatte...) unterschiedliche Wahrnehmungen ermöglichen.

- Darauf achten, dass der liegende Spieler sich möglichst ruhig verhält bzw. seine Körperposition während des Spiels nicht verändert.

- Überlaufen (V 15)
- Denkmal abtasten (V 22)
- Anklammerei (V 23)
- Vertrauensschlange (V 25)

Treffpunkt (V 8)

Emotional-soziale Anforderungen
Niedrig
Mittel ✓
Hoch

Sozialform
Partner ✓
Kleingruppe
Großgruppe

Äußere Bedingungen
Mattenfläche, klein
Mattenfläche, groß
Reißfeste Kleidung
Barfuß/Socken
Medien/Material ✓

Charakter
Spielerisch ✓
Übend
Kämpferisch

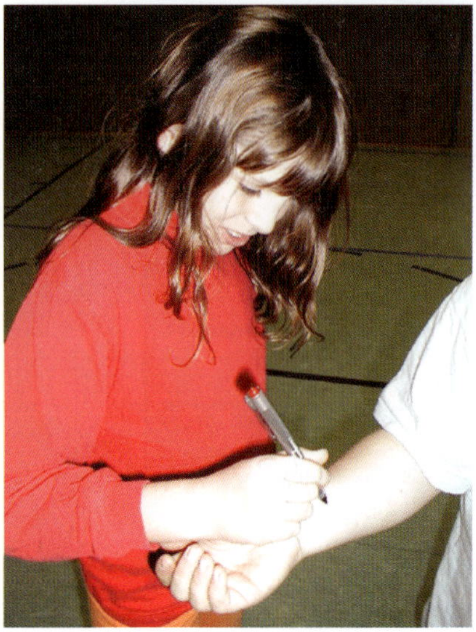

Partner A hat die Augen geschlossen und reicht Partner B seinen unbekleideten Unterarm. Dieser malt mit einem Filzstift oder Lippenstift einen Punkt auf den Arm. Partner A soll nun versuchen, mit einem Finger der anderen Hand und bei geschlossen Augen diesen Punkt anzutippen. Jetzt darf er die Augen öffnen und vergleichen.

- Die gleiche Übung an den Beinen.
- Zwei Punkte hintereinander mit geschlossenen Augen.

- Distanz (V 20)

Wir passen auf! (V 9)

Emotional-soziale Anforderungen	
Niedrig	
Mittel	
Hoch	✓
Sozialform	
Partner	
Kleingruppe	✓
Großgruppe	
Äußere Bedingungen	
Mattenfläche, klein	✓
Mattenfläche, groß	
Reißfeste Kleidung	✓
Barfuß/Socken	
Medien/Material	
Charakter	
Spielerisch	✓
Übend	
Kämpferisch	

Vier oder fünf Spieler bilden einen engen Innenstirnkreis. Ein Spieler steht in der Mitte und wird von allen gehalten (an den Oberarmen, an der Kleidung...). Plötzlich sackt der Spieler in der Mitte in sich zusammen. Die anderen versuchen zu verhindern, dass er auf den Boden/auf die Matte fällt.

V.a. bei jüngeren Kindern darauf achten, dass sie den mittleren Spieler schon vor dem Fallen fest anfassen.

- Der mittlere Spieler sitzt zunächst am Boden und wird von der anderen hochgehoben.

- Bei jüngeren Kindern sollte man das Spiel auf einer Weichbodenmatte durchführen.

- Pendel (V 14)
- Lagebesprechung (V 18)
- Spinnennetz (V 21)

Segelflieger (V 10)

Emotional-soziale Anforderungen
Niedrig
Mittel
Hoch ✓

Sozialform
Partner ✓
Kleingruppe
Großgruppe

Äußere Bedingungen
Mattenfläche, klein ✓
Mattenfläche, groß
Reißfeste Kleidung
Barfuß/Socken
Medien/Material

Charakter
Spielerisch
Übend ✓
Kämpferisch

Partner A legt sich mit dem Rücken auf den Boden und hebt seine Beine leicht angewickelt nach oben. Partner B stellt sich so an seine Füße, dass er diese in seiner Leistengegend oder je nach Körperschwerpunkt an seinen Unterbauch anlegen kann. Während Partner A seine Beine beugt und kräftig nach oben drückt, erhält Partner B seine Körperspannung aufrecht, vertraut seinen Körper durch Kippen nach vorn seinem Partner A an. Dabei kann er mit seinen Armen Stabilisierungshilfe durch die ausgestreckten Arme von Partner A erhalten.

Bei jüngeren Spielern empfiehlt es sich, auch von außen bzw. an beiden Seiten zusätzliche Stabilisierungshilfen zu geben.

- Erweiterung durch andere Akrobatik-Übungen

- Matte unterlegen.

- Butterwiegen und Rüttelrücken (KK 2)
- Handstandziehen (KK 5)
- Katapult (RA 10)

Führen und Folgen (V 11)

Emotional-soziale Anforderungen
Niedrig
Mittel
Hoch ✓

Sozialform
Partner ✓
Kleingruppe
Großgruppe

Äußere Bedingungen
Mattenfläche, klein
Mattenfläche, groß
Reißfeste Kleidung
Barfuß/Socken
Medien/Material

Charakter
Spielerisch ✓
Übend
Kämpferisch

Die beiden Mitspieler erproben unterschiedliche Formen des „Führen und Folgens“: Ein Partner hat die Augen geschlossen, der andere fasst ihn mit beiden Händen am Oberarm und führt ihn mit Tempo- und Richtungswechsel durch den Raum.
Partner A hat die Augen geschlossen und geht oder läuft durch den Raum. Partner B geht/läuft hinter ihm und hält ihn im Notfall an den Schultern fest.
Partner A wird von Partner B nur durch Geräusche (z.B. Fingeschnippsen, Händeklatschen, Pfeifen, Summen...) durch den Raum geführt.
Partner A führt Partner B nur über minimalen Körperkontakt (z.B. nur über eine Fingerspitze). Dabei geht Partner A rückwärts, Partner B vorwärts.

Zunächst einmal das Führen und Folgen mit offenen Augen durchführen.

- Ein Spieler führt mehrere gleichzeitig (durch direkten Körperkontakt oder „an langer Leine“ durch Seilchen/Judogürtel oder durch Gymnastikstäbe).
- Führen über Hindernisse.

- Jüngeren Kindern nicht die Augen verbinden.

- Wir passen auf! (V 9)
- Roboterspiel (V 13)

Kraftfeld (V 12)

Emotional-soziale Anforderungen
Niedrig
Mittel
Hoch ✓

Sozialform
Partner ✓
Kleingruppe
Großgruppe

Äußere Bedingungen
Mattenfläche, klein
Mattenfläche, groß
Reißfeste Kleidung
Barfuß/Socken
Medien/Material

Charakter
Spielerisch ✓
Übend
Kämpferisch

Die beiden Spieler stellen sich gegenüber und legen ihre Handflächen bei leicht angewinkelten Armen aneinander. Nun schließen sie ihre Augen und drehen sich ein- oder zweimal. Sie versuchen, ihre Handflächen mittels der Körperwärme wiederzufinden und nah aneinander zu halten, ohne sich zu berühren. Danach öffnen sie die Augen.

Es empfiehlt sich, diese Übung in einer ruhigen Atmosphäre nach einem körperlich belastenden Spiel durchzuführen. Eventuell kann leise Entspannungsmusik eingesetzt werden.

- A hat die Augen geschlossen und B führt seine Handflächen vorsichtig und langsam immer näher an sein Gesicht. Sobald A die Wärme spürt, meldet er dies. So kann B auch A durch den Raum führen.
- A hat die Augen offen. B („blind“) dreht sich einmal und sucht die Hände von A (danach Wechsel).
- „Fensterputzen“ in Zeitlupe: Zwischen A und B befindet sich eine imaginäre Glasscheibe, auf deren Fläche sich beide Hände richtungsgleich bewegen (beide Partner sehend oder „blind“, mit Kontakt oder „berührungsfreiem Spüren“, rechts oder links oder beidseitig gleichzeitig).

- Spürkreis (V 16)
- Distanz (V 20)

V
entwickeln & stabilisieren

Roboterspiel (V 13)

Emotional-soziale Anforderungen	
Niedrig	
Mittel	✓
Hoch	
Sozialform	
Partner	✓
Kleingruppe	✓
Großgruppe	✓
Äußere Bedingungen	
Mattenfläche, klein	
Mattenfläche, groß	
Reißfeste Kleidung	
Barfuß/Socken	
Medien/Material	
Charakter	
Spielerisch	✓
Übend	
Kämpferisch	

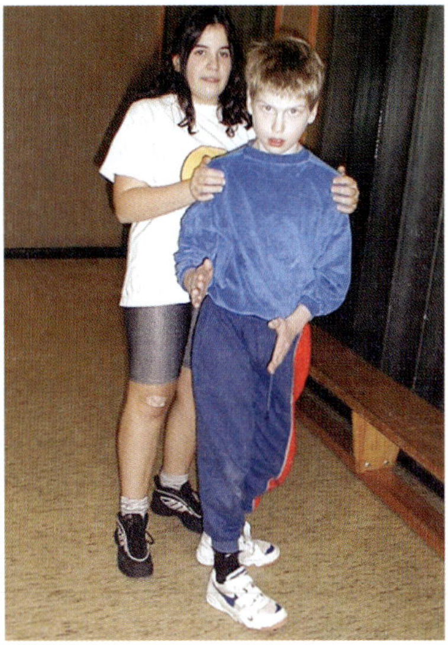

Alle Spieler, bis auf einen oder zwei, sind „Roboter". Sie gehen langsam und mit eckigen bzw. steifen Bewegungen durch die Halle. Dabei können sie nur eine Richtung beibehalten. Aufgabe der übrigen ein oder zwei Spieler ist es, zu verhindern, dass die „Roboter" zusammenstoßen oder gegen die Wand laufen. Dazu drehen sie die „Roboter" vorsichtig an den Schultern in eine andere Richtung. Zusammengestoßene oder havarierte „Roboter" treten auf der Stelle und senden laute Notsignale aus, damit sie aus ihrer Lage befreit werden.

Mit jüngeren Kindern, sollte zuvor das langsame Gehen der „Roboter" eingeübt werden. Evtl. ist es sinnvoll, dies durch Musik in einem entsprechenden Rhythmus zu unterstützen.

- Paarweise: A führt B („Roboter", sehend oder „blind") möglichst „unfallfrei" durch den Raum. Dabei kann es auch an oder über Hindernisse gehen.
- Ein Spieler passt auf zwei oder drei „Roboter" auf.
- Ein Spieler soll zwei oder drei „Roboter" zum Zusammenstoß bringen. Dabei dürfen sich die „Roboter" beim Antippen einer Schulter nur jeweils um 90° drehen.

- Wir passen auf! (V 9)
- Führen und Folgen (V 11)

Pendel (V 14)

Emotional-soziale Anforderungen	
Niedrig	
Mittel	
Hoch	✓
Sozialform	
Partner	✓
Kleingruppe	✓
Großgruppe	
Äußere Bedingungen	
Mattenfläche, klein	
Mattenfläche, groß	
Reißfeste Kleidung	
Barfuß/Socken	
Medien/Material	
Charakter	
Spielerisch	✓
Übend	✓
Kämpferisch	

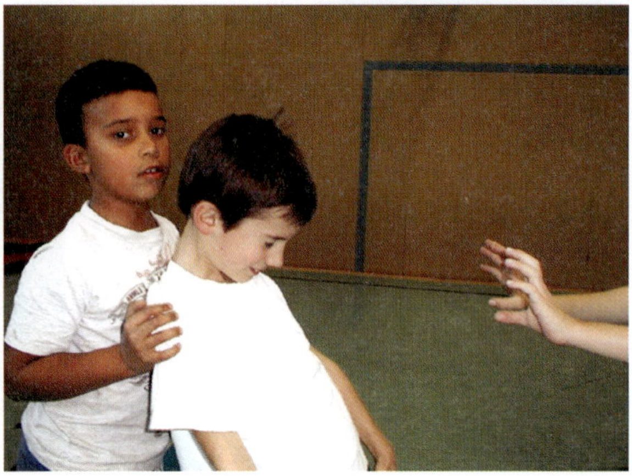

Zwei Spieler stellen sich ca. 1m voneinander entfernt gegenüber, ein dritter stellt sich zwischen beide (mit Rücken zum ersten bzw. dem Gesicht zum zweiten). Der mittlere Spieler macht sich steif und lässt sich nach hinten kippen, wird vom ersten Spieler vorsichtig an den Schultern aufgenommen und über die Senkrechte nach vorn zum zweiten Spieler geschoben, der ihn seinerseits aufnimmt und ihn wieder in die andere Richtung drückt. Zunächst bleiben die Hände der beiden sichernden/drückenden Spieler während des Pendelns an den Schultern, dann können sie nach dem Wegdrücken kurzzeitig gelöst werden. Der mittlere Spieler hat die Augen geschlossen.

Diese Übung muss vorher sorgfältig demonstriert werden und sollte nur in einer ruhigen Atmosphäre durchgeführt werden. Es ist darüber hinaus günstig, wenn die Spieler in etwa gleich groß sind.

- Als Kreispendel: Mehrere Spieler stellen sich Schulter an Schulter im Kreis auf. Einer der Spieler stellt sich in die Mitte und macht sich ganz steif. Dann strecken alle Spieler ihre Arme in Richtung Kreismitte und der Spieler lässt sich in sie hinein fallen. Diese fangen ihn ganz sanft auf und schieben ihn in die entgegengesetzte Richtung oder zur Seite zurück.

- Für jüngere Kinder nicht geeignet.
- Darauf achten, dass die sichernden Spieler ein Bein bzw. einen Fuß nach hinten setzen (Schrittstellung), um das Gewicht des „Pendels“ abfangen zu können.

Umgehung (V 7)
Wir passen auf! (V 9)
Überlaufen (V 15)

Überlaufen (V 15)

Emotional-soziale Anforderungen	
Niedrig	
Mittel	
Hoch	✓
Sozialform	
Partner	✓
Kleingruppe	✓
Großgruppe	✓
Äußere Bedingungen	
Mattenfläche, klein	
Mattenfläche, groß	
Reißfeste Kleidung	
Barfuß/Socken	
Medien/Material	
Charakter	
Spielerisch	✓
Übend	
Kämpferisch	

Die Hälfte der Gruppe legt sich verteilt mit dem Rücken auf dem Boden. Die Spieler schließen die Augen. Die anderen Spieler laufen zunächst an den liegenden vorbei. Allmählich werden dann die Liegenden auch übersprungen bzw. überlaufen. Diese dürfen die Augen öffnen.

Es ist bei jüngeren Kindern günstig, das Spiel zunächst im Gehen durchzuführen.

- Partnerweise.
- Auf dem Bauch liegen.
- Alle Kinder/Spieler liegen auf dem Boden. Nur der Erwachsene überläuft/überspringt die Kinder.

Darauf hinweisen, dass die Liegenden sich nicht bewegen sollen.
Ein klares Signal geben, wenn das Spiel zu Ende ist, damit sich kein Spieler vorzeitig aufrichtet.

- Rollbahn (KK 9)
- Baumstammflößen (V 1)
- Umgehung (V 7)
- Distanz (V 20)

V
entwickeln & stabilisieren

Spürkreis (V 16)

Emotional-soziale Anforderungen
Niedrig
Mittel ✓
Hoch

Sozialform
Partner
Kleingruppe ✓
Großgruppe ✓

Äußere Bedingungen
Mattenfläche, klein
Mattenfläche, groß
Reißfeste Kleidung
Barfuß/Socken
Medien/Material

Charakter
Spielerisch ✓
Übend
Kämpferisch

Die Spieler bilden einen Innenstirnkreis. Zwischen den Spielern ist ein Abstand von ca. 50 cm. Im Inneren des Kreises befinden sich zwei bis vier Spieler mit verbundenen/geschlossenen Augen. Diese sollen versuchen, aus dem Kreis herauszukommen, ohne einen Kreisspieler zu berühren. Danach dürfen sie die Augen öffnen.

Zur Durchführung des Spiels ist absolute Ruhe notwendig. Auch die Spieler, die den Weg aus dem Kreis gefunden haben, sollten Ruhe bewahren, bis das Spiel zu Ende ist.

- Die im Kreis stehenden Spieler dürfen bei „Gefahr" leise Signale (Summen, Zischen...) aussenden, um den mittleren Spielern den Weg zu weisen.

- Das Spiel sollte nur im langsamen Gehen und nicht im Laufen durchgeführt werden.
- Jüngeren Kindern nicht die Augen verbinden.

- Umgehung (V 7)
- Distanz (V 20)
- Durch diese dunkle Gasse (V 24)
- Festnahme (RG 32)

Sommerregen (V 17)

Emotional-soziale Anforderungen
Niedrig
Mittel
Hoch ✓

Sozialform
Partner
Kleingruppe ✓
Großgruppe

Äußere Bedingungen
Mattenfläche, klein ✓
Mattenfläche, groß
Reißfeste Kleidung
Barfuß/Socken
Medien/Material

Charakter
Spielerisch ✓
Übend
Kämpferisch

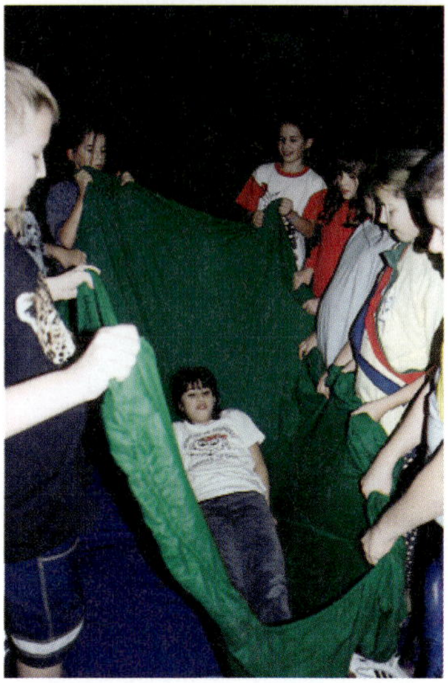

Ein Spieler legt sich auf den Bauch und schließt die Augen. Jeweils drei Spieler knien sich links und rechts vom liegenden hin. Auf dem Körper des liegenden wird durch Trommeln mit den Fingerspitzen, Streichen mit den Händen oder vorsichtiges Klopfen mit den Fäusten ein Sommerregen bzw. –gewitter simuliert. Nach dem „Gewitter" wärmen die Hände den liegenden Spieler („die Sonne trocknet die Erde"). Anschließend wird er von den anderen auf ein Schwungtuch oder eine Decke gerollt, vorsichtig angehoben und leicht durchgeschüttelt, bevor er behutsam abgelassen wird.

Das Spiel eignet sich gut als Stundenausklang oder als Anschluss an ein körperlich anstrengendes Spiel, wobei jedoch eine entsprechende Zeit eingeplant werden muss. Entspannungsmusik kann zur „atmosphärischen Untermalung" eingesetzt werden.

- Als Partnerübung (ohne Einrollen in Decke). Das „Wärmen" erfolgt dadurch, dass der massierende Spieler sich abschließend mit dem Bauch auf den Liegenden legt.

- Darauf achten, dass die Massagen nicht auf der Wirbelsäule durchgeführt werden (vorher demonstrieren).

- Rollbahn (KK 9)
- Denkmal abtasten (V 22)
- Anklammerei (V 23)

V
entwickeln & stabilisieren

Lagebesprechung (V 18)

Emotional-soziale Anforderungen	
Niedrig	
Mittel	
Hoch	✓
Sozialform	
Partner	
Kleingruppe	✓
Großgruppe	
Äußere Bedingungen	
Mattenfläche, klein	
Mattenfläche, groß	✓
Reißfeste Kleidung	✓
Barfuß/Socken	✓
Medien/Material	
Charakter	
Spielerisch	✓
Übend	✓
Kämpferisch	

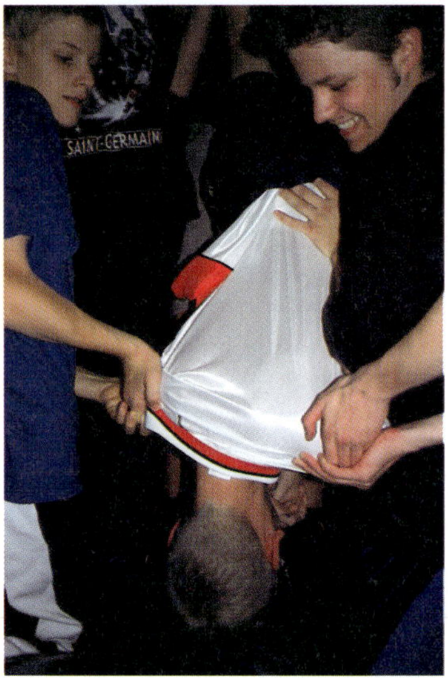

Mindest sechs, besser acht Spieler tragen einen Spieler. Dieser darf sich wünschen, was mit ihm passiert bzw. in welche Lage er gebracht werden soll: Sitzen, Kopfstand, „Salto“ vorwärts oder rückwärts, Drehungen um verschiedene Achsen usw... Die tragenden bzw. haltenden Spieler führen die gewünschten Bewegungen langsam und vorsichtig aus.

Es ist wichtig, dass die Spieler sich permanent untereinander absprechen. Zunächst sollten nur einfache Haltungen/Bewegungen ausgeführt werden.

- Der getragene Spieler hat die Augen geschlossen und wird bewegt, ohne entsprechende Wünsche zu äußern. Anschließend soll er sagen, in welche Lagen er gebracht worden ist.

- Für jüngere Kinder nicht geeignet.
- Die Spieler dürfen erst loslassen, nachdem die getragene Person sicher wieder auf dem Boden abgesetzt worden ist.

- Wir passen auf! (V 9)
- Segelflieger (V 10)

Sandwich (V 19)

Emotional-soziale Anforderungen	
Niedrig	
Mittel	
Hoch	✓
Sozialform	
Partner	
Kleingruppe	✓
Großgruppe	
Äußere Bedingungen	
Mattenfläche, klein	
Mattenfläche, groß	
Reißfeste Kleidung	
Barfuß/Socken	
Medien/Material	✓
Charakter	
Spielerisch	✓
Übend	✓
Kämpferisch	

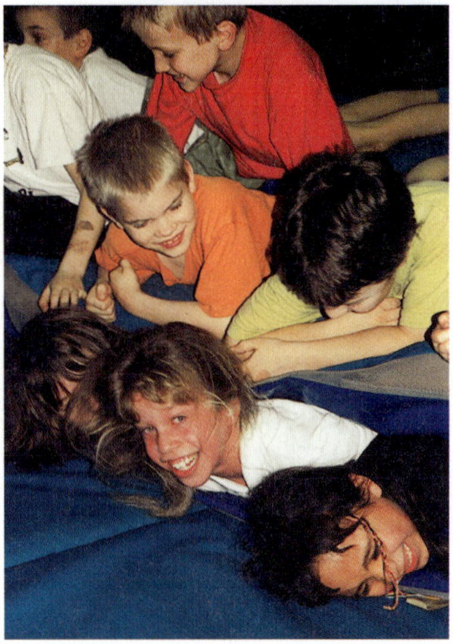

Auf einer Weichbodenmatte liegen bis zu vier Spieler mit am Körper angelegten Armen nebeneinander auf dem Bauch. Ihre Köpfe ragen über den Rand der Matte hinaus. Auf die Spieler wird eine zweite Weichbodenmatte mit der glatten Seite nach unten gelegt. Die übrigen Spieler legen sich auf die obere Matte, kriechen, gehen oder laufen nacheinander über diese.

Mit jüngeren Kindern oder Spieler, die hier ängstlich sind, empfiehlt es sich, das Spiel zunächst ohne Beschwerung der oberen Weichbodenmatte durchzuführen.

- Eine weitere „Lage“ oben auflegen.
- Nachdem die Spieler eingeklemmt sind, sollen sie versuchen aus der Matte hervorzukriechen.

- Sobald Spieler andeuten, dass sie sich unwohl fühlen, obere Matte bzw. Gewicht entfernen.

- Gletscherspalte (V 4)
- Briefbeschwerer (RA 20)

V
entwickeln & stabilisieren

Distanz (V 20)

Emotional-soziale Anforderungen
Niedrig
Mittel
Hoch ✓

Sozialform
Partner ✓
Kleingruppe ✓
Großgruppe ✓

Äußere Bedingungen
Mattenfläche, klein
Mattenfläche, groß
Reißfeste Kleidung
Barfuß/Socken
Medien/Material

Charakter
Spielerisch ✓
Übend
Kämpferisch

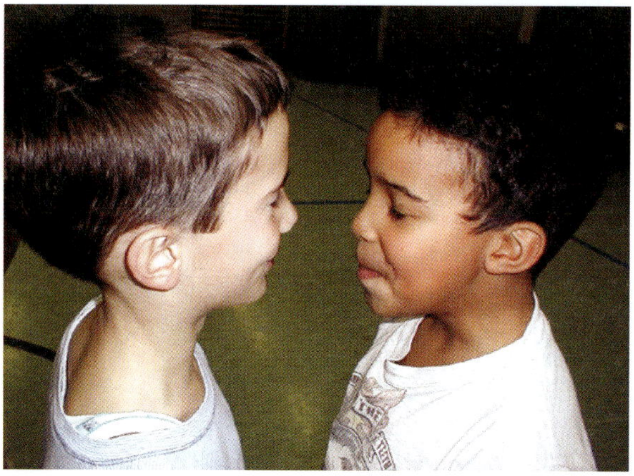

Die Spieler stellen sich in einer Gasse paarweise einander gegenüber auf. Eine Seite schließt die Augen und geht ganz langsam auf die andere Seite zu. Wenn der jeweilige Partner „Stop“ sagt, bleibt der andere stehen und öffnet die Augen. Ziel ist, eine möglichst geringe Distanz herzustellen bzw. zuzulassen. Im Anschluss wechseln die Partner die Rollen.

Im Zusammenhang mit diesem Spiel kann man den Kindern/Teilnehmern die Bedeutsamkeit von körperlicher Nähe beim Ringen und Raufen verdeutlichen.

- Mit vorgehaltenen Händen, bis diese sich berühren.
- Rücken gegen Rücken.

- Auf langsame Ausführung und klare Stoppsignale achten.

- Umgehung (V 7)
- Spürkreis (V 16)
- Anklammerei (V 23)
- Halten und Drehen (RE 3)

Spinnennetz (V 21)

Emotional-soziale Anforderungen
Niedrig
Mittel
Hoch ✓

Sozialform
Partner
Kleingruppe ✓
Großgruppe ✓

Äußere Bedingungen
Mattenfläche, klein
Mattenfläche, groß
Reißfeste Kleidung
Barfuß/Socken
Medien/Material ✓

Charakter
Spielerisch ✓
Übend ✓
Kämpferisch

Die Spieler bilden einen Innenstirnkreis. Sie haben jeweils ein Seilchen. Diese schlingen sie in der Mitte umeinander, so dass jeder Spieler beide Enden seines Seilchen in der Hand hat. Auf dieses „Spinnennetz" setzt sich ein Spieler und wird von den anderen langsam hochgehoben und sanft geschaukelt.

Der Erwachsene sollte während des Spiels entsprechende verbale Anweisungen geben.

- Ohne einen mittleren Spieler kann die Gruppe nach dem Ausbalancieren versuchen, sich gemeinsam hinzusetzen und wieder aufzustehen (mit offenen und geschlossenen Augen).
- Der sitzende Spieler hat die Augen geschlossen.

- Um das Netz tragfähiger zu machen, wird ein weiteres Seilchen zum Schluss in der Mitte um alle herumgelegt und fest verknotet.
- Wichtig ist das sanfte Absetzen des Spielers auf den Boden (bei jüngeren Kindern eine Matte unterlegen).

- Wir passen auf! (V 9)
- Sommerregen (V 17)
- Lagebesprechung (V 18)

Denkmal abtasten (V 22)

Emotional-soziale Anforderungen
Niedrig
Mittel ✓
Hoch

Sozialform
Partner ✓
Kleingruppe
Großgruppe

Äußere Bedingungen
Mattenfläche, klein
Mattenfläche, groß
Reißfeste Kleidung
Barfuß/Socken
Medien/Material

Charakter
Spielerisch ✓
Übend
Kämpferisch

Schwerpunkte
Technik/Taktik
Koordination
Kraft
Ausdauer

Partner A und Partner B stehen sich gegenüber. Nachdem Partner A die Augen geschlossen oder verbunden hat, verändert Partner B seine Position, er wird ein „Denkmal". Partner A tastet ihn vorsichtig von oben bis unten ab und versucht, sich möglichst in der gleichen Art und Weise hinzustellen. Dann öffnet er die Augen und vergleicht seine Position mit der von Partner B.

Bei jüngeren Kindern kann dieses Spiel zunächst auch als einfache Nachahmungsaufgabe angeboten werden.

- Ein Mitspieler nimmt unter einer Decke oder einem Schwungtuch eine selbstgewählte Körperposition ein. Die anderen tasten ihn durch das Tuch vorsichtig ab, bis sie seine Lage erkannt haben. Dann versuchen sie, sich genauso hinzulegen. Nach dem Aufdecken können sie sich mit dem „Original" vergleichen.
- Zwei oder drei Spieler stellen ein „Denkmal" dar und werden von einem dritten abgetastet.

- Darauf achten, dass die Berührungen nicht zu heftig sind.

- Umgehung (V 7)
- Kraftfeld (V12)
- Anklammerei (V 23)

Anklammerei (V 23)

Emotional-soziale Anforderungen	
Niedrig	
Mittel	
Hoch	✓
Sozialform	
Partner	✓
Kleingruppe	
Großgruppe	
Äußere Bedingungen	
Mattenfläche, klein	
Mattenfläche, groß	
Reißfeste Kleidung	
Barfuß/Socken	
Medien/Material	✓
Charakter	
Spielerisch	✓
Übend	
Kämpferisch	

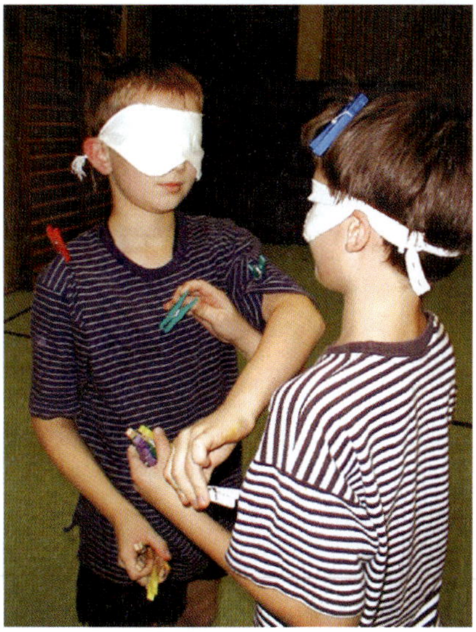

Partner A und Partner B stehen sich gegenüber und haben die Augen geschlossen oder verbunden. Beide heften sich gegenseitig Wäscheklammern an beliebige Stellen des Körpers (Kleidung, Haare, Schuhe). Anschließend drehen sie sich einmal um die eigene Achse und nehmen sich vorsichtig die zuvor angehefteten Klammern wieder ab.

- Mit offenen Augen anheften und mit geschlossenen abnehmen.
- Die Spieler heften sich selbst die Klammern an und nehmen sie erst dann dem Partner ab.

- Treue Seelen (KK 25)
- Treffpunkt (V 8)
- Igel-Stachel-Klau (RA 30)

V
entwickeln & stabilisieren

Durch diese dunkle Gasse (V 24)

Emotional-soziale Anforderungen
Niedrig
Mittel
Hoch ✓

Sozialform
Partner
Kleingruppe ✓
Großgruppe ✓

Äußere Bedingungen
Mattenfläche, klein
Mattenfläche, groß
Reißfeste Kleidung
Barfuß/Socken
Medien/Material

Charakter
Spielerisch ✓
Übend ✓
Kämpferisch

Die Spieler bilden eine Gasse. Die Breite sollte so gewählt werden, dass sich die ausgestreckten Arme bzw. die Fingerspitzen gerade noch berühren können. Ein Spieler geht mit verbundenen Augen in diese Gasse hinein und wird durch leichtes Schubsen und Schieben an den Schultern, Oberarmen und Rücken durch diese Gasse geleitet.

- Der „Gassengänger“ darf leichten Widerstand leisten.
- Als „Waschstraße“: Der hindurchgehende Spieler wird von den anderen „gewaschen“ und „getrocknet“ (abklopfen, streicheln...).
- Die Gasse hat eine Kurve oder einen scharfen Knick.
- Statt taktilem Hindurchführen: Akustische Signale geben.
- Keine Hilfe durch die Spieler.
- Eine sehr enge Gasse bilden, durch die sich ein Spieler „hindurchzwängt“.

- Heftige und unsanfte „Hilfen“ sowie ein Festhalten vermeiden.

- Wir passen auf! (V 9)
- Lagebesprechung (V 18)
- Distanz (V 20)
- Spürkreis (V 16)

Vertrauensschlange (V 25)

Emotional-soziale Anforderungen

Niedrig	
Mittel	
Hoch	✓

Sozialform

Partner	
Kleingruppe	✓
Großgruppe	✓

Äußere Bedingungen

Mattenfläche, klein	
Mattenfläche, groß	
Reißfeste Kleidung	
Barfuß/Socken	
Medien/Material	✓

Charakter

Spielerisch	✓
Übend	✓
Kämpferisch	

Mehrere Spieler (ab drei) halten sich an zusammengebundenen Seilchen oder an einem Tau fest. Alle, bis auf den ersten Spieler, haben die Augen geschlossen. Sie werden als „Schlange" vom ersten Spieler durch den Raum geführt, auch über Hindernisse oder an Hindernissen vorbei.

Bei jüngeren Kindern sollte das Spiel zunächst mit offenen Augen durchgeführt werden.

- Die Spieler werden mit Seilchen an der Hüfte zusammengebunden und sollen einen Hindernisparcours bewältigen.
- Statt Seilchen: Festhalten an den Händen oder Hüften.

- Henne und Geier (BF 24)
- Führen und Folgen (V 11)
- Raupenfang (RA 36)

4.3.4 Ringen, Rangeln und Raufen

– anbahnen und entwickeln –

Baumstammtreiben (RA 1)

RRR
anbahnen & entwickeln

Emotional-soziale Voraussetzungen
Niedrig
Mittel ✓
Hoch

Sozialform
Partner ✓
Kleingruppe
Großgruppe

Äußere Bedingungen
Mattenfläche, klein
Mattenfläche, groß ✓
Reißfeste Kleidung
Barfuß/Socken
Medien/Material

Charakter
Spielerisch ✓
Übend
Kämpferisch

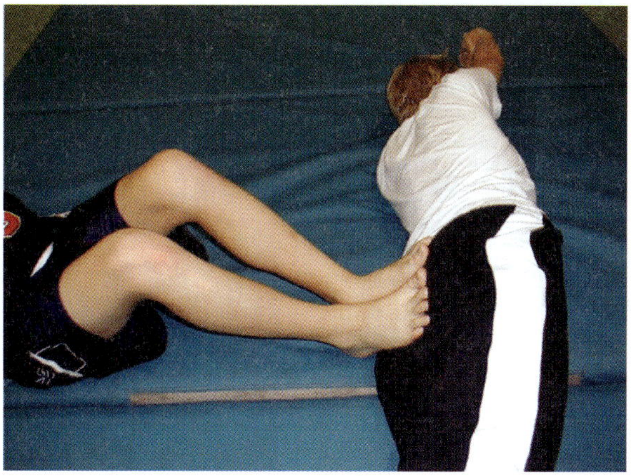

Partner A befindet sich in Bauch- oder Rückenlage. Partner B kniet quer über ihm in Bankstellung, seine Knie befinden sich in Hüfthöhe von Partner A. Partner B kriecht langsam vorwärts und rollt dabei mit seinen Oberschenkeln Partner A vorsichtig über den Boden vorwärts.

Darauf achten, dass der zu Rollende Körperspannung hält und seine Arme weit nach oben gestreckt hält.

- B rollt A aus dem Stand.
- B rollt mit Hilfe seiner Füße A an der Hüfte vorwärts.

- Bauchrolle (KK 1)
- Rollbahn (KK 9)

Blume in Sonne und Regen (RA 2)

RRR
anbahnen & entwickeln

Soziale Vorraussetzungen
Niedrig
Mittel ✓
Hoch

Sozialform
Partner
Kleingruppe ✓
Großgruppe ✓

Äußere Bedingungen
Mattenfläche, klein
Mattenfläche, groß ✓
Reißfeste Kleidung
Barfuß/Socken ✓
Medien/Material

Charakter
Spielerisch ✓
Übend ✓
Kämpferisch

Die Teilnehmer sitzen im Kreis. Sie stellen eine Blume dar, indem sie sich an den Händen fassen und dabei die Beine strecken. Auf den Satz hin „Die Sonne scheint" öffnet sich die „Blume", indem die Teilnehmer nach hinten kippen und dabei die Beine in die Höhe strecken. Wird gesagt: „Es regnet", schließt sich die Blume, indem die Teilnehmer wieder ihre Sitzposition einnehmen. Kopf auf die Brust nehmen und schwungvoll die Arme einsetzen.

Eine günstige Erweiterung für dieses Spiel ist es, wenn die Kinder das Abrollen aus der Hocke erfolgen lassen. Wichtig: Den Kopf beim Fallen nach vorne nehmen.

- Die Blumen wachsen und bekommen zwei Blätter (Arme). Beim Rückwärtsfallen werden die Hände und Arme kräftig neben dem Körper (in einem Winkel von etwa 45°) auf den Boden geklatscht. Dies kann mit dem Ausruf „Klatsch" verbalisiert werden, wobei die Handfassung rechtzeitig gelöst werden muss. Das Spiel kann in gemeinsamer Handfassung fortgesetzt werden.
- Die gesamte Sequenz aus der Hocke (Fallen, Klatschen, in den Hocksitz...).
- Dieselbe Übung aus dem Stand.

- Zieh, zieh, zieh!!! (RA 7)
- Hecht im Karpfenteich (RE 40)

Umwerfer (RA 3)

RRR
anbahnen & entwickeln

Emotional-soziale Voraussetzungen	
Niedrig	
Mittel	✓
Hoch	
Sozialform	
Partner	✓
Kleingruppe	✓
Großgruppe	✓
Äußere Bedingungen	
Mattenfläche, klein	✓
Mattenfläche, groß	✓
Reißfeste Kleidung	
Barfuß/Socken	✓
Medien/Material	
Charakter	
Spielerisch	
Übend	✓
Kämpferisch	

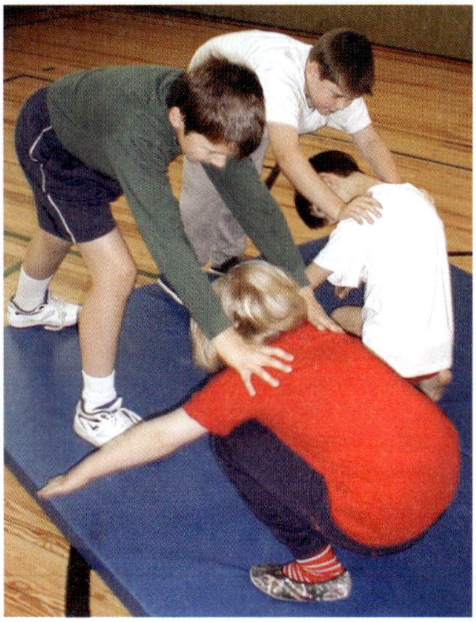

Die Kinder hocken neben- und nahe aneinander in einer Reihe auf dem Boden. Der Übungsleiter (oder später ein Kind) bewegt sich nun sehr schnell von Kind zu Kind und schubst es an den Schultern nach hinten. Das Kind fällt, rollt ab und klatscht mit den Armen auf den Boden. Wer umgeworfen worden ist, soll sich möglichst schnell wieder in die Hocke begeben.

Das Umwerfen soll zunächst recht langsam und behutsam ausgeführt werden.

- Als Wettkampf: Wer ist schneller: Der Umwerfer oder die Umgeworfenen?

- Nicht am Mattenrand ausführen!

- Zieh, zieh, zieh !!! (RA 7)
- Hecht im Karpfenteich (RE 40)

RRR
anbahnen & entwickeln

Schwertransporter (RA 4)

Emotional-soziale Voraussetzungen
Niedrig
Mittel
Hoch ✓

Sozialform
Partner ✓
Kleingruppe
Großgruppe

Äußere Bedingungen
Mattenfläche, klein
Mattenfläche, groß ✓
Reißfeste Kleidung
Barfuß/Socken ✓
Medien/Material

Charakter
Spielerisch ✓
Übend ✓
Kämpferisch

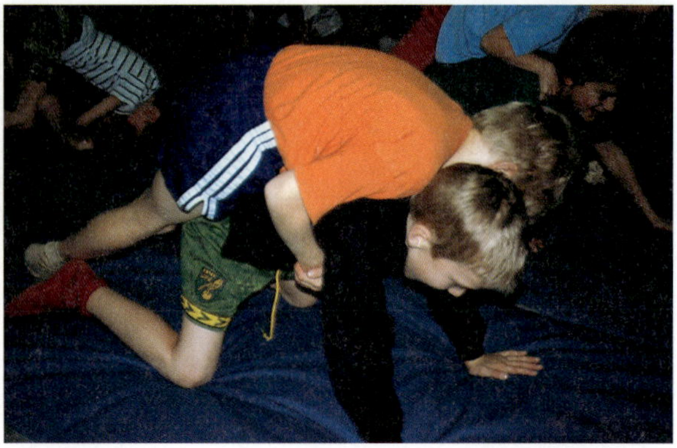

Partner A kriecht über den Boden. Partner B legt sich längs auf den Rücken von A und klammert sich an der Kleidung fest. Partner A soll versuchen, trotz der schweren „Last“ weiter über den Boden vorwärts zu kommen.

Darauf achten , dass die Partner annähernd gleich groß und schwer sind.

- Das getragene Kind kann seine Hände zur Unterstützung der Vorwärtsbewegung mit einsetzen.

- Der Rücken des tragenden Partners soll gleichmäßig belastet werden, d.h. man soll sich schnell über den gesamten Rücken legen.

- Mausefalle (RA 13)
- Briefbeschwerer (R A 20)
- Wildpferd zähmen (RE 6)

Widerstand (RA 5)

RRR
anbahnen & entwickeln

Emotional-soziale Voraussetzungen
- Niedrig
- Mittel
- Hoch ✓

Sozialform
- Partner ✓
- Kleingruppe
- Großgruppe

Äußere Bedingungen
- Mattenfläche, klein
- Mattenfläche, groß ✓
- Reißfeste Kleidung
- Barfuß/Socken ✓
- Medien/Material

Charakter
- Spielerisch
- Übend ✓
- Kämpferisch

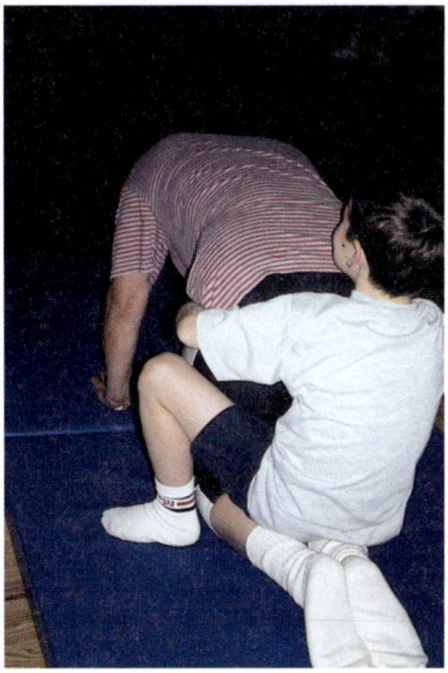

Die beiden Mitspieler stehen hintereinander. Der hintere Partner hält den vorderen an der Hüfte fest. Der Vordere versucht sich vorwärts zu bewegen soll aber von seinem Hintermann daran gehindert werden.

Bei jüngeren Kindern ist es einfacher, wenn der haltende Partner seine Arme ganz um die Hüften des Vordermannes schlingt.

- Erst wenn der gehaltene Partner ein deutliches Zeichen zur Beendigung des Spieles gibt, darf der Haltende loslassen.

- Magnet (RE 22)
- Trotzphase (RG 4)

RRR
anbahnen & entwickeln

Fallen und Sichern (RA 6)

Emotional-soziale Voraussetzungen	
Niedrig	
Mittel	
Hoch	✓
Sozialform	
Partner	✓
Kleingruppe	
Großgruppe	
Äußere Bedingungen	
Mattenfläche, klein	
Mattenfläche, groß	✓
Reißfeste Kleidung	✓
Barfuß/Socken	✓
Medien/Material	
Charakter	
Spielerisch	
Übend	✓
Kämpferisch	

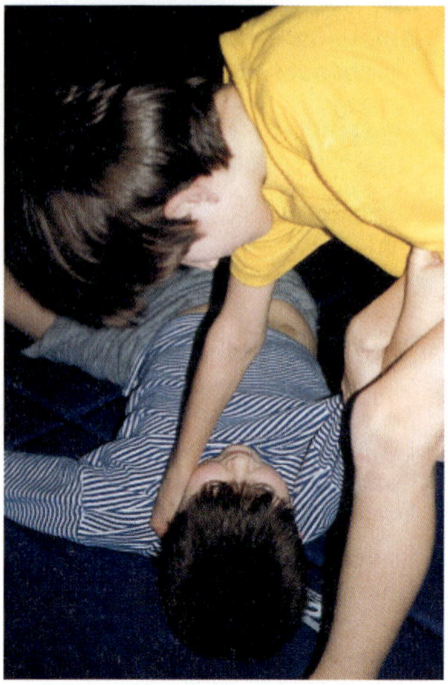

Die beiden Partner stehen einander gegenüber und legen sich die Hände auf die Schultern. Partner A führt Partner B (er geht vorwärts, während sein Partner rückwärts geht) über die Matte. Zu einem selbstgewählten Zeitpunkt gibt Partner A an B einen Impuls an der Schulter, worauf sich Partner B nach hinten fallen lässt. A verhindert ein Aufschlagen seines Mitspielers auf den Boden durch Festhalten an der Kleidung (Oberarm oder Schultern).

Zunächst sollte das Führen und Geführt-Werden intensiv geübt werden. Der Geführte kann dabei zwischenzeitlich die Augen schließen. Zum Sichern des Fallenden ist fester Halt am Ärmel erforderlich,(ideal Judojakken), und sanftes Nachgeben, um dem Fallenden idealen Bodenkontakt zu ermöglichen.

- Impulse an anderen Körperstellen geben (z.B. durch Einhaken der Beine).

- Größere Gruppen sollten aufgeteilt werden, damit ausreichend Platz zum Werfen zur Verfügung stehen kann.

- Führen und Folgen (V 11)
- Roboter gehen über die Matten (V 13)
- Flotte Feger (RA 24)
- Rumkugeln (RA 25)

RRR
anbahnen & entwickeln

Zieh, zieh, zieh!!! (RA 7)

Emotional-soziale Voraussetzungen	
Niedrig	
Mittel	✓
Hoch	
Sozialform	
Partner	
Kleingruppe	✓
Großgruppe	✓
Äußere Bedingungen	
Mattenfläche, klein	
Mattenfläche, groß	✓
Reißfeste Kleidung	
Barfuß/Socken	✓
Medien/Material	
Charakter	
Spielerisch	✓
Übend	✓
Kämpferisch	

Die Gruppe bildet einen Innenstirnkreis, alle fassen sich an die Hände. Bei „Zieh, zieh, zieh!“ gehen alle mit sich nach oben streckenden Armen zu einem kleinen Kreis zusammen. In der Mitte wird laut „Hurrah!“ gerufen, darauf gehen alle, indem sie „Zack, zack, zack!“ rufen, nach hinten auseinander, so dass der Kreis größer wird. Die Hände werden losgelassen, alle fallen rückwärts und klatschen mit den gestreckten Armen auf den Boden.

Die Kinder, die nebeneinander stehen, sollten annähernd gleich groß sein. Ausreichend Platz zum Rückwärtsfallen ist erforderlich.

- Auf ausreichende Mattenfläche beim Rückwärtsrollen achten.

- Blume in Sonne und Regen (RA 2)
- Rasenmäher (RA 34)

RRR
anbahnen & entwickeln

Gegeneinander (RA 8)

Emotional-soziale Voraussetzungen	
Niedrig	✓
Mittel	
Hoch	
Sozialform	
Partner	✓
Kleingruppe	
Großgruppe	
Äußere Bedingungen	
Mattenfläche, klein	
Mattenfläche, groß	
Reißfeste Kleidung	
Barfuß/Socken	
Medien/Material	
Charakter	
Spielerisch	✓
Übend	✓
Kämpferisch	

Die beiden Mitspieler stellen sich einander gegenüber und legen ihre Handflächen gegeneinander. Die Beine sind leicht gegrätscht. Ziel ist es, durch Drücken und Nachgeben den Partner aus dem Gleichgewicht zu bringen. Verloren hat derjenige, der seinen Fuß anhebt oder versetzt.

Diese Übung lässt sich gut in ein Laufspiel einbinden.

Die Füße stehen nicht nebeneinander, sondern hintereinander; dabei werden die Handflächen der jeweils gleichen Körperseite aneinandergelegt und seitlich weggedrückt.

- Hände – Klatschen (RA 9)
- Hand-Fechten (RA 29)

Hände – Klatschen (RA 9)

RRR
anbahnen & entwickeln

Emotional-soziale Voraussetzungen
Niedrig ✓
Mittel
Hoch

Sozialform
Partner ✓
Kleingruppe
Großgruppe

Äußere Bedingungen
Mattenfläche, klein
Mattenfläche, groß
Reißfeste Kleidung
Barfuß/Socken
Medien/Material

Charakter
Spielerisch ✓
Übend ✓
Kämpferisch

Zwei Spieler stehen einander gegenüber und halten bei angewinkelten Armen die Handinnenflächen in Hüfthöhe übereinander/zueinander. Derjenige, der die Hände unten hat, versucht die Hände bzw. die Handrücken des Mitspielers von oben her zu treffen. Gelingt dies, darf er es noch einmal versuchen. Schafft es aber der Partner, die Hände rechtzeitig wegzuziehen, wird gewechselt..

In der Ausgangsstellung sollten sich die Hände möglichst nahe beieinander befinden, da sonst das Treffen zu schwierig wird.

- Gegeneinander (RA 8)
- Hand-Fechten (RA 29)

Katapult (RA 10)

RRR
anbahnen & entwickeln

Emotional-soziale Voraussetzungen	
Niedrig	
Mittel	✓
Hoch	
Sozialform	
Partner	✓
Kleingruppe	
Großgruppe	
Äußere Bedingungen	
Mattenfläche, klein	
Mattenfläche, groß	
Reißfeste Kleidung	
Barfuß/Socken	
Medien/Material	
Charakter	
Spielerisch	✓
Übend	✓
Kämpferisch	

Partner A liegt auf dem Rücken und hält die angewinkelten Beine nach oben. Partner B setzt sich mit dem Rücken zum Liegenden auf die Füße von Partner A. Durch plötzliches und kraftvolles Durchstrecken der Beine versucht Partner A, seinen Mitspieler möglichst weit wegzukatapultieren.

Die Übung zunächst langsam durchführen, d.h. Hinsetzen und dann durch langsames Durchstrecken der Beine in den Stand bringen. Dabei versuchen, die Füße des sitzenden Partners für eine kurze Zeit vom Boden zu heben.

- Engelchen flieg!

- Der sitzende Partner darf sich nicht zu weit nach hinten lehnen; Kopfkontrolle muss vorhanden sein.

- Segelflieger (V 10)
- Po – Puffer (RA 15)

RRR
anbahnen & entwickeln

Kletterbaum (RA 11)

Emotional-soziale Voraussetzungen
Niedrig
Mittel
Hoch ✓

Sozialform
Partner ✓
Kleingruppe
Großgruppe

Äußere Bedingungen
Mattenfläche, klein
Mattenfläche, groß
Reißfeste Kleidung
Barfuß/Socken
Medien/Material

Charakter
Spielerisch ✓
Übend ✓
Kämpferisch

Partner A sitzt huckepack auf Partner B. Partner A versucht, um Partner B herumzuklettern, ohne den Boden zu berühren. Partner B darf dabei mit seinen Armen helfen.

Das Tragen, bzw. Getragen-Werden sollte vorher z.B. in Form einer Staffel geübt werden. Für jüngere Kinder ist die Übung weniger geeignet.

- B hat die Arme ausgestreckt, so dass er keine Hilfe mehr geben kann.

- Die Partner sollten annähernd gleich groß und gleich schwer sein. Gegebenenfalls sollte zunächst auf einer weichen Matte geübt werden.

- Fünfertransport (BF 2)
- Umarmung (RA 18)
- Affenfelsen (RE 1)

RRR
anbahnen & entwickeln

Riesenpurzelbaum (RA 12)

Emotional-soziale Voraussetzungen
Niedrig
Mittel
Hoch ✓

Sozialform
Partner ✓
Kleingruppe
Großgruppe

Äußere Bedingungen
Mattenfläche, klein
Mattenfläche, groß ✓
Reißfeste Kleidung
Barfuß/Socken
Medien/Material

Charakter
Spielerisch
Übend ✓
Kämpferisch

Partner A liegt mit dem Rücken auf dem Boden. Partner B ist im Liegestütz über ihm. Beide fassen sich an den Fußgelenken und versuchen, gemeinsam eine Rolle vorwärts (Blickrichtung Partner B) auszuführen. Durch Aufrichten von Partner A wird die Übung eingeleitet.

Für jüngere Kinder ist die Übung weniger geeignet. Auf jeden Fall sollte die Rolle vorwärts beherrscht werden.

- Riesenrolle zu dritt

- Darauf achten, dass Kopf beim Rollen auf die Brust genommen wird.
- Wichtig: Sicheres Festhalten an den Fußgelenken.

- Katapult (RA 10)
- Partnerstemmen (RA 14)
- Schlangengrube und Ameisenhaufen (RA 16)
- Umarmung (RA 18)
- Rumkugeln (RA 25)

Mausefalle (RA 13)

RRR
anbahnen & entwickeln

Emotional-soziale Voraussetzungen
Niedrig
Mittel
Hoch ✓

Sozialform
Partner ✓
Kleingruppe
Großgruppe

Äußere Bedingungen
Mattenfläche, klein ✓
Mattenfläche, groß
Reißfeste Kleidung
Barfuß/Socken ✓
Medien/Material

Charakter
Spielerisch ✓
Übend ✓
Kämpferisch

Partner A („Mausefalle") befindet sich in Bankstellung. Partner B („Maus") robbt unter ihm hindurch. Ist die „Maus" mit der Hüfte in der „Falle", schnappt diese zu, d.h. Partner A legt sich mit dem Bauch auf die „Maus" und klemmt sie ein. Diese soll versuchen, sich aus der Falle zu befreien.

Partner B legt sich zunächst quer über den liegenden Partner A, der dann versuchen soll, unter Partner B hervorzukriechen bzw. sich zu verteidigen.

- B robbt rücklings unter A.

- Die Mausefalle darf erst auf Hüfthöhe der Maus zuschnappen.

- Entfernung gegen Widerstand (RA 5)
- Affenfelsen (RE 1)
- Halten und Drehen (RE 3)
- Rückentunnel (RE 19)

Partnerstemmen (RA 14)

Emotional-soziale Voraussetzungen
Niedrig
Mittel ✓
Hoch

Sozialform
Partner ✓
Kleingruppe
Großgruppe

Äußere Bedingungen
Mattenfläche, klein ✓
Mattenfläche, groß
Reißfeste Kleidung
Barfuß/Socken ✓
Medien/Material

Charakter
Spielerisch
Übend ✓
Kämpferisch

Partner A liegt auf dem Rücken, Partner B befindet sich über ihm im Liegestütz, wobei er sich mit dem Kopf über den Füßen des liegenden Partners befindet. Partner A greift die Fußgelenke von Partner B, der seinerseits mit den Händen die Fußgelenke von B umfasst. Partner A, versucht Partner B möglichst weit hoch zu drücken.

Ggf. kann ein Helfer die Füße von Partner B anheben und sie in die Hände von Partner A legen.

- Drei und mehr Spieler liegen auf dem Boden in einer Richtung nebeneinander, abwechselnd auf dem Rücken und dem Bauch. Die auf dem Rücken liegenden Mitspieler fassen jeweils ein Fußgelenk des linken und rechten auf dem Bauch liegenden Mitspielers und stemmen diese hoch.

- Langsames „Absetzen" des getragenen Partners.

- Riesenpurzelbaum (RA 12)
- Sumo – Uhr (RA 17)

Po – Puffer (RA 15)

RRR
anbahnen & entwickeln

Emotional-soziale Voraussetzungen
Niedrig
Mittel ✓
Hoch

Sozialform
Partner ✓
Kleingruppe
Großgruppe

Äußere Bedingungen
Mattenfläche, klein
Mattenfläche, groß
Reißfeste Kleidung
Barfuß/Socken ✓
Medien/Material

Charakter
Spielerisch ✓
Übend ✓
Kämpferisch

Die Partner sitzen mit angewinkelten Beinen gegenüber, legen die Fußsohlen aneinander und geben sich die Hände. Sie versuchen, durch gemeinsames Ziehen und Hochheben der Füße die Beine nach oben durchzustrecken. Durch kräftiges Ziehen schnellen die Füße nach oben und die Gesäße stoßen aneinander.

Die Übung gelingt am besten, wenn der Untergrund glatt ist. Gegebenenfalls sitzen die Partner auf umgedrehten Teppichfließen oder Handtüchern.

- Kreisbewegung (V 5)
- Umarmung (RA 18)

Schlangengrube und Ameisenhaufen (RA 16)

Emotional-soziale Voraussetzungen	
Niedrig	
Mittel	✓
Hoch	
Sozialform	
Partner	
Kleingruppe	
Großgruppe	✓
Äußere Bedingungen	
Mattenfläche, klein	
Mattenfläche, groß	✓
Reißfeste Kleidung	
Barfuß/Socken	✓
Medien/Material	
Charakter	
Spielerisch	✓
Übend	
Kämpferisch	

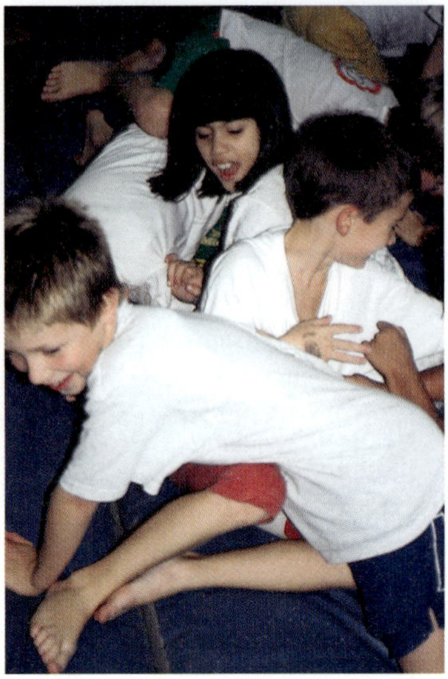

Alle Mitspieler sind zunächst „Schlangen“ und robben bzw. kriechen über die Mattenfläche über-, unter- und durcheinander. Sie dürfen sich dabei ein wenig festhalten und am Weiterkommen hindern. Dann werden aus den „Schlangen“ „Ameisen“, d.h. sie krabbeln auf allen Vieren.; ebenfalls wieder über-, unter- und durcheinander. Auch hier dürfen sie sich durch Halten an der Hüfte und Schultern am Fortkommen hindern.

- Die Ameisen transportieren beim Krabbeln unterschiedlich große Bälle, um die kurz gerangelt werden darf.

- Hecht im Karpfenteich (RE 40)
- Halbstarkentreffen (RG 23)

Sumo – Uhr (RA 17)

RRR
anbahnen & entwickeln

Emotional-soziale Voraussetzungen
Niedrig ✓
Mittel
Hoch

Sozialform
Partner ✓
Kleingruppe
Großgruppe

Äußere Bedingungen
Mattenfläche, klein
Mattenfläche, groß
Reißfeste Kleidung
Barfuß/Socken
Medien/Material

Charakter
Spielerisch
Übend ✓
Kämpferisch

In einem Kreis („Uhr") befinden sich zwei Spieler im Liegestütz hintereinander (Füße an Füße in der Mitte, Hände auf der Kreislinie). Ein Spieler startet in der „12-Uhr-Position", der andere in der „6 Uhr-Position". Auf ein Startzeichen hin kreisen die „Zeiger" einmal um 360°und versuchen, als erster wieder in die Ausgangsposition zu kommen.

- Zu Viert aus der 12-, 3-, 6- und 9 Uhr Position.
- Auf einer Mattenfläche kann das Spiel in der Bankstellung (Krabbeln) durchgeführt werden.

- Mit jüngeren Kinder wegen der Schulter-/Rückenbelastung nur in der Bankstellung durchführen.

- Henne und Geier (BF 24)
- Magnetische Gelenke (KK 19)
- Raupenfang (RA 39)

Umarmung (RA 18)

RRR
anbahnen & entwickeln

Emotional-soziale Voraussetzungen
Niedrig
Mittel
Hoch ✓

Sozialform
Partner ✓
Kleingruppe
Großgruppe

Äußere Bedingungen
Mattenfläche, klein
Mattenfläche, groß
Reißfeste Kleidung
Barfuß/Socken
Medien/Material

Charakter
Spielerisch ✓
Übend ✓
Kämpferisch ✓

Die beiden Partner stehen einander gegenüber und versuchen gleichzeitig, sich jeweils oberhalb der Arme des anderen zu umarmen. Gewonnen hat derjenige, dem es gelingt, seine Arme als erster über die Oberarme des anderen zu schlingen. Leichte Abwehrbewegungen dürfen dabei gemacht werden.

- Wem es gelingt, den Partner in der o.g. Form zu umarmen, darf den Partner kurz vom Boden hochheben.

- Die Arme des Partners dürfen nicht weggeschlagen werden.

- Fangen und Erlösen mit Körperkontakt (KK 4)
- Kletterbaum (RA 11)
- Affenfelsen (RE 1)

Wände einrennen (RA 19)

RRR
anbahnen & entwickeln

Emotional-soziale Voraussetzungen
Niedrig
Mittel ✓
Hoch

Sozialform
Partner
Kleingruppe
Großgruppe ✓

Äußere Bedingungen
Mattenfläche, klein
Mattenfläche, groß
Reißfeste Kleidung
Barfuß/Socken
Medien/Material ✓

Charakter
Spielerisch ✓
Übend ✓
Kämpferisch

Jeweils vier bis fünf Mitspieler halten eine hochgestellte Weichbodenmatte mit dem Rücken aufrecht. Vor diesen liegt eine weitere Weichbodenmatte (besser zwei). Aus ca. 10 Metern Entfernung versucht nun jeweils ein einzelner Mitspieler, dieses Hindernis zu überwinden, indem er mit einer entsprechenden Anlaufgeschwindigkeit gegen die aufrechtstehende Matte rennt, um so diese mitsamt den haltenden Mitspielern umzuschmeißen. Dann versucht er, hinüberzuklettern und auf die dahinterliegende Matte zu springen.

Zunächst sollte die Matte leicht genug sein, mit fortschreitender Erfahrung des Kindes kann sie aufrecht gehalten werden. (Die haltenden Mitspieler bücken sich ein wenig nach vorne.)

- Die liegenden Weichbodenmatten durch Gymnastikmatten absichern.

- Gletscherspalte (V 4)
- Sandwich (V 19)

RRR
anbahnen & entwickeln

Briefbeschwerer (RA 20)

Emotional-soziale Voraussetzungen
Niedrig
Mittel ✓
Hoch

Sozialform
Partner
Kleingruppe ✓
Großgruppe ✓

Äußere Bedingungen
Mattenfläche, klein
Mattenfläche, groß
Reißfeste Kleidung
Barfuß/Socken
Medien/Material ✓

Charakter
Spielerisch ✓
Übend
Kämpferisch

Auf einer Weichbodenmatte liegen vier bis fünf Kinder nebeneinander auf dem Bauch. Über diese wird eine Gymnastikmatte gelegt, auf die sich wiederum ein weiterer Mitspieler legt. Die unteren versuchen durch Drehen in einer Richtung die Matte mit der daraufliegenden Person fortzubewegen.

Das Spiel kann zunächst als Partnerübung ohne Matten vorbereitet werden. (Partner A legt sich quer über den Rücken des liegenden Partners B.)

- Die Weichbodenmatte sollte durch Gymnastikmatten rundherum abgesichert werden.

- Baumstammflößen (V 1)
- Schwertransporter (RA 4)
- Mausefalle (RA 13)

RRR
anbahnen & entwickeln

Moleküle (RA 21)

Emotional-soziale Voraussetzungen	
Niedrig	
Mittel	✓
Hoch	
Sozialform	
Partner	✓
Kleingruppe	
Großgruppe	
Äußere Bedingungen	
Mattenfläche, klein	
Mattenfläche, groß	
Reißfeste Kleidung	
Barfuß/Socken	
Medien/Material	✓
Charakter	
Spielerisch	✓
Übend	✓
Kämpferisch	

Zwei Spieler stehen sich gegenüber. Sie halten in Bauchhöhe einen Ball oder Luftballon ohne Hilfe der Hände zwischen sich fest. Nun versuchen sie, sich zu drehen, ohne dabei den Ball fallen zu lassen.

- Mit geschlossenen Augen.
- Ausgangsstellung: Bauch an Rücken.

- Bauchwelle (KK 1)
- Umarmung (RA 18)

RRR
anbahnen & entwickeln

Schattenboxen (RA 22)

Emotional-soziale Voraussetzungen	
Niedrig	
Mittel	✓
Hoch	
Sozialform	
Partner	✓
Kleingruppe	✓
Großgruppe	
Äußere Bedingungen	
Mattenfläche, klein	
Mattenfläche, groß	
Reißfeste Kleidung	
Barfuß/Socken	
Medien/Material	
Charakter	
Spielerisch	✓
Übend	
Kämpferisch	

Jeweils zwei bis fünf Kinder stellen pantomimisch und in extremer Zeitlupe einen Box- oder Ringkampf dar. Er kann „sehr fair" oder „unfair" geführt werden (auch „Schläge" in den Bauch sind erlaubt). In extremer Zeitlupe dürfen auch Griffe angesetzt werden.

Zunächst das Bewegen in Zeitlupe einzeln und dann paarweise übend. Eventuell auch mit Musik begleiten.

- Die Spieler können ihre Bewegungen stimmlich begleiten.

- Umarmung (RA 18)
- Moleküle (RA 21)

Kleiner und großer Bär (RA 23)

RRR
anbahnen & entwickeln

Emotional-soziale Voraussetzungen
Niedrig
Mittel
Hoch ✓

Sozialform
Partner ✓
Kleingruppe
Großgruppe

Äußere Bedingungen
Mattenfläche, klein ✓
Mattenfläche, groß
Reißfeste Kleidung
Barfuß/Socken ✓
Medien/Material

Charakter
Spielerisch ✓
Übend ✓
Kämpferisch

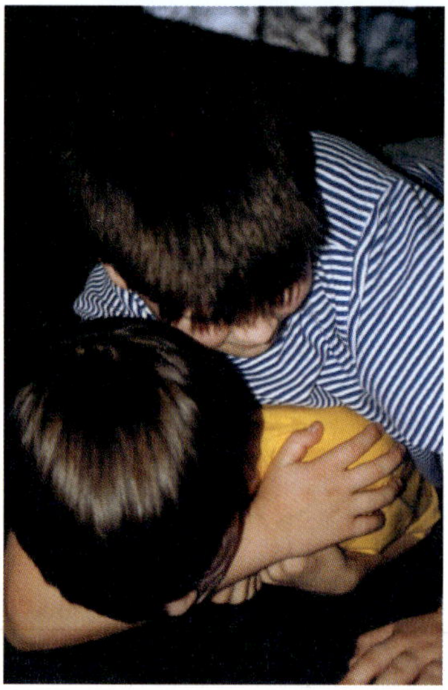

Der „Bär“ kriecht auf dem Boden, dabei sind seine Arme zur Seite ausgestreckt. Der „Höhlenforscher“ kriecht von hinten mit dem Kopf unter dem Arm des Bären durch und umfasst dessen Hals. Der „Bär“ packt den „Forscher“ an der Schulter und rollt ihn auf die Seite. Nun steht der „Höhlenforscher“ und der „Bär“ kniet vor ihm. Der „Forscher“ muss sich tief zum „Bären“ hinunterbeugen, dann folgt derselbe Bewegungsablauf.

Die Übung sollte erst langsam aufgebaut und die Dynamik allmählich gesteigert werden, da sonst Verletzungsgefahr besteht.

- Im Anschluss an die eigentliche Übung kann ein kleiner leichter Bodenkampf durchgeführt werden.

- Darauf achten, dass das Abrollen mit der Schulter bzw. mit dem Rücken beginnt und der Kopf nach vorne genommen wird.

- Rumkugeln (KK 1)
- Bauchwelle (RA 25)

RRR
anbahnen & entwickeln

Flotte Feger (RA 24)

Emotional-soziale Voraussetzungen
Niedrig ✓
Mittel
Hoch

Sozialform
Partner
Kleingruppe ✓
Großgruppe ✓

Äußere Bedingungen
Mattenfläche, klein
Mattenfläche, groß ✓
Reißfeste Kleidung
Barfuß/Socken ✓
Medien/Material ✓

Charakter
Spielerisch
Übend ✓
Kämpferisch

Verschiedene Arten von Bällen (Soft- oder Igelbälle) werden mit den Füßen (Fußgelenke gestreckt) seitlich (parallel zur Körperfront!) weggefegt oder an den Rand der Mattenfläche gerollt. Zunächst beginnt es langsam, dann werden die Bewegungen schneller und kürzer.

Bei jüngeren Kindern können die Bälle zunächst auch mit den Händen weggefegt werden.
Nach den etwas größeren Bällen werden kleinere Bälle (Tischtennisbälle, kleine Plastikbälle) und/oder Bierdeckel genommen, die weggefegt werden sollen.

- Ein Bierdeckel wird auf den Boden gelegt und muss mit dem Fuß soweit weggeschoben werden, dass man auf die Seite fällt. Dabei wird das Standbein gebeugt, der Körper natürlich gedreht und beim Bodenkontakt des Gesäßes mit dem Arm/der Hand abgeschlagen.
- „Haltet das Feld frei“ mit Bierdeckeln (zwei Mannschaften versuchen, ihr Feld von Bierdeckeln zu befreien)

- Fallen und Sichern (RA 6)
- Rumkugeln (RA 25)
- Rasenmäher (RA 34)

RRR
anbahnen & entwickeln

Rumkugeln (RA 25)

Emotional-soziale Voraussetzungen	
Niedrig	✓
Mittel	
Hoch	
Sozialform	
Partner	✓
Kleingruppe	
Großgruppe	
Äußere Bedingungen	
Mattenfläche, klein	
Mattenfläche, groß	✓
Reißfeste Kleidung	
Barfuß/Socken	✓
Medien/Material	✓
Charakter	
Spielerisch	
Übend	✓
Kämpferisch	

Partner A sitzt auf einem Ball (Pezziball), nur die Füße haben Bodenkontakt. Nun lässt er sich rückwärts fallen und beugt dabei den Oberkörper nach vorne. Partner B hält Partner A solange mit einem Arm, bis Partner A auf dem Boden liegt. Der Fallende schlägt auf dem Boden ab.

Das Hinfallen und Abrollen sollte zuvor intensiv auf dem Boden geübt werden.

- Fallenlassen ohne fremde Hilfe
- Beide Arme umfassen den Pezziball, während der Kopf (v.a. das rechte Ohr) auf dem Ball liegt. Die Füße berühren den Boden. Abrollen über den rechten Arm und landen auf der rechten Seite, mit dem linken kann abgeschlagen werden. Dann Seitenwechsel.

- Die Bälle müssen die passende Größe haben, so dass die Füße den Boden beim Sitzen noch berühren können.

- Fallen und Sichern (RA 6)
- Flotte Feger (RA 25)
- Hecht im Karpfenteich (RE 40)

RRR
anbahnen & entwickeln

Insel – Duell (RA 26)

Emotional-soziale Voraussetzungen	
Niedrig	
Mittel	✓
Hoch	
Sozialform	
Partner	
Kleingruppe	✓
Großgruppe	✓
Äußere Bedingungen	
Mattenfläche, klein	
Mattenfläche, groß	
Reißfeste Kleidung	✓
Barfuß/Socken	
Medien/Material	✓
Charakter	
Spielerisch	✓
Übend	✓
Kämpferisch	✓

Die Hälfte der Spieler steht mit einem Fuß in einem Gymnastikreifen, mit dem anderen außerhalb. Alle anderen hüpfen auf einem Bein an diesen „Inselbewohnern“ vorbei. Auf eine Zeichen hin (oder Musikstopp) versuchen sie, durch Stoßen, Ziehen an der Kleidung, Schubsen usw. einen „Inselbewohner“ aus seinem Kreis zu drängen. Wer es geschafft hat, dem gehört die „Insel“.

Zunächst das Spiel paarweise durchführen.

- Zwei Spieler stehen außerhalb eines Reifens, reichen sich die Hände und versuchen, sich gegenseitig in den Reifen zu ziehen („Komm ins Loch!“).

- Darauf hinweisen, dass die Gymnastikreifen je nach Untergrund leicht wegrutschen können (nicht darauf springen oder hüpfen).

- Komm schon her! (RA 33)
- Das ist mein Ball! (RE 2)
- Hahnenkampf (RE 7)

Schwebesitzkampf (RA 27)

RRR
anbahnen & entwickeln

Emotional-soziale Voraussetzungen	
Niedrig	✓
Mittel	
Hoch	
Sozialform	
Partner	✓
Kleingruppe	
Großgruppe	
Äußere Bedingungen	
Mattenfläche, klein	
Mattenfläche, groß	
Reißfeste Kleidung	
Barfuß/Socken	✓
Medien/Material	
Charakter	
Spielerisch	
Übend	✓
Kämpferisch	✓

Partner A und Partner B sitzen sich gegenüber und versuchen im Schwebesitz mit Hilfe von Fuß- und Beinbewegungen, den Partner aus seinem „schwebenden Gleichgewicht“ zu bringen, und zu erreichen, dass der Partner auf den Rücken „fällt“. Dabei sind die Arme vor der Brust verschränkt. Gewonnen hat der, dem es zuerst gelingt.

Vor dieser Übung sollte das Rückwärtsabrollen geübt werden.

- Darauf achten, dass der Kopf auf die Brust genommen wird.

- Fußdrücken (RE 16)
- Gegeneinander (RA 8)
- Katapult (RA 10)

RRR
anbahnen & entwickeln

Gefangenenflucht (RA 28)

Emotional-soziale Voraussetzungen
Niedrig
Mittel ✓
Hoch

Sozialform
Partner
Kleingruppe
Großgruppe ✓

Äußere Bedingungen
Mattenfläche, klein
Mattenfläche, groß
Reißfeste Kleidung
Barfuß/Socken
Medien/Material

Charakter
Spielerisch ✓
Übend
Kämpferisch ✓

Die Hälfte der Gruppe bildet einen Innenstirnkreis mit Handfassung („Gefängnis"). Die andere Hälfte der Gruppe befindet sich im Kreisinneren. Sie fassen sich mit den Händen an die eigenen Fußknöchel und schließen die Augen. Nun versuchen sie, möglichst schnell einen Ausweg aus ihrem „Gefängnis" zu finden, sofern die andere Mannschaft ihnen einen lässt. Sind alle Gefangenen geflohen, wird gewechselt. Welche Mannschaft war schneller?

Es ist wichtig, darauf hinzuweisen, dass die Mitspieler, die den Kreis bilden, ihre Position während des Spiels nicht verändern dürfen.

- Die Kreisspieler dürfen durch Aneinanderbringen der Hüften den Ausweg ein wenig enger machen.(Achtung: Füße nicht versetzen!).

- Kreisfangen (BF 23)
- Ausbrechen (RG 6)
- Mauseloch (RG 25)

RRR
anbahnen & entwickeln

Hand - Fechten (RA 29)

Emotional-soziale Voraussetzungen
Niedrig
Mittel ✓
Hoch

Sozialform
Partner ✓
Kleingruppe
Großgruppe

Äußere Bedingungen
Mattenfläche, klein
Mattenfläche, groß
Reißfeste Kleidung
Barfuß/Socken
Medien/Material

Charakter
Spielerisch ✓
Übend ✓
Kämpferisch ✓

Partner A und Partner B stehen sich mit ausgestreckten Armen und zusammengelegten Händen gegenüber. Partner A beginnt und versucht beim anderen, einen Treffer zu landen, indem er mit einer Hand an die beiden Hände des Gegners schlägt. Trifft er, darf er einen neuen Versuch starten. Gelingt es aber Partner B, die Hände rechtzeitig zurückzuziehen oder nach oben oder unten zu bewegen, ist er als nächstes an der Reihe.

Es ist zweckmäßig, eine Bodenzone zu markieren, die nicht verlassen werden darf.

- Fechten auf einem Schwebebalken oder auf einer umgedrehten langen Bank.

- Hände-Klatschen (RA 9)
- Rückenklopfen (RE 24)
- Federn lassen (RE 31)

RRR
anbahnen & entwickeln

Igel – Stachel – Klau (RA 30)

Emotional-soziale Voraussetzungen	
Niedrig	
Mittel	
Hoch	✓
Sozialform	
Partner	
Kleingruppe	✓
Großgruppe	✓
Äußere Bedingungen	
Mattenfläche, klein	
Mattenfläche, groß	
Reißfeste Kleidung	
Barfuß/Socken	
Medien/Material	✓
Charakter	
Spielerisch	✓
Übend	
Kämpferisch	

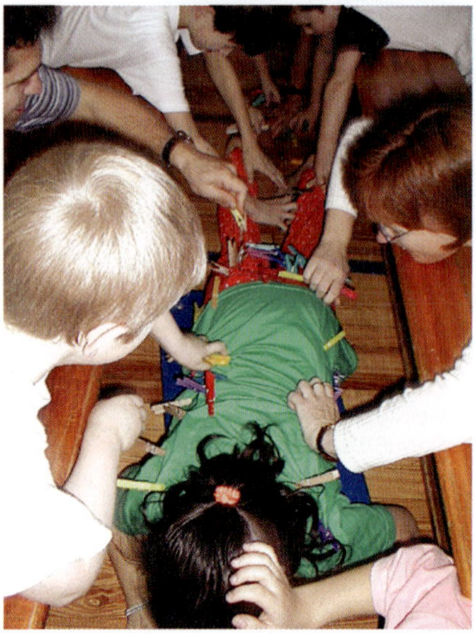

Aus zwei Langbänken wird eine ca. 60 Zentimeter breite Gasse gebildet. Zwei Gruppen knien hinter den Bänken auf dem Boden. Ein Kind („Igel") liegt auf einem Rollbrett am Eingang der Gasse. Am Rücken, Gesäß und den Beinen sind ca. 30 Wäscheklammern befestigt. Während das Kind nun durch die Gasse fährt, sollen die anderen Mitspieler versuchen, möglichst viele „Stacheln" des Igels abzupflücken. Dabei haben sie aber die Augen geschlossen oder verbunden. Die Kinder müssen während des ganzen Durchgangs die Knie auf dem Boden lassen.

Der Korridor sollte so breit bzw. schmal gemacht werden, dass der „Igel" so gerade mit den Händen erreicht werden kann. Die Knie sollen auf jeden Fall auf dem Boden bleiben.

- Der „Igel" darf so oft durch die Gasse fahren bis er keine „Stacheln" mehr hat.
- Als Wettkampf: Welcher „Igel" verliert die wenigsten „Stachel"?

- Festhalten an der Kleidung oder am Kopf und Aufstehen sind nicht erlaubt.

- Treue Seelen (KK 25)
- Farbe bekennen (RA 39)
- Nachträuber (RE 5)

Tauziehen – Variationen (RA 31)

RRR
anbahnen & entwickeln

Emotional-soziale Voraussetzungen	
Niedrig	
Mittel	✓
Hoch	
Sozialform	
Partner	✓
Kleingruppe	✓
Großgruppe	
Äußere Bedingungen	
Mattenfläche, klein	
Mattenfläche, groß	
Reißfeste Kleidung	
Barfuß/Socken	
Medien/Material	✓
Charakter	
Spielerisch	✓
Übend	✓
Kämpferisch	✓

1. Die beiden Partner hocken auf einem Medizinball und versuchen, sich durch Ziehen am Seil vom Ball zu schubsen. Das Seil darf dabei nicht losgelassen werden.
2. Die beiden Partner haben als „Krone“ eine Frisbeescheibe oder ein Sandsäckchen auf dem Kopf. Derjenige, dessen Krone zuerst herunterfällt, hat verloren.
3. Jeweils ein Paar bildet „Pferd und Reiter“ (Partner A in „Kleine Bank-Position“, Partner B sitzt auf seinem Rücken).Die jeweiligen Reiter halten das Seil fest und versuchen durch Ziehen und Nachgeben, den jeweiligen anderen Reiter vom Pferd abzuwerfen.

- Die oben genannten Variationen im Stand auf einem Medizinball in der Kreisform (Kreistauziehen) durchführen.

- Wird die Übung im Stand gespielt, sollte das Abrollen beherrscht werden.

- Zerreißprobe (RG 1)
- Viereckziehen (RG 2)

RRR
anbahnen & entwickeln

Papiertiger (RA 32)

Emotional-soziale Voraussetzungen	
Niedrig	
Mittel	✓
Hoch	
Sozialform	
Partner	
Kleingruppe	✓
Großgruppe	
Äußere Bedingungen	
Mattenfläche, klein	
Mattenfläche, groß	
Reißfeste Kleidung	
Barfuß/Socken	
Medien/Material	✓
Charakter	
Spielerisch	✓
Übend	
Kämpferisch	

Jeweils zwei Kinder befestigen mit Hilfe von Wäscheklammern ein Zeitungsblatt an bzw. zwischen ihren Hüften. Sie suchen sich ein anderes Paar und führen mit diesem kleine Kämpfchen durch (z.B. Rücken an Rücken – Wegschieben, einander gegenüberstellen und an den Schultern über eine Linie zu sich hinziehen, Hand-Fechten....). Gewonnen hat das Team, das, ohne das Zeitungsblatt zu zerreißen, das ausgewählte Kämpfchen mit dem anderen Team erfolgreich bewältigt. Die beiden zusammen kämpfenden Partner dürfen sich nicht an die Hände nehmen.

Zur Einführung in diese Paarkämpfchen bzw. in diese Form der gemeinsamen und abgestimmten Bewegung kann zunächst einmal Nachlaufen oder Fangen gespielt werden. Dabei bewegen sich immer zwei Mitspieler in der beschriebenen Form zusammen.

- Statt „Zwei gegen Zwei“ kann das Spiel auch „Drei gegen Drei“, „Vier gegen Vier“ usw. durchgeführt werden.

- Komm’ schon her! (RA 33)
- Rückenschieberei (RG 18)
- Bis hierhin und nicht weiter! (RG 28)

Komm' schon her! (RA 33)

RRR
anbahnen & entwickeln

Emotional-soziale Voraussetzungen	
Niedrig	
Mittel	✓
Hoch	
Sozialform	
Partner	
Kleingruppe	✓
Großgruppe	✓
Äußere Bedingungen	
Mattenfläche, klein	
Mattenfläche, groß	
Reißfeste Kleidung	✓
Barfuß/Socken	
Medien/Material	
Charakter	
Spielerisch	✓
Übend	✓
Kämpferisch	✓

Die gesamte Gruppe bildet Paare, die sich in Gassen einander gegenüber stellen. Eine Seite bildet die Mannschaft A, die andere B. Jetzt versucht jeder, seinen Partner über die Linie zu sich zu ziehen. Am Ende wird gezählt, welche Mannschaft es geschafft hat, die meisten zu sich hinüber gezogen haben. Gezogen wird zunächst an den Händen oder am Arm.

Vorbereitung dieses Spiels als Paarübung.

- Sofern die Mitspieler Judokleidung tragen, kann das Spiel auch durch Ziehen am Judogürtel durchgeführt werden.

- Die Ziehenden sind für die Sicherheit der Partner verantwortlich.
- Wenn der Partner über die Linie gezogen worden ist, nicht abrupt abbrechen, sondern erst den sicheren Stand des Partners gewährleisten.

- Papiertiger (RA 32)
- Rückenringkampf (RE 26)

Rasenmäher (RA 34)

RRR
anbahnen & entwickeln

Emotional-soziale Voraussetzungen
Niedrig ✓
Mittel
Hoch

Sozialform
Partner
Kleingruppe
Großgruppe ✓

Äußere Bedingungen
Mattenfläche, klein
Mattenfläche, groß ✓
Reißfeste Kleidung
Barfuß/Socken ✓
Medien/Material ✓

Charakter
Spielerisch ✓
Übend ✓
Kämpferisch

Die gesamte Gruppe bewegt sich laufend oder hüpfend durch den Raum bzw. über die Mattenfläche. Der Spielleiter und ein weiterer Partner stehen sich gegenüber und spannen eine Zauberschnur über die gesamte Länge der Mattenfläche. Sie laufen gemeinsam zur anderen Spielfeldseite, und halten dabei die Schnur(mit Tempowechsel und mit Wechsel in der Höhe). Die Mitspielerinnen sollen über die Zauberschnur springen, darunter her krabbeln oder sich rückwärts fallen lassen. Sie müssen sich dabei ganz schnell entscheiden.

Das Spiel kann vorbereitet werden durch Seilchenspringen im Kreis.

- Zwei Zauberschnüre einsetzen.
- Wer einmal von der Zauberschnur berührt wurde, muss sich rückwärts fallen lassen und sofort wieder aufstehen.

- Ein absichtliches Festhalten der Zauberschnur ist verboten.

- Auf und Nieder (RA 35)
- Hecht im Karpfenteich (RE 40)
- Flohkiste (RG 35)

RRR
anbahnen & entwickeln

Auf und Nieder (RA 35)

Emotional-soziale Voraussetzungen
Niedrig
Mittel ✓
Hoch

Sozialform
Partner
Kleingruppe
Großgruppe ✓

Äußere Bedingungen
Mattenfläche, klein
Mattenfläche, groß ✓
Reißfeste Kleidung
Barfuß/Socken ✓
Medien/Material

Charakter
Spielerisch ✓
Übend
Kämpferisch

Alle Kinder krabbeln auf der Mattenflächen dicht aneinander vorbei oder übereinander hinweg und tippen sich dabei vorsichtig auf den Rücken. Wer angetippt wurde, muss sich flach auf den Bauch legen, darf dann aber wieder weiterkrabbeln.

- Statt Tippen, den Namen desjenigen benennen, den man berührt (oder auch beides).

- Schlangengrube und Ameisenhaufen (RA 16)
- Halbstarkentreffen (RG 23)
- Flohkiste (RG 35)

Raupenfang (RA 36)

RRR
anbahnen & entwickeln

Emotional-soziale Voraussetzungen
Niedrig
Mittel ✓
Hoch

Sozialform
Partner
Kleingruppe
Großgruppe ✓

Äußere Bedingungen
Mattenfläche, klein
Mattenfläche, groß
Reißfeste Kleidung
Barfuß/Socken
Medien/Material

Charakter
Spielerisch ✓
Übend
Kämpferisch

Die Mitspieler stellen sich als Raupe (d.h. Polonaisenaufstellung) hintereinander auf und halten sich mit ihren Händen an der Hüfte des Vordermannes fest. Der Kopf der Raupe soll ihr eigenes Körperende durch Abschlagen oder Herausziehen eines Tuches fangen. Der Körperkontakt darf dabei zwischen den Spielern nicht gelöst werden.

Das Spiel sollte zunächst einmal nur im Gehen durchgeführt werden.

- Mehrere Raupen bewegen sich durch den Raum.
- Die Raupe bewegt sich im Krabbeln vorwärts (dazu Mattenfläche erforderlich).

Wegen der schnellen Bewegungen auf engem Raum tragen entweder alle Turnschuhe oder sind barfuß.

- Henne und Geier (BF 24)
- Tauloses Tauziehen (RE 33)
- Trotzphase (RG 4)

RRR
anbahnen & entwickeln

Ringrichter (RA 37)

Emotional-soziale Voraussetzungen	
Niedrig	
Mittel	✓
Hoch	
Sozialform	
Partner	
Kleingruppe	
Großgruppe	✓
Äußere Bedingungen	
Mattenfläche, klein	
Mattenfläche, groß	
Reißfeste Kleidung	
Barfuß/Socken	
Medien/Material	✓
Charakter	
Spielerisch	✓
Übend	
Kämpferisch	

Mehrere Seilchen, Judogürtel oder ein Tau werden so verknotet, dass ein „Ring“ entsteht. Bis auf einen stehen alle Spieler außen um den Ring herum und halten ihn mit beiden Händen fest. Der Spieler in der Mitte hat die Aufgabe, irgendeinen anderen Mitspieler abzuschlagen. Diejenigen, die sich bedroht fühlen, dürfen jedoch das Seil loslassen und ihre Hände in Sicherheit bringen. Der Mittelspieler wird gewechselt, wenn es ihm gelingt, jemanden abzuschlagen oder wenn so viele Mitspieler das Tau losgelassen haben, dass es auf den Boden fällt.

Der Mittelkreis der Turnhalle kann zur Orientierung der Grundaufstellung dienen.

- Eventuell zwei oder auch mehr Mittelspieler einsetzen.
- Kreistauziehen (ohne Mittelspieler).

- Auf feste Verknotungen der Seilchen oder des Taus achten.

- Drehwurm (BF 14)
- Hand-Fechten (RA 29)

Monsterball (RA 38)

RRR
anbahnen & entwickeln

Emotional-soziale Voraussetzungen	
Niedrig	✓
Mittel	
Hoch	
Sozialform	
Partner	
Kleingruppe	
Großgruppe	✓
Äußere Bedingungen	
Mattenfläche, klein	
Mattenfläche, groß	✓
Reißfeste Kleidung	
Barfuß/Socken	✓
Medien/Material	✓
Charakter	
Spielerisch	✓
Übend	
Kämpferisch	

Den Mitspielerinnen werden die Arme an die eigenen Unterschenkel gebunden. In der so entstandenen Haltung soll ein Pezzi- oder ein Gymnastikball in ein Ziel (Tor) befördert werden. Es kann auch paarweise gespielt werden.

Vor Spielbeginn fallen und abrollen üben (vgl. z.B. RA 25)

- Die Hände können (ohne Festbinden) die Fußgelenke festhalten.

- Die Arme nicht zu fest an die Unterschenkel binden, ein wenig Spielraum lassen.

- Rumkugeln (RA 25)
- Gefangenenflucht (RA 28)
- Verkettet (RE 9)

RRR
anbahnen & entwickeln

Farbe bekennen (RA 39)

Emotional-soziale Voraussetzungen
Niedrig ✓
Mittel
Hoch

Sozialform
Partner ✓
Kleingruppe
Großgruppe

Äußere Bedingungen
Mattenfläche, klein
Mattenfläche, groß
Reißfeste Kleidung
Barfuß/Socken
Medien/Material ✓

Charakter
Spielerisch ✓
Übend ✓
Kämpferisch

Die beiden Spieler ziehen aus einem Beutel verdeckt je eine bunte Wäscheklammer und stellen sich so einander gegenüber, dass sie beim Anstecken der Klammer an ihrem Rücken die Farbe nicht erkennbar werden lassen. Ziel des Spiels ist es, die Farbe der Wäscheklammer seines Partners als erster herauszufinden. Danach wird eine neue Klammer gezogen und das Spiel beginnt von neuem. Wer die falsche Farbe benennt, hat verloren.

Darauf hinweisen, dass ein Raten wenig Zweck hat.

- Zuerst ohne Körperkontakt, später mit Festhalten.

- Umarmung (RA 18)
- Rückenklopfen (RE 24)

RRR
anbahnen & entwickeln

Wachklopfereien (RA 40)

Emotional-soziale Voraussetzungen	
Niedrig	✓
Mittel	
Hoch	
Sozialform	
Partner	✓
Kleingruppe	✓
Großgruppe	✓
Äußere Bedingungen	
Mattenfläche, klein	
Mattenfläche, groß	
Reißfeste Kleidung	
Barfuß/Socken	
Medien/Material	
Charakter	
Spielerisch	✓
Übend	
Kämpferisch	
Schwerpunkte	
Technik/Taktik	
Koordination	
Kraft	
Ausdauer	

Jeder bewegt sich auf der Stelle: Federn, hüpfen u.ä.. Man klopft sich selbst dabei „wach“: Trommeln mit Fingern beider Hände auf den Kopf, leichtes Schlagen und Tätscheln mit den Händen auf den Kopf, fortlaufendes Abklopfen der Körperoberfläche mit den Händen (Schulter, Ober - und Unterarm, Brust, Bauch, Hüften, Po, Becken, Ober- und Unterschenkel, Füße). Wenn möglich, wird dies auch kreuzweise durchgeführt: Die linke Hand beklopft die rechte Körperhälfte und umgekehrt.

Das ganze Spiel kann mit Musik begleitet werden.

- Als Partnerübung oder in Kreisaufstellung sich gegenseitig wach klopfen.

- Urschrei (BF 10)
- Rückenmassage (KK 16)
- Ringerdusche (KK 17)

4.3.5 Ringen, Rangeln und Raufen

– erproben und verfeinern –

Affenfelsen (RE 1)

RRR
erproben & verfeinern

Emotional-soziale Voraussetzungen	
Niedrig	
Mittel	
Hoch	✓
Sozialform	
Partner	✓
Kleingruppe	
Großgruppe	
Äußere Bedingungen	
Mattenfläche, klein	✓
Mattenfläche, groß	
Reißfeste Kleidung	✓
Barfuß/Socken	✓
Medien/Material	
Charakter	
Spielerisch	✓
Übend	✓
Kämpferisch	

Partner A ist in Bankstellung. Partner B legt sich vorsichtig quer über den Rücken von Partner A und versucht, möglichst weit um ihn herumzuklettern. Dabei darf er sich an der Kleidung (Judojacke) von A festhalten.

Die beiden Partner sollten möglichst gleich groß und schwer sein. Problemlos kann jedoch ein kleinerer, leichterer Partner um einen größeren herumklettern.

- Der Affenfelsen kann auch aus zwei Kindern bestehen
- A kann auch Unterstützung geben, indem er mit einem (vom Boden gelösten) Arm das Herunterfallen des Mitspielers verzögert.

- Darauf achten, dass die Arme des stützenden Partners durchgedrückt möglichst senkrecht stehen und die Hände breit aufgesetzt werden.
- Das herumkletternde Kind sollte nicht zu lange auf dem Rücken des Partners liegen.

- Kletterbaum (RA 11)

RRR
erproben & verfeinern

Das ist mein Ball (RE 2)

Emotional-soziale Voraussetzungen	
Niedrig	
Mittel	✓
Hoch	
Sozialform	
Partner	✓
Kleingruppe	
Großgruppe	
Äußere Bedingungen	
Mattenfläche, klein	✓
Mattenfläche, groß	
Reißfeste Kleidung	✓
Barfuß/Socken	✓
Medien/Material	✓
Charakter	
Spielerisch	✓
Übend	✓
Kämpferisch	

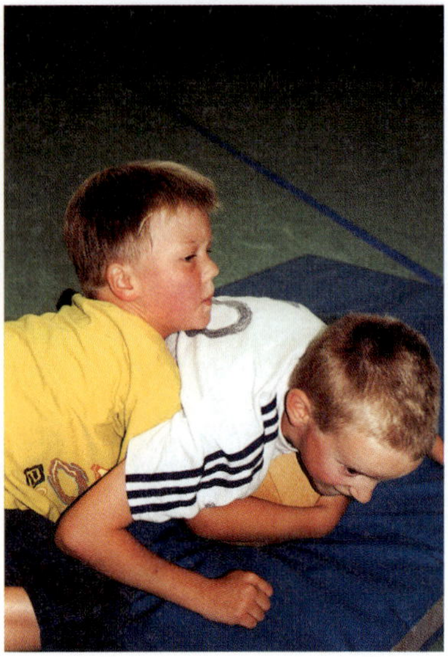

Ein Medizinball wird auf eine Matte gelegt und Partner A legt sich mit dem Bauch auf den Ball. Er stützt sich mit den seitlich abgewinkelten Armen bzw. Händen auf den Boden, die Beine sind ebenfalls leicht gegrätscht. Partner B versucht, den Ball unter Partner A wegzuziehen oder wegzudrücken, ohne ihn zu berühren. Partner A darf dies erschweren, indem er sein Gewicht entsprechend verlagert.

Bei kleineren oder jüngeren Kindern empfiehlt es sich, statt des Medizinballs einen Gymnastikball zu nehmen. Es ist auch günstig, zunächst die Übung zu demonstrieren.

- B darf (nur) an Schulter und Hüfte von Partner A ansetzen (evtl. auch Gürtel)
- B darf gleichzeitig sowohl am Ball wie auch am Körper ansetzen
- Als Gruppenspiel: Für die Hälfte der Gruppe liegen Matten mit Bällen bereit. Alle laufen zur Musik, bei Musikstopp versuchen, die Spieler, sich schnell auf einen freien Ball zu legen. Die anderen versuchen in der oben beschriebenen Weise an die Bälle zu kommen. Wenn die Musik wieder einsetzt, laufen alle weiter.
- Es sollte geklärt werden, ob A sich auch an den Mattenkanten festhalten darf.

- Auf jeden Fall eine Gymnastikmatte unterlegen.

- Unumstößlich (RE 4)
- Käseraub (RE 38)
- Schatz vergraben und Bewachen (RE 39)
- Schildkrötendrehen (RG 13)

RRR
erproben & verfeinern

Halten und Drehen (RE 3)

Emotional-soziale Voraussetzungen
Niedrig
Mittel
Hoch ✓

Sozialform
Partner ✓
Kleingruppe
Großgruppe

Äußere Bedingungen
Mattenfläche, klein ✓
Mattenfläche, groß
Reißfeste Kleidung
Barfuß/Socken
Medien/Material

Charakter
Spielerisch ✓
Übend ✓
Kämpferisch

Partner A kniet neben Partner B, der bäuchlings auf einer Matte liegt; A hält diesen mit beiden Händen (von oben) kräftig an der Hüfte fest. Partner B soll versuchen, sich gegen den Widerstand von Partner A umzudrehen, wobei beide Drehrichtungen und auch Antäuschen erlaubt sind.
Nach dem Rollentausch der Partner beginnt das Spiel von vorn. Diesmal erfolgt z.B. das Fest- bzw. Niederhalten an den Schultern.

Es ist günstig, wenn zwei gleich große und schwere Partner zusammen üben. Vor dem Üben empfiehlt sich eine Demonstration möglicher Drehbewegungen und Festhaltemöglichkeiten.

- A legt sich quer mit dem Bauch auf die Hüfte von B.
- Zwei Mitspieler versuchen, einen Dritten festzuhalten.
- Der liegende Partner versucht, in Bauchlage zu verharren, der andere versucht, ihn in Rückenlage zu bringen.

- Nicht unmittelbar oberhalb der Hüfte festhalten.
- Nicht auf einem normalen Turnhallenboden durchführen.

- Schwertransport (RA 4)
- Mausefalle (RA 13)
- Briefbeschwerer (RA 20)
- Unumstößlich (RE 4)

Unumstößlich (RE 4)

RRR
erproben & verfeinern

Emotional-soziale Voraussetzungen
Niedrig
Mittel ✓
Hoch

Sozialform
Partner ✓
Kleingruppe
Großgruppe

Äußere Bedingungen
Mattenfläche, klein ✓
Mattenfläche, groß
Reißfeste Kleidung
Barfuß/Socken
Medien/Material ✓

Charakter
Spielerisch ✓
Übend ✓
Kämpferisch

Partner A befindet sich in Bankstellung, wobei Hände wie Knie ein wenig nach außen aufgesetzt werden, um eine stabile Position zu erhalten. Partner B versucht, durch Ziehen und Schieben an Hüfte und Schulter Partner A aus dem Gleichgewicht zu bringen und auf die Seite zu schubsen. Er darf dabei auch plötzlich zwischen Ziehen und Schieben wechseln.

Es ist günstig, wenn beide Partner annähernd gleich groß und schwer sind. Im Gegensatz zu anderen Übungen dieser Art empfiehlt es sich, zunächst keine Tipps zu geben bzw. die Übenden experimentieren zu lassen.

- Es darf nur an der Hüfte und an den Schultern angesetzt werden.

- Schildkrötendrehen (RG 13)
- Wildpferd zähmen (RG 37)

RRR
erproben & verfeinern

Nachträuber (RE 5)

Emotional-soziale Voraussetzungen	
Niedrig	
Mittel	✓
Hoch	
Sozialform	
Partner	
Kleingruppe	✓
Großgruppe	✓
Äußere Bedingungen	
Mattenfläche, klein	
Mattenfläche, groß	✓
Reißfeste Kleidung	
Barfuß/Socken	✓
Medien/Material	✓
Charakter	
Spielerisch	✓
Übend	✓
Kämpferisch	

Die Gruppe wird in zwei Mannschaften eingeteilt. Jeder Mitspieler hat ein Tuch am Oberarm befestigt und die Augen verbunden. Auf das Startzeichen hin versucht jede Mannschaft, innerhalb eines vorher festgelegten Spielfeldes der anderen Mannschaft in einer bestimmten Zeit möglichst viele Tücher abzunehmen. Dabei darf es zu kleineren Rangeleien kommen. Angriffsfläche ist nur der Oberkörper. Siegermannschaft ist die, die die meisten Tücher erbeutet hat.

Bei jüngeren Kindern sollte das Spiel zunächst mit offenen und dann mit geschlossenen Augen durchgeführt werden. Auf das Verbinden der Augen sollte verzichtet werden.

- Auf einer großen Mattenfläche im Kniegang oder im Spinnengang.
- Zwei Tücher pro Person.
- Tücher an den Beinen (Ober-, Unterschenkel) anbringen.

- Laufen ist verboten.
- Darauf achten, dass die Mitspieler sich mit den Armen während der Vorwärtsbewegung nach vorne und zur Seite absichern.
- Vorher Stoppsignal zur Unterbrechung des Spiels vereinbaren.

- Igel-Stachel-Klau (RA 30)
- Spinnefeind (RG 37)

Wildpferd zähmen (RE 6)

RRR
erproben & verfeinern

Emotional-soziale Voraussetzungen	
Niedrig	
Mittel	✓
Hoch	
Sozialform	
Partner	
Kleingruppe	✓
Großgruppe	✓
Äußere Bedingungen	
Mattenfläche, klein	
Mattenfläche, groß	✓
Reißfeste Kleidung	✓
Barfuß/Socken	✓
Medien/Material	
Charakter	
Spielerisch	✓
Übend	✓
Kämpferisch	✓

Es werden zwei Mannschaften gebildet. Team A („Indianer") versucht die „Wildpferde" (Team B) in folgender Art und Weise zu zähmen: Die „Wildpferde" sind in Bankstellung und die „Indianer" versuchen hinter die „Wildpferde" zu kommen, um diese an den Hüften zu umklammern. Mit der Umklammerung sind diese gezähmt. Die „Wildpferde" versuchen ihrerseits, sich wegzudrehen und auszuweichen, um die Umklammerung zu verhindern. Diese dürfen die Hände nicht vom Boden abheben.

Das Spiel zunächst als Partnerübung vorbereiten.

- Die „Wildpferde" sind erst dann gezähmt, wenn die „Indianer" diese für mindestens 10 bis 15 Sek. festgehalten haben.

- Darauf achten, dass die Hände der „Wildpferde" nicht vom Boden genommen werden.

- Schildkrötendrehen (RG 13)
- Werwolf (RG 15)

Hahnenkämpfchen (RE 7)

RRR
erproben & verfeinern

Emotional-soziale Voraussetzungen
Niedrig
Mittel ✓
Hoch

Sozialform
Partner ✓
Kleingruppe ✓
Großgruppe

Äußere Bedingungen
Mattenfläche, klein
Mattenfläche, groß
Reißfeste Kleidung
Barfuß/Socken
Medien/Material

Charakter
Spielerisch ✓
Übend ✓
Kämpferisch ✓

Jeweils zwei Spieler stehen bzw. hüpfen auf einem Bein, haben die Arme vor der Brust verschränkt und versuchen, sich gegenseitig durch Schubsen an den Schultern so aus dem Gleichgewicht zu bringen, dass der andere Fuß aufgesetzt werden muss.

Es empfiehlt sich, vorher für jedes Paar eine nicht zu große eigene Kampffläche festzulegen (z.B. durch die Markierungen auf dem Hallenboden).

- Die Arme nicht verschränken, so dass ein Ziehen am Körper bzw. der Kleidung des Partners möglich wird.
- Als Gruppenwettkampf. Wer den anderen Fuß aufsetzt, scheidet aus. Sieger ist, wer zuletzt übrig bleibt.
- A und B befinden sich in Hocke einander gegenüber und legen die Handflächen aneinander. Ziel ist, sich gegenseitig umzudrücken. Es verliert der, der zuerst ein Knie oder das Gesäß auf dem Boden hat.
- Beide stehen und haben beide Füße am Boden. Sie versuchen gegenseitig mit den Händen, ein Bein des Partners am Oberschenkel vom Boden abzuheben.

- Darauf achten, dass die Kämpfenden immer nah zusammenbleiben bzw. aus nicht zu großer Entfernung aufeinander zuhüpfen.

- Rodeo (RE 8)
- Verkettet (RE 9)
- Tango-Randale (RE 17)
- Füßeln (RE 18)

Rodeo (RE 8)

RRR
erproben & verfeinern

Emotional-soziale Voraussetzungen	
Niedrig	
Mittel	
Hoch	✓
Sozialform	
Partner	✓
Kleingruppe	✓
Großgruppe	
Äußere Bedingungen	
Mattenfläche, klein	
Mattenfläche, groß	✓
Reißfeste Kleidung	
Barfuß/Socken	✓
Medien/Material	
Charakter	
Spielerisch	✓
Übend	✓
Kämpferisch	✓

Partner A geht in Bankstellung und stützt sich auf seinem Ellbogen ab. Partner B setzt sich auf dessen Rücken, möglichst nah an das Gesäß. Nun verschränkt der „Reiter" seine Füße hinter den Oberschenkeln des „Pferdes". Dieses versucht durch Strecken der Beine, durch Drehungen und/oder durch plötzliches Abstoppen der Vorwärtsbewegung, den „Reiter" abzuschütteln (dabei bleiben die Unterarme/Ellbogen auf dem Boden). Der „Reiter" darf sich nicht an der Kleidung oder dem Körper des „Pferdes" festhalten.

Vor diesem Spiel sollte das „Reiten" in Form einer Staffel geübt werden.

- Durch Hin- und Herbewegungen darf der „Reiter" versuchen, das „Pferd" umzuwerfen.
- Das „Pferd" darf die Hände und Arme vom Boden lösen.

- Darauf achten, dass der „Reiter" nah am Gesäß des „Pferdes" sitzt.

- Federklau (RE 11)
- Federn lassen (RE 31)

Verkettet (RE 9)

RRR
erproben & verfeinern

Emotional-soziale Voraussetzungen	
Niedrig	
Mittel	✓
Hoch	
Sozialform	
Partner	✓
Kleingruppe	
Großgruppe	
Äußere Bedingungen	
Mattenfläche, klein	
Mattenfläche, groß	✓
Reißfeste Kleidung	
Barfuß/Socken	✓
Medien/Material	✓
Charakter	
Spielerisch	✓
Übend	✓
Kämpferisch	✓

Beide Partner stehen sich gegenüber und haben ihre Füße mit einem Seilchen oder mit einem Judogürtel aneinander gebunden. Die beiden Seilchen bzw. Gürtel überkreuzen sich dabei in der Mitte. Ziel des Spiel ist es, durch schnelles und überraschendes Ziehen mit den Beinen, den Partner aus dem Gleichgewicht und zu Fall zu bringen.

Darauf achten, dass die Seilchen nicht zu kurz sind, damit genügend Spielraum für das Ziehen mit den Beinen bleibt. Man kann das Spiel vorbereiten, indem die beiden Partner einander gegenübersitzen und zunächst versuchen, sich durch Rückwärtskrabbeln wegzuziehen.

- Die Kämpfenden haben ein Sandsäckchen auf dem Kopf, das nicht herunterrutschen soll.

- Die Seilchen nicht zu eng am Fußgelenk befestigen. Am besten über der Kleidung anbringen.

- Hahnenkämpfchen (RE 7)
- Gefangenenflucht (RA 28)
- Monsterball (RA 38)

RRR
erproben & verfeinern

Wegschleifen (RE 10)

Emotional-soziale Voraussetzungen	
Niedrig	
Mittel	✓
Hoch	
Sozialform	
Partner	✓
Kleingruppe	
Großgruppe	
Äußere Bedingungen	
Mattenfläche, klein	
Mattenfläche, groß	
Reißfeste Kleidung	
Barfuß/Socken	
Medien/Material	✓
Charakter	
Spielerisch	✓
Übend	✓
Kämpferisch	✓

Partner A liegt auf dem Bauch und hält mit beiden Händen ein Seilchen (oder einen Judogürtel) fest, in dessen Mitte eine Wäscheklammer befestigt ist. Partner B hält das andere Ende des Seilchens und zieht es nun in Richtung eines vorher festgelegten Ziels. Währenddessen versucht Partner A, sich immer näher an die Klammer heranzuziehen und sie abzuziehen, bevor das Ziel erreicht ist.

Es ist eventuell sinnvoll, größere und schwerere Kinder durch zwei Mitspieler wegschleifen zu lassen.
Bei Böden, auf denen man schlecht rutschen kann, sollte man eine umgedrehte Teppichfliese oder ein Handtuch unterlegen.

- In Rückenlage. Wenn die Klammer erreicht wird, versuchen, ihn zu Fall zu bringen (nur auf Judomattenfläche).

- Der Gezogene darf das Seilchen auf keinen Fall plötzlich loslassen.

- Monsterball (RA 38)
- Magnet (RE 22)
- Trotzphase (RG 4)

RRR
erproben & verfeinern

Federklau (RE 11)

Emotional-soziale Voraussetzungen	
Niedrig	
Mittel	
Hoch	✓
Sozialform	
Partner	
Kleingruppe	✓
Großgruppe	✓
Äußere Bedingungen	
Mattenfläche, klein	
Mattenfläche, groß	✓
Reißfeste Kleidung	✓
Barfuß/Socken	✓
Medien/Material	✓
Charakter	
Spielerisch	✓
Übend	
Kämpferisch	✓

Die Mitspieler gehen jeweils zu dritt zusammen und bilden Pferd und Reiter (Partner A steht aufrecht, Partner B gebeugt hinter ihm, und hält sich an den Hüften von A fest, Partner C sitzt auf dem Rücken von B und hat eine Kopfbedeckung wie Feder, Pudelmütze o.ä. auf). Sie suchen sich ein anderes Team, um mit ihm um die Kopfbedeckung zu kämpfen.

- Darauf achten, dass der „Reiter" möglichst nah am Gesäß des tragenden Mitspielers sitzt.

- Federn lassen (RE 31)

RRR
erproben & verfeinern

Ballwache (RE 12)

Emotional-soziale Voraussetzungen

Niedrig	
Mittel	✓
Hoch	
Sozialform	
Partner	
Kleingruppe	
Großgruppe	✓
Äußere Bedingungen	
Mattenfläche, klein	
Mattenfläche, groß	✓
Reißfeste Kleidung	✓
Barfuß/Socken	✓
Medien/Material	✓
Charakter	
Spielerisch	✓
Übend	
Kämpferisch	✓

Es werden zwei Gruppen eingeteilt, die einen inneren und äußeren Innenstirnkreis bilden. In der Mittel liegen Bälle (Medizinbälle, Basketbälle, Pezibälle...). Der innere Kreis hat die Aufgabe, die Bälle zu bewachen, die die Mitspieler des äußeren Kreises erobern wollen. Zunächst dürfen sie versuchen, durch die Beine der Mittelspieler zu krabbeln bzw. zwischen diesen durchzukommen. Für jeden aus dem inneren Kreis herausgeholten Ball gibt es einen Punkt.

- Das ganze Spiel auf allen Vieren durchführen.

- Darauf achten, dass die Spieler des Mittelkreises sich nicht loslassen.

- Schatz begraben und bewachen (RE 39)
- Zerreißprobe (RG 1)
- Klau' den König (RG 9)
- Mauseloch (RG 25)
- Bodenrugby (RG 33)

RRR
erproben & verfeinern

Bauchziehen (RE 13)

Emotional-soziale Voraussetzungen	
Niedrig	
Mittel	✓
Hoch	
Sozialform	
Partner	✓
Kleingruppe	
Großgruppe	
Äußere Bedingungen	
Mattenfläche, klein	
Mattenfläche, groß	
Reißfeste Kleidung	
Barfuß/Socken	
Medien/Material	✓
Charakter	
Spielerisch	
Übend	✓
Kämpferisch	

Partner A und Partner B liegen sich in Bauchlage gegenüber und reichen sich die Hände. Ziel ist, den anderen zu sich herüber zu ziehen, ohne selbst gezogen zu werden.

Die Partner sollten annähernd gleich schwer, und entweder beide barfuss oder beide mit Schuhen bekleidet sein, weil dies die Haftung auf dem Boden beeinflusst (zum Abstoßen auf der Matte oder zum Festhaken am Mattenrand).

- Die Partner geben sich nur eine Hand, mit der anderen stützen sie sich auf dem Boden ab.

- Liegestützkämpfchen (RE 21)
- Medizinballschieben (RE 23)

Klemmball (RE 14)

RRR
erproben & verfeinern

Emotional-soziale Voraussetzungen	
Niedrig	
Mittel	✓
Hoch	
Sozialform	
Partner	✓
Kleingruppe	
Großgruppe	
Äußere Bedingungen	
Mattenfläche, klein	
Mattenfläche, groß	
Reißfeste Kleidung	
Barfuß/Socken	
Medien/Material	✓
Charakter	
Spielerisch	✓
Übend	✓
Kämpferisch	

Zwei Spieler stehen sich einander gegenüber und haben je einen Gymnastikball in Höhe der Knie zwischen den Beinen eingeklemmt. Sie sollen versuchen, den Ball des Partners wegzuschlagen, ohne selber dabei wegzuhüpfen. Der eigene Ball sollte nicht verloren gehen.

Eine Vorstufe bzw. eine Vorbereitung des Spiels stellt das Rückenklopfen (RE 24) dar.

- Weghüpfen und Verfolgen wird erlaubt.
- Ein zweiter Ball wird zwischen Ellbogen und Rumpf eingeklemmt.

- Möglichst die Köpfe während des Spiels unten halten, um ein Zusammenprallen zu vermeiden.

- Füßeln (RE 18)
- Rückenklopfen (RE 24)
- Touch-Down (RE 30)

RRR
erproben & verfeinern

Bleib' auf deiner Linie! (RE 15)

Emotional-soziale Voraussetzungen	
Niedrig	
Mittel	✓
Hoch	
Sozialform	
Partner	✓
Kleingruppe	
Großgruppe	
Äußere Bedingungen	
Mattenfläche, klein	
Mattenfläche, groß	
Reißfeste Kleidung	✓
Barfuß/Socken	
Medien/Material	
Charakter	
Spielerisch	✓
Übend	✓
Kämpferisch	

Partner A und Partner B stehen sich auf einer Linie einander gegenüber. Die Füße sind hintereinander auf der Linie aufgesetzt. Mit leichten Schlägen auf die Oberarme versuchen sie, sich gegenseitig von der Linie zu schubsen.

Es ist sinnvoll, jüngeren Kindern statt einer Linie eine „Kampfzone" (Breite ca. 50cm) vorzugeben.

- Es darf auch festgehalten und gezogen werden.
- Auch vorsichtige Schläge auf andere Körperteile (Oberschenkel) sind erlaubt.

- Darauf achten, dass bei den Schlägen nicht zu weit ausgeholt wird.
- Schläge an Kopf und Hals sind untersagt.

- Gegeneinander (RA 8)
- Umarmung (RA 18)
- Fechten (RA 29)
- Unumstößlich (RE 4)

RRR
erproben & verfeinern

Fußdrücken (RE 16)

Emotional-soziale Voraussetzungen
Niedrig
Mittel ✓
Hoch

Sozialform
Partner ✓
Kleingruppe
Großgruppe

Äußere Bedingungen
Mattenfläche, klein
Mattenfläche, groß
Reißfeste Kleidung
Barfuß/Socken ✓
Medien/Material

Charakter
Spielerisch ✓
Übend ✓
Kämpferisch

Partner A und Partner B liegen auf dem Rücken und legen ihre Fußsohlen aneinander. In dieser Lage sollen sich die Partner bis zu einem vorher festgelegten Ziel (Linie, Hütchen...) drücken. Dabei dürfen sie sich mit den Händen auf dem Boden abstützen, aber nicht aufrichten. Die Beine können gestreckt oder angewinkelt sein.

- Als Mannschaftskampf (welche Mannschaft schiebt mehr Gegenspieler bis ins Ziel).
- Ausgangslage: „Reißverschluss“. Die Mannschaften liegen sich gegenüber, dabei werden die rechten Fußsohlen an die rechten der gegenüberliegenden, die linken an deren linken, gelegt. So ist jeder Mitspieler gleichzeitig mit zwei Gegenspielern verbunden (mit Ausnahme der beiden Äußeren).

- Darauf achten, dass entweder alle Spieler Schuhe tragen oder keiner.

- Bauchziehen (RE 13)
- Rückenschieberei (RG 18)

Tango-Randale (RE 17)

RRR
erproben & verfeinern

Emotional-soziale Voraussetzungen
Niedrig
Mittel
Hoch ✓

Sozialform
Partner ✓
Kleingruppe
Großgruppe

Äußere Bedingungen
Mattenfläche, klein
Mattenfläche, groß ✓
Reißfeste Kleidung
Barfuß/Socken ✓
Medien/Material

Charakter
Spielerisch
Übend ✓
Kämpferisch

Partner A und Partner B stehen sich versetzt gegenüber und berühren sich mit ihren rechten Schultern. Dann verhaken sie sich mit dem rechten Bein (Kniekehle) und versuchen, sich gegenseitig aus dem Gleichgewicht zu bringen. Die Arme werden auf den Rücken genommen.

Es empfiehlt sich, die Übung und die Variationen zunächst verlangsamt zu demonstrieren. Es sollten möglichst zwei gleich große Partner miteinander üben.

- An einer Hand fassen.
- Dabei an den Schultern fassen und den fallenden Partner auffangen.
- Vorher zu Übungszwecken absprechen, wer wirft (schubst) und wer fällt (aufgefangen wird).

- Das Abrollen und Abklatschen sollte beherrscht werden.

- Vogelscheuche (RA 26)
- Tanz der Vögel (RG 24)
- Fangen und Umschmeißen (BF 22)

RRR
erproben & verfeinern

Füßeln (RE 18)

Emotional-soziale Voraussetzungen	
Niedrig	
Mittel	
Hoch	✓
Sozialform	
Partner	✓
Kleingruppe	
Großgruppe	
Äußere Bedingungen	
Mattenfläche, klein	
Mattenfläche, groß	✓
Reißfeste Kleidung	✓
Barfuß/Socken	✓
Medien/Material	
Charakter	
Spielerisch	✓
Übend	✓
Kämpferisch	

Partner A und Partner B stehen einander gegenüber und halten sich an den Schultern fest. Nun versuchen sie, sich gegenseitig auf die Füße zu treten und gleichzeitig dem Partner auszuweichen.

Bei jüngeren Kindern sollten zunächst die Rollen von „Angreifer“ und „Verteidiger“ festgelegt werden.

- Auf vorsichtiges Anticken der Füße achten.

- Gegeneinander (RA 8)
- Bleib’ auf deiner Linie! (RE 15)
- Tango-Randale (RE 17)

Rückentunnel (RE 19)

RRR
erproben & verfeinern

Emotional-soziale Voraussetzungen
Niedrig
Mittel ✓
Hoch

Sozialform
Partner ✓
Kleingruppe ✓
Großgruppe

Äußere Bedingungen
Mattenfläche, klein ✓
Mattenfläche, groß ✓
Reißfeste Kleidung
Barfuß/Socken ✓
Medien/Material

Charakter
Spielerisch
Übend ✓
Kämpferisch

Partner A liegt rücklings auf dem Boden. Er stützt sich nur mit dem Hals und den Füßen ab, so dass ein „Tunnel" entsteht. Partner B hat die Aufgabe, durch den „Tunnel" zu robben, möglichst ohne ihn zu berühren.

Jüngere Kinder sollten sich auf Schulter und Füße abstützen.

- Ein Tunnel besteht aus mehreren Kindern.
- Auf dem Rücken durch den Tunnel robben.
- Wenn der auf dem Bauch robbende Partner mit der Hüfte im Tunnel ist, bricht dieser zusammen und versucht so, ein Weiterrobben zu verhindern.

- Die Übung nicht zu lange durchführen bzw. zu oft wiederholen.

- Mausefalle (RA 13)
- Halten und Drehen (RE 3)
- Menschen-Tunnel-Brücke (KK 6)

Liegekämpfchen (RE 20)

RRR
erproben & verfeinern

Emotional-soziale Voraussetzungen	
Niedrig	
Mittel	✓
Hoch	
Sozialform	
Partner	✓
Kleingruppe	
Großgruppe	
Äußere Bedingungen	
Mattenfläche, klein	✓
Mattenfläche, groß	
Reißfeste Kleidung	
Barfuß/Socken	✓
Medien/Material	
Charakter	
Spielerisch	
Übend	✓
Kämpferisch	

Partner A und Partner B liegen nebeneinander auf dem Rücken in entgegengesetzter Richtung. Die Hüfte des einen befindet sich in etwa in Schulterhöhe des anderen. Die inneren Beine werden ineinander verhakt, die Arme ebenso. Ziel der Übung ist es, den Partner auf die eigene Seite zu ziehen oder ihn zu einer Rolle rückwärts zu veranlassen.

Als Vorübung sollte die Rückwärtsrolle geübt werden.

- Rückenschieberei (RG 18)

Liegestützkampf (RE 21)

RRR
erproben & verfeinern

Emotional-soziale Voraussetzungen
Niedrig
Mittel
Hoch ✓

Sozialform
Partner ✓
Kleingruppe
Großgruppe

Äußere Bedingungen
Mattenfläche, klein ✓
Mattenfläche, groß ✓
Reißfeste Kleidung
Barfuß/Socken ✓
Medien/Material

Charakter
Spielerisch ✓
Übend ✓
Kämpferisch

Partner A und Partner B befinden sich in Bankstellung einander gegenüber. Ziel der Übung ist es, den Partner umzuschubsen, in dem man ihm die entlastete Hand wegzieht.

Es empfiehlt sich vorher die Übung als „Ziehwettkampf" durchzuführen.

- Auch der Stützarm darf weggezogen werden.
- Klassischer „Liegestütz" als Ausgangsposition.
- Als Gruppenwettkampf: Wer umgefallen ist, wird Schiedsrichter.

- Ein Schlagen gegen die Unterarme oder Handgelenke des Partners ist verboten.

- Fechten (RA 29)
- Bleib' auf deiner Linie! (RE 15)
- Tauloses Tauziehen (RE 33)
- Bis hierhin und nicht weiter (RG 28)

Magnet (RE 22)

RRR
erproben & verfeinern

Emotional-soziale Voraussetzungen	
Niedrig	
Mittel	✓
Hoch	
Sozialform	
Partner	✓
Kleingruppe	✓
Großgruppe	✓
Äußere Bedingungen	
Mattenfläche, klein	✓
Mattenfläche, groß	✓
Reißfeste Kleidung	✓
Barfuß/Socken	✓
Medien/Material	
Charakter	
Spielerisch	✓
Übend	✓
Kämpferisch	

Die Gruppe bildet zwei Innenstirnkreise. Jeweils zwei Mitspieler knien hintereinander auf dem Boden. Der hintere hält die Hände auf seinem Rükken. Ein Spieler des inneren Kreises ist alleine (ohne Partner) und versucht, durch Zuzwinkern eines inneren Spielers, einen Partner zu bekommen. Derjenige, dem zugezwinkert wurde, versucht seinerseits, schnell von seinem Platz zu fliehen und seinem bisherigen Partner zu entkommen, der ihn jedoch an der Hüfte fest- und somit zurückzuhalten versucht. Gelingt ihm dennoch die Flucht, kniet er sich hinter den alleinigen Mitspieler. Der „Verlassene“ setzt das Spiel in gleicher Weise fort.

- Es empfiehlt sich, vorher das Festhalten in unterschiedlichen Übungen und spielerisch einzuüben (siehe Querverweise).

- Den Kreis vergrößern und einen Innenkreis markieren, der ca. 2m von den Mitspielern entfernt ist. Kann sich der zugezwinkerte Spieler trotz Behinderung durch den Partner bis dahin fortbewegen, ist er ebenfalls frei.
- Im Stand mit Zugreifen an den Schultern oder der Hüfte.
- Im Stuhlkreis; vordere Spieler sitzen, hintere stehen und halten ggf. an den Schultern fest.

- Umarmung (RA 18)
- Tauloses Tauziehen (RE 33)
- Bis hierhin und nicht weiter! (RG 28)
- Abführen (RG 34)

Medizinballschieben (RE 23)

RRR
erproben & verfeinern

Emotional-soziale Voraussetzungen
Niedrig
Mittel ✓
Hoch

Sozialform
Partner ✓
Kleingruppe
Großgruppe

Äußere Bedingungen
Mattenfläche, klein
Mattenfläche, groß
Reißfeste Kleidung
Barfuß/Socken
Medien/Material ✓

Charakter
Spielerisch ✓
Übend ✓
Kämpferisch

Partner A und Partner B befinden sich in Bauchlage gegenüber und halten gemeinsam einen Medizinball (auf einer Linie) fest. Die Arme sind angewinkelt. Sie versuchen nun, den Ball jeweils zum Partner über die Linie zu drücken bzw. zu schieben. Gelingt dies, gibt es einen Punkt.

Darauf achten, dass die Partner möglichst gleich groß und schwer sind.

- Den Medizinball ins eigene Feld ziehen.
- Statt eines Medizinballs kann man sich die Hände geben oder auch einen Gymnastikstab nehmen.

- Den Ball nicht vom Boden heben.

- Bauchziehen (RE 13)
- Liegestützkampf (RE 21)
- Schulterdrücken (RE 29)

Rückenklopfen (RE 24)

RRR
erproben & verfeinern

Emotional-soziale Voraussetzungen
Niedrig
Mittel ✓
Hoch

Sozialform
Partner ✓
Kleingruppe
Großgruppe

Äußere Bedingungen
Mattenfläche, klein
Mattenfläche, groß
Reißfeste Kleidung
Barfuß/Socken
Medien/Material

Charakter
Spielerisch ✓
Übend ✓
Kämpferisch

Zwei Mitspieler stehen einander gegenüber und halten sich an einer Hand fest (beide die rechte oder beide die linke). Nun versuchen sie gleichzeitig, auf dem Rücken des Partners leichte Schläge anzubringen. Antäuschen, den Partner heranziehen und/oder ihn wegdrücken sind erlaubt.

- Andere Körperteile dürfen getroffen werden (Gesäß, hinterer Oberschenkel).
- Am Rücken oder hinteren Oberschenkel der Partner ist jeweils eine Wäscheklammer befestigt, die erbeutet werden soll (Anzahl der Klammern kann erhöht werden).

- Darauf achten, dass die Schläge nicht zu heftig sind.
- Schläge dürfen nicht in Richtung Kopf oder Hals geführt werden.

- Fechten (RA 29)
- Füßeln (RE 18)
- Touch-Down (RE 30)

RRR
erproben & verfeinern

Rückenkralle (RE 25)

Emotional-soziale Voraussetzungen
Niedrig
Mittel
Hoch ✓

Sozialform
Partner ✓
Kleingruppe
Großgruppe

Äußere Bedingungen
Mattenfläche, klein ✓
Mattenfläche, groß
Reißfeste Kleidung ✓
Barfuß/Socken ✓
Medien/Material

Charakter
Spielerisch ✓
Übend ✓
Kämpferisch ✓

Die beiden Partner sitzen Rücken an Rücken (Startposition) auf dem Boden. Auf ein Signal hin versuchen sie, möglichst schnell einen Fuß des anderen zu berühren. Wer es als erster schafft, ist Sieger.

- Zu Beginn kann festgelegt werden, wer als erster angreift. Der andere Mitspieler soll vorerst nur versuchen, auszuweichen.

- Nicht nur Füße berühren, sondern versuchen, dem Partner die Socken auszuziehen.
- Unmittelbar einen kleinen Bodenkampf (Bodenrandori) anschließen.

- Aufstehen und auch Kniestand sind verboten.

- Sockenklau (RG 14)
- Rücken-Touchdown (RE 28)
- Bodenrugby (RE 33)
- Bodenrandori (RG 7)
- Rückenschieberei (RG 18)

RRR
erproben & verfeinern

Rückenringkampf (RE 26)

Emotional-soziale Voraussetzungen
Niedrig ✓
Mittel
Hoch

Sozialform
Partner ✓
Kleingruppe
Großgruppe

Äußere Bedingungen
Mattenfläche, klein
Mattenfläche, groß
Reißfeste Kleidung
Barfuß/Socken
Medien/Material

Charakter
Spielerisch ✓
Übend
Kämpferisch ✓

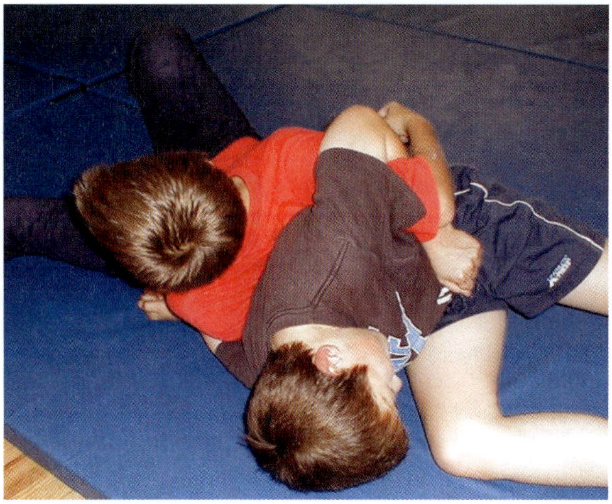

Partner A und Partner B sitzen Rücken an Rücken und haken sich mit den Armen ein. Nun versuchen sie, die Schulter des Partners auf den Boden zu bringen bzw. dies bei sich selbst zu verhindern.

Eine Vorbereitung bzw. Erarbeitung dieser Übung kann erfolgen durch den Versuch, sich Rücken an Rücken, mit den Armen eingehakt, hinzusetzen und wieder aufzustehen.

- Fest einhaken und engen Körperkontakt aufrecht erhalten.

- Bleib' auf deiner Linie! (RE 15)
- Rückenschieberei (RG 18)
- Rückenkralle (RE 25)

Fußangel (RE 27)

RRR
erproben & verfeinern

Emotional-soziale Voraussetzungen
Niedrig
Mittel ✓
Hoch

Sozialform
Partner ✓
Kleingruppe
Großgruppe

Äußere Bedingungen
Mattenfläche, klein ✓
Mattenfläche, groß
Reißfeste Kleidung
Barfuß/Socken ✓
Medien/Material

Charakter
Spielerisch ✓
Übend ✓
Kämpferisch

Partner A und Partner B sitzen sich gegenüber und halten jeweils ein Fußgelenk des anderen mit einer Hand fest. Auf ein Signal hin versucht jeder, als erster aufzustehen bzw. das Aufstehen des Partners zu verhindern.

- Mehrere Spieler sitzen im Kreis und halten das Fußgelenk des rechten Nachbarn fest.

- Nach dem Aufstehen das Fußgelenk sofort loslassen.

- Fußdrücken (RE 16)
- Liegekämpfchen (RE 20)
- Möhrenziehen (RG 11)

RRR
erproben & verfeinern

Rücken-Touchdown (RE 28)

Emotional-soziale Voraussetzungen	
Niedrig	
Mittel	✓
Hoch	
Sozialform	
Partner	✓
Kleingruppe	
Großgruppe	
Äußere Bedingungen	
Mattenfläche, klein	
Mattenfläche, groß	
Reißfeste Kleidung	
Barfuß/Socken	
Medien/Material	
Charakter	
Spielerisch	✓
Übend	✓
Kämpferisch	

Partner A und Partner B sitzen Rücken an Rücken. Sie stützen sich auf den Händen ab, so dass das Gesäß keinen Bodenkontakt hat. Durch Schieben und Nachgeben versuchen sie, das Gesäß des Partners auf den Boden zu bekommen.

Möglichst gleich große und schwere Partner auswählen.
Wird die Übung auf normalem Hallenboden durchführt, sollten beide entweder barfuß sein oder beide Schuhe tragen.

- In Turnierform durchführen.

- Rückenkralle (RE 25)
- Spinnenrandori (RG 5)
- Rückenschieberei (RG 18)

RRR
erproben & verfeinern

Schulterdrücken (RE 29)

Emotional-soziale Voraussetzungen
Niedrig
Mittel
Hoch ✓

Sozialform
Partner ✓
Kleingruppe
Großgruppe

Äußere Bedingungen
Mattenfläche, klein ✓
Mattenfläche, groß
Reißfeste Kleidung
Barfuß/Socken
Medien/Material

Charakter
Spielerisch ✓
Übend ✓
Kämpferisch

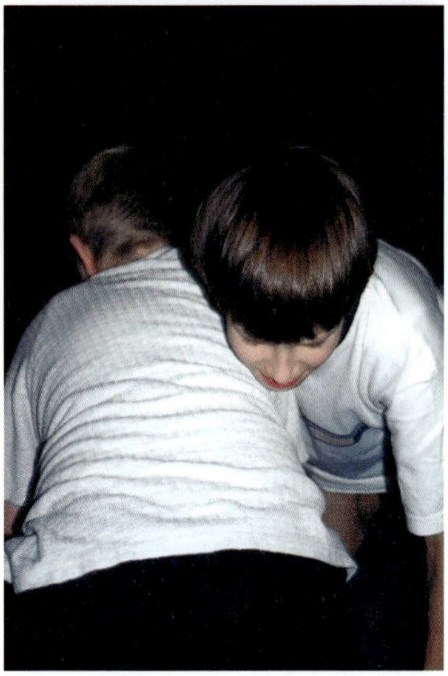

Zwei Partner knien sich in Bankstellung gegenüber und legen ihre linken oder rechten Schulter aneinander. Aus dieser Position heraus versuchen sie, sich gegenseitig wegzudrücken oder auch von der Matte zu drängen. Hände und Knie dürfen nicht vom Boden abgehoben werden.

Evtl. kann es sinnvoll sein, ein Schaumstoff- oder ein kleines Kopfkissen zwischen die Schultern zu klemmen.

- Den Gegendruck nur langsam aufnehmen und zum Abschluss des Spiels nur langsam nachlassen.

- Fußdrücken (RE 16)
- Medizinballschieben (RE 23)
- Rückenschieberei (RG 18)

Touch-Down (RE 30)

RRR
erproben & verfeinern

Emotional-soziale Voraussetzungen
Niedrig
Mittel ✓
Hoch

Sozialform
Partner ✓
Kleingruppe
Großgruppe

Äußere Bedingungen
Mattenfläche, klein
Mattenfläche, groß
Reißfeste Kleidung
Barfuß/Socken ✓
Medien/Material

Charakter
Spielerisch ✓
Übend ✓
Kämpferisch

Zwei Mitspieler stehen sich gegenüber. Sie versuchen, mit ihren Händen die Füße des anderen zu berühren und gleichzeitig den „Angriffen" des Partners auszuweichen. Antäuschen und „Tänzeln" sind erlaubt. Die Oberkörper sollten während eines Durchgangs die ganze Zeit vornüber gebeugt sein. Erst nachher „kontrolliert" aufrichten.

Mit jüngeren Kindern kann dieses Spiel auf einer Mattenfläche im Krabbeln auf allen Vieren durchgeführt werden. Dabei wird versucht, auf die Hände zu schlagen.

- Schlangenfangen (BF 21)
- Fechten (RA 29)
- Füßeln (RE 18)
- Rückenklopfen (RE 24)

RRR
erproben & verfeinern

Federn lassen (RE 31)

Emotional-soziale Voraussetzungen
Niedrig
Mittel ✓
Hoch

Sozialform
Partner ✓
Kleingruppe
Großgruppe

Äußere Bedingungen
Mattenfläche, klein
Mattenfläche, groß
Reißfeste Kleidung ✓
Barfuß/Socken
Medien/Material ✓

Charakter
Spielerisch ✓
Übend ✓
Kämpferisch

Zwei Mitspieler stehen sich gegenüber. Sie haben eine Feder im Haar oder tragen eine Pudelmütze. Ihre linken Hände fassen sich an, während sie mit der rechten Hand versuchen, die Feder oder die Pudelmütze des Partners zu bekommen. Wer ohne Feder/Mütze ist, hat das Spiel verloren.

Es ist günstig, wenn die Partner gleich groß sind.

- Zu Dritt. Dabei werden die linken Hände in der Mitte festgehalten.
- Statt einer Mütze/Feder kann man eine Wäscheklammer auf Schulter oder Rücken befestigen, die erbeutet werden soll.
- Festhalten mit der rechten Hand und mit der linken Hand Feder/Mütze ergreifen.

- Während des Spiels darf man auf keinen Fall die Hand loslassen.

- Umarmung (RA 18)
- Federklau (RE 11)
- Rückenklopfen (RE 24)

Abheben (RE 32)

RRR
erproben & verfeinern

Emotional-soziale Voraussetzungen	
Niedrig	
Mittel	✓
Hoch	
Sozialform	
Partner	✓
Kleingruppe	
Großgruppe	
Äußere Bedingungen	
Mattenfläche, klein	✓
Mattenfläche, groß	
Reißfeste Kleidung	
Barfuß/Socken	✓
Medien/Material	
Charakter	
Spielerisch	✓
Übend	✓
Kämpferisch	

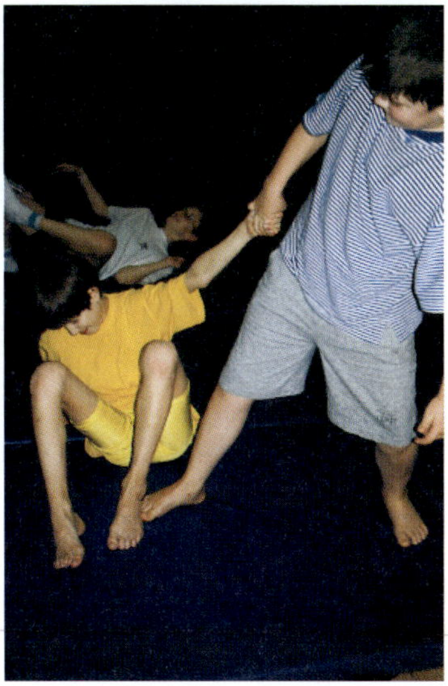

A steht in entgegengesetzter Richtung neben dem hockenden Partner B. Beide ergreifen die zugewandte Hand. A stellt seinen vorderen Fuß mit der Außenseite gegen den Fuß von Partner B. Nun versucht er, Partner B so weit hochzuziehen, dass sein Gesäß den Bodenkontakt verliert. A versucht seinerseits, B soweit zu sich herunter zu ziehen, dass dieser mit dem hinteren Fuß den Bodenkontakt lösen muss.

Diese Übung kann man gut aus dem wechselseitigen Absitzen und Aufstehen (beide Partner stehen sich frontal gegenüber und reichen sich die Hände) entwickeln.

- Zwei Sitzende kämpfen mit einem „stärkeren" Stehenden.

- Ein plötzliches Loslassen ist verboten (v.a. dann, wenn keine Matte untergelegt ist).

- Fallen und Sichern (RA 6)

RRR
erproben & verfeinern

Tauloses Tauziehen (RE 33)

Emotional-soziale Voraussetzungen	
Niedrig	
Mittel	
Hoch	✓
Sozialform	
Partner	
Kleingruppe	✓
Großgruppe	
Äußere Bedingungen	
Mattenfläche, klein	
Mattenfläche, groß	✓
Reißfeste Kleidung	
Barfuß/Socken	✓
Medien/Material	
Charakter	
Spielerisch	✓
Übend	✓
Kämpferisch	✓

Es werden mehrere Gruppen von jeweils zwei bis vier Spielern gebildet. Die Spieler jeder Gruppe stellen sich hintereinander, zwei Gruppen stellen sich einander gegenüber auf. Die Spieler einer Gruppe fassen sich fest an den Hüften an oder schlingen die Arme um die Hüften des Vordermannes. Die beiden ersten Spieler jeder Mannschaft reichen sich die Hände und verständigen sich über einen Haltegriff. Auf ein Startzeichen hin versucht jede Mannschaft, wie beim „richtigen" Tauziehen, die andere über eine bestimmte Strecke zu sich hinzuziehen.

Es ist empfehlenswert, im Vorfeld mit den Kindern die wichtigsten Grifftechniken bzw. Handhaltungen auszuprobieren und einzuüben. Vor dem Wettkampf sollte dieses Spiel in einer 1 : 1 Konstellation ausgeführt werden.

- Die letzten Spieler in der Reihe jeder Gruppe dürfen zur anderen Seite laufen und dem gegnerischen Team helfen.

- Die „Ziehstrecke" sollte relativ kurz sein (max. 2m)
- Mit jüngeren Kindern sollten Teams aus max. zwei Kindern gebildet werden.
- Darauf achten, dass die Mitspieler nicht plötzlich loslassen (evt. Signal vereinbaren).

- Umarmung (RA 18)
- Butterwiegen (KK 2)
- Wegschleifen (RE 10)
- Trotzphase (RG 4)

RRR
erproben & verfeinern

Tücherjagd (RE 34)

Emotional-soziale Voraussetzungen
- Niedrig
- Mittel ✓
- Hoch

Sozialform
- Partner
- Kleingruppe ✓
- Großgruppe ✓

Äußere Bedingungen
- Mattenfläche, klein
- Mattenfläche, groß
- Reißfeste Kleidung
- Barfuß/Socken
- Medien/Material ✓

Charakter
- Spielerisch ✓
- Übend
- Kämpferisch ✓

Es werden zwei zahlenmäßig gleich große Mannschaften gebildet, die sich an den Grundlinien eines Spielfeldes (z.B. Volleyballfeld) hinsetzen. Die Mitspieler beider Mannschaften nummerieren sich durch. Ein Tuch liegt in Mitte. Der Spielleiter ruft eine Zahl. Die beiden aufgerufenen Spieler laufen zum Tuch und versuchen, dieses aufzunehmen und, ohne vom gegnerischen Spieler abgeschlagen oder festgehalten zu werden, zur eigenen Mannschaft zurück zu bringen. Gelingt dies, erhält seine Mannschaft einen Punkt. Wird er vorher abgeschlagen oder festgehalten, bekommt die andere Mannschaft einen Punkt. Wird er abgeschlagen, obwohl er das Tuch noch gar nicht berührt hat, erhält sein Team ebenfalls einen Punkt.

Es sollte evtl. vorher demonstriert werden, dass Fintieren (Antäuschen des Aufnehmens des Tuches) den gegnerischen Spieler möglicherweise zu unbedachten Handlungen provoziert und zu einem schnellen Punktgewinn führt.

- Evtl. eine weitere Zahl als Helfer aufrufen.
- Auf einer Mattenfläche im Krabbeln.

- Wird das Spiel mit Festhalten statt mit Abschlagen gespielt, ist nur ein Halten an der Hüfte erlaubt.

- Trotzphase (RG 4)
- Black & White (RG 21)
- Festnahme (RG 32)

RRR
erproben & verfeinern

Pantoffelhelden (RE 35)

Emotional-soziale Voraussetzungen	
Niedrig	
Mittel	✓
Hoch	
Sozialform	
Partner	
Kleingruppe	✓
Großgruppe	✓
Äußere Bedingungen	
Mattenfläche, klein	
Mattenfläche, groß	✓
Reißfeste Kleidung	
Barfuß/Socken	
Medien/Material	✓
Charakter	
Spielerisch	✓
Übend	✓
Kämpferisch	✓

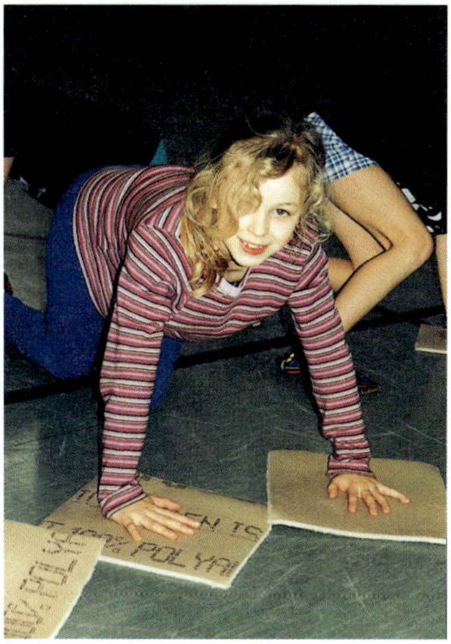

Alle legen ihre Hände auf kleine Teppichfliesen und bewegen sich krabbelnd vorwärts. Dabei versucht jeder, den anderen so zu schubsen und zu schieben, dass er seine Hände vom Teppich lösen muss oder umfällt. Die Umgefallenen legen die Teppichstücke unter die Knie und setzen das Spiel in der beschriebenen Weise fort.

Die Teppichstücke müssen umgedreht werden, damit sie eine bessere Gleitfähigkeit auf der Mattenfläche oder dem Hallenboden haben.

- Im Krebsgang fortbewegen, die Füße bzw. Fußsohlen liegen auf den Teppichen.

- Schubsen und Umwerfen ist nur an Schultern und/oder Hüften erlaubt. Hände und Knie sollen auf dem Boden/Teppich bleiben.

- Bleib' auf'm Teppich (RE 36)
- Schildkrötendrehen (RG 13)
- Halbstarkentreffen (RG 23)

Bleib' auf'm Teppich (RE 36)

Emotional-soziale Voraussetzungen	
Niedrig	
Mittel	✓
Hoch	
Sozialform	
Partner	✓
Kleingruppe	
Großgruppe	
Äußere Bedingungen	
Mattenfläche, klein	
Mattenfläche, groß	
Reißfeste Kleidung	✓
Barfuß/Socken	
Medien/Material	✓
Charakter	
Spielerisch	✓
Übend	✓
Kämpferisch	✓

Partner A und Partner B stehen sich gegenüber mit beiden Füßen auf je einer Teppichfliese. Beide versuchen, sich gegenseitig vom Teppich zu verdrängen. Zunächst ist nur ein Schubsen bzw. Drücken an den Schultern/Oberarmen erlaubt. Dann darf es zu mehr Körperkontakt kommen: So können sie an der Kleidung reißen bzw. ziehen, so dass der Partner aus dem Gleichgewicht gebracht wird.

- Unter jedem Fuß befindet sich eine Teppichfliese.
- Nachdem ein Partner vom Teppich gestoßen wurde, soll der andere ihn daran hindern, wieder darauf zu treten

- Inselduell (RA 26)
- Komm schon her (RA 33)
- Bleib' auf deiner Linie! (RE 15)

Airbag (RE 37)

RRR
erproben & verfeinern

Emotional-soziale Voraussetzungen
Niedrig
Mittel
Hoch ✓

Sozialform
Partner ✓
Kleingruppe
Großgruppe

Äußere Bedingungen
Mattenfläche, klein
Mattenfläche, groß ✓
Reißfeste Kleidung
Barfuß/Socken
Medien/Material ✓

Charakter
Spielerisch ✓
Übend ✓
Kämpferisch ✓

Partner A und Partner B stehen sich gegenüber und halten vor ihrer Brust je einen großen Ball (Pezziball) in den Händen. Jetzt laufen beide schnell aufeinander zu und versuchen, sich gegenseitig umzuschubsen, in dem sie mit den Bällen frontal aufeinanderprallen.

Das Spiel sollte zunächst aus dem Gehen vorbereitet werden.

- A und B legen ihre vorgehaltenen Bälle aneinander und versuchen, sich aus einem Kreis oder über eine Linie zu drängen.

- Die Bälle müssen so groß sein, dass die Köpfe auf keinen Fall aneinander prallen können.

- Moleküle (RA 21)
- Klemmball (RE 14)

Käseraub (RE 38)

RRR
erproben & verfeinern

Emotional-soziale Voraussetzungen
Niedrig
Mittel
Hoch ✓

Sozialform
Partner ✓
Kleingruppe
Großgruppe

Äußere Bedingungen
Mattenfläche, klein
Mattenfläche, groß ✓
Reißfeste Kleidung
Barfuß/Socken ✓
Medien/Material ✓

Charakter
Spielerisch ✓
Übend ✓
Kämpferisch ✓

Partner A steht aufrecht und hat einen Ball („Käse") in seinen Händen, den Partner B ergattern will. Er darf dazu alle fairen Mittel anwenden. Partner A kann den Ball auf den Rücken und zwischen den Beinen halten, um sich herum bewegen usw. Für diesen Kampf steht den Spielern eine Fläche von ca. 2 x 2m zu Verfügung.

Die Bälle sollen altersgemäß ausgewählt werden. Bei jüngeren Kindern reicht ein Gymnastikball; ältere Kinder bzw. Jugendliche können dieses Spiel mit einem Medizinball durchführen. Vorbereitend können Einschränkungen gemacht werden (z.B. zunächst nur am Ball oder nur am Partner) ansetzen.

- Zeitlimit vorgeben.
- Zwei Spieler versuchen, dem Dritten den Ball zu entreißen.
- Der Balltragende darf sich auch hinsetzen und/oder hinlegen.

- Wenn das Spiel gleichzeitig in mehreren Gruppen durchgeführt wird, auf klare Abgrenzung der Spielfelder achten.

- Das ist mein Ball! (RE 2)
- Halten und Drehen (RE 3)
- Bodenrugby (RG 33)
- Keilriemenrugby (RG 36)

Schatz vergraben und bewachen (RE 39)

RRR
erproben & verfeinern

Emotional-soziale Voraussetzungen
Niedrig
Mittel
Hoch ✓

Sozialform
Partner ✓
Kleingruppe ✓
Großgruppe

Äußere Bedingungen
Mattenfläche, klein ✓
Mattenfläche, groß ✓
Reißfeste Kleidung
Barfuß/Socken
Medien/Material ✓

Charakter
Spielerisch ✓
Übend ✓
Kämpferisch ✓

Partner A beschützt auf einem bestimmten Feld als „Schatzinsel“ (z.B. Gymnastikmatte auf der Mattenfläche) einen Medizinball („Schatz“). Partner B versucht, ihm den „Schatz“ zu entreißen und aus dem Feld zu nehmen. Gelingt es, erhält er einen Punkt. Danach versucht er, den „Schatz“ wieder auf der „Insel“ zu deponieren, was wiederum Partner A verhindern möchte. Auch hier gibt es für einen erfolgreichen Versuch einen Punkt. Dann werden die Rollen getauscht.

- In der Form „Zwei gegen Zwei“.
- Mit Zeitlimit.

RRR
erproben & verfeinern

Hecht im Karpfenteich (RE 40)

Emotional-soziale Voraussetzungen
Niedrig
Mittel ✓
Hoch

Sozialform
Partner
Kleingruppe
Großgruppe ✓

Äußere Bedingungen
Mattenfläche, klein
Mattenfläche, groß
Reißfeste Kleidung
Barfuß/Socken ✓
Medien/Material

Charakter
Spielerisch ✓
Übend
Kämpferisch

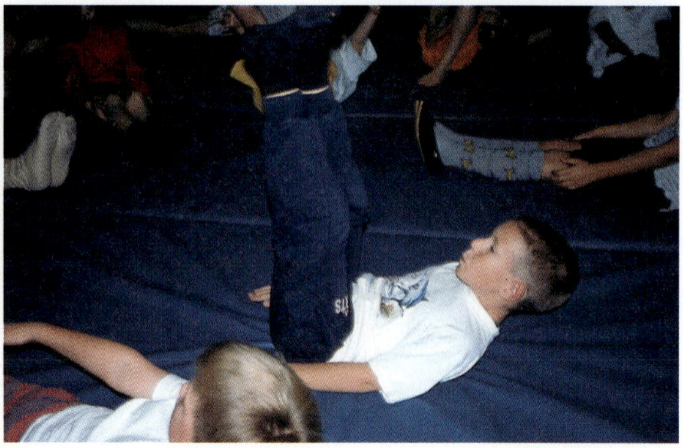

Ein Kind „Hecht“ steht, alle anderen („Karpfen“) robben kreuz und quer über die Matte. Sie versuchen, dem „Hecht“, der langsam und bedächtig seine „Opfer“ sucht, auszuweichen. Wer dennoch „gebissen“ wurde, legt sich auf den Rücken und muss einige Male hin- und herschaukeln. Er ist dann wieder frei.

Darauf achten, dass beim Schaukeln der Kopf auf die Brust genommen wird.
Zunächst sollte der Erwachsene bzw. der Spielleiter die Rolle des „Hechtes“ übernehmen.

Die gefangenen „Karpfen“ schaukeln und bleiben dann liegen, bis alle gebissen worden sind.

- Rasenmäher (RA 34)
- Halbstarkentreffen (RG 23)
- Flohkiste (RG 35)

4.3.6 Ringen, Rangeln und Raufen

– genießen und ausleben –

Zerreißprobe (RG 1)

RRR
genießen & ausleben

Emotional-soziale Voraussetzungen	
Niedrig	
Mittel	✓
Hoch	
Sozialform	
Partner	
Kleingruppe	✓
Großgruppe	✓
Äußere Bedingungen	
Mattenfläche, klein	
Mattenfläche, groß	
reißfeste Kleidung	
Barfuß/Socken	
Medien/Material	✓
Charakter	
Spielerisch	
Übend	
Kämpferisch	✓

Die Gruppe steht in einem Innenstirnkreis und faßt sich an den Händen. Innerhalb des Kreises stehen Keulen und/oder liegen Medizinbälle. Nun soll versucht werden, die anderen so in den inneren Kreis zu ziehen oder zu drücken, dass sie die Keulen umschmeißen oder die Medizinbälle berühren. Diejenigen, die sich loslassen, scheiden vorübergehend aus den Spiel aus, genau so wie die, die einen Gegenstand berühren. Die Ausgeschiedenen bilden nun eine neue Gruppe und spielen ihrerseits dasselbe Spiel.

Den Kindern sollten unterschiedliche Arten der Handfassung gezeigt werden und zuvor ausprobiert werden können.

- Ohne Bälle und Materialien. Die Mitspieler haken sich mit den Armen ein. Die Hände werden so vor die Brust gelegt, dass sich die eigenen Fingerspitzen berühren. Nun gehen alle rückwärts, solange, bis sich bei mindestens einem der Mitspieler die Berührung der Fingerspitzen löst. Dieser bekommt einen Minuspunkt.

- Plötzliches und willkürliches Loslassen ist verboten.

- Ballwache (RE 12)
- Tauloses Tauziehen (RE 33)
- Viereckziehen (RG 2)

RRR
genießen & ausleben

Viereckziehen (RG 2)

Emotional-soziale Voraussetzungen
Niedrig
Mittel ✓
Hoch

Sozialform
Partner
Kleingruppe ✓
Großgruppe

Äußere Bedingungen
Mattenfläche, klein
Mattenfläche, groß
reißfeste Kleidung
Barfuß/Socken
Medien/Material ✓

Charakter
Spielerisch
Übend
Kämpferisch ✓

Jeweils vier Spieler halten ein zusammengeknotetes Tau (Rundziehtau) mit einer Hand fest. Sie stehen in etwa gleichem Abstand voneinander entfernt. Hinter jedem Mitspieler liegt in ca. 1,5 m Entfernung ein Bändchen oder Baumwolltuch. Auf ein Signal hin versucht jeder, sein Baumwolltuch als erster mit der anderen, freien Hand aufzunehmen. Wer siegt, erhält einen Punkt.

Das Spiel einführen, indem zunächst beide Hände ans Tau genommen werden und versucht werden soll, sich gemeinsam hinzusetzen und wieder aufzustehen.

- zu Dritt oder zu Fünft
- die Entfernung zum aufzunehmenden Gegenstand erhöhen

- Plötzliches Loslassen des Taus ist nicht erlaubt, da es gefährlich für die anderen werden kann.
- Nach dem Aufnehmen des Gegenstandes, Hand weiter am Tau lassen.

- Tauziehvariationen (RA 31)
- Tauloses Tauziehen (RV 33)
- Ringrichter (RA 37)

Wildschützen (RG 3)

RRR
genießen & ausleben

Emotional-soziale Voraussetzungen
Niedrig
Mittel ✓
Hoch

Sozialform
Partner
Kleingruppe
Großgruppe ✓

Äußere Bedingungen
Mattenfläche, klein
Mattenfläche, groß ✓
reißfeste Kleidung
Barfuß/Socken ✓
Medien/Material

Charakter
Spielerisch ✓
Übend
Kämpferisch

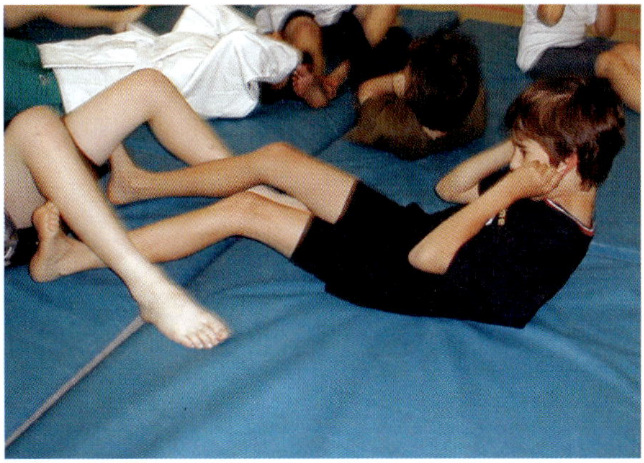

Bis auf zwei bewegen sich alle Spieler auf allen Vieren kreuz und quer über die Mattenfläche, Sie spielen Tiere, die von den zwei „Wildschützen" gefangen werden sollen. Die „Wildschützen" gehen und fangen die Tiere, indem sie ihnen auf die Schulter oder mit den Füßen vorsichtig auf die Hände tippen. Dadurch werden die „Tiere" auch zu „Wildschützen". Retten können die „Tiere" sich, indem sie sich kurz vor dem Antippen schnell auf den Rücken drehen. Ist die Gefahr vorbei, kriechen sie weiter.

- Auf jeweils fünf Tiere kommt ein Fänger. Jeder Fänger darf aber nur Tiere seiner Gruppe fangen. Der Wildschütz hat gewonnen, der alle seine Tiere als erster gefangen hat (gefangene Tiere werden hier nicht zum Jäger).

- Treten bzw. Schlagen ist untersagt.

- Schatz vergraben und bewachen (RE 39)
- Trotzphase (RG 4)
- Dreiländerkampf (RG 31)

Trotzphase (RG 4)

RRR
genießen & ausleben

Emotional-soziale Voraussetzungen	
Niedrig	
Mittel	
Hoch	✓
Sozialform	
Partner	✓
Kleingruppe	
Großgruppe	
Äußere Bedingungen	
Mattenfläche, klein	
Mattenfläche, groß	
reißfeste Kleidung	✓
Barfuß/Socken	
Medien/Material	
Charakter	
Spielerisch	✓
Übend	✓
Kämpferisch	

Partner A („trotziges Kind“) versucht, indem er sich an der Kleidung (oder ggf. am Judogürtel) des Partners B („Mutter“) festhält, zu verhindern, dass er weggeht. Eine festgelegt Strecke soll zurückgelegt werden, während Partner B vorwärts geht und Partner A verschiedene Positionen des Zurückhaltens erprobt, sich aber nicht hängen lässt.

Bevor dieses Spiel durchgeführt wird, sollten verschiedene „ruhigere“ Schiebe- und Ziehkämpfe ausprobiert werden.

- A liegt auf dem Boden, B zieht an den Händen
- Schieben: B schiebt A vorwärts oder rückwärts

- Ein Abschütteln des „Kindes“ und aktiven Lösen von dessen Umklammerung ist untersagt.

- Komm’ schon her! (RA 33)
- Käseraub (RE 38)
- Luftkämpfchen (RG 22)

Spinnenrandori (RG 5)

Emotional-soziale Voraussetzungen	
Niedrig	
Mittel	✓
Hoch	
Sozialform	
Partner	✓
Kleingruppe	
Großgruppe	
Äußere Bedingungen	
Mattenfläche, klein	
Mattenfläche, groß	
reißfeste Kleidung	
Barfuß/Socken	✓
Medien/Material	
Charakter	
Spielerisch	
Übend	✓
Kämpferisch	✓

Beide Partner befinden sich im umgekehrten Liegestütz und versuchen, den Partner mit dem Gesäß auf den Boden zu bringen. Dabei dürfen sie Beine und Arme des Partners mit Hilfe der eigenen Beine und Füße wegschieben oder wegziehen.

- als Gruppenwettkampf

- evtl. Judomatten unterlegen

- Rückenschieben im Stand (RG18)
- Spinnenfeind (RG 37)
- Rücken-Touchdown (RE 28)

Ausbrechen (RG 6)

Emotional-soziale Voraussetzungen
Niedrig
Mittel ✓
Hoch

Sozialform
Partner
Kleingruppe
Großgruppe ✓

Äußere Bedingungen
Mattenfläche, klein
Mattenfläche, groß
reißfeste Kleidung
Barfuß/Socken
Medien/Material

Charakter
Spielerisch ✓
Übend
Kämpferisch

Die Gruppe bildet einen Innenstirnkreis und hakt sich an den Armen unter. Je nach Gruppengröße befinden sich drei oder mehr Mitspielerinnen innerhalb des Kreises am Boden. Sie sollen versuchen, aus diesem „Gefängnis“ auszubrechen. Sie müssen dabei auf allen Vieren bleiben, dürfen sich aber gegenseitig helfen. Auch die „Ausgebrochenen“ haben die Möglichkeit, die noch im Kreis Verbliebenden an den Händen herauszuziehen.

Das Spiel kann durch die Übung Zerreißprobe (RG 1) vorbereitet werden.

- Mit älteren Kindern oder Jugendlichen kann das Ausbrechen auch im Stand versucht werden.

- Treten oder Stoßen mit den Knien (Kreisspieler) ist regelwidrig.

- Ballwache (RE 12)
- Zerreißprobe (RG 1)
- Mauseloch (RG 25)

Bodenrandori (RG 7)

Emotional-soziale Voraussetzungen	
Niedrig	
Mittel	
Hoch	✓
Sozialform	
Partner	✓
Kleingruppe	
Großgruppe	
Äußere Bedingungen	
Mattenfläche, klein	
Mattenfläche, groß	✓
reißfeste Kleidung	✓
Barfuß/Socken	✓
Medien/Material	
Charakter	
Spielerisch	
Übend	
Kämpferisch	✓

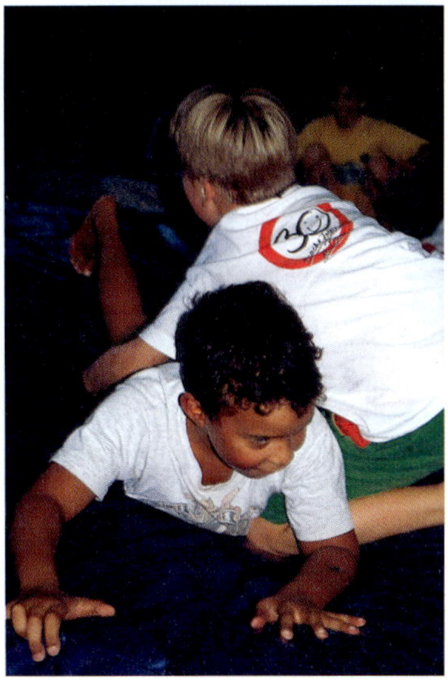

Es finden sich jeweils zwei Mitspieler zusammen, die versuchen, sich aus dem Kniestand heraus durch Ziehen an der Kleidung, Drücken an Schultern oder Armen usw. in die Rückenlage zu bringen. Gewonnen hat derjenige, dem es gelingt, seinen Partner mit dem Rücken für eine bestimmte Zeit (z.B. 5 sec.) am Boden zu fixieren.

Auf eine ausreichend große Kampffläche achten. Ansonsten die Gruppe aufteilen.

- Aus der Gesamtgruppe werden zwei oder vier Mannschaften mit jeweils 3-5 Spielern gebildet. Von diesen kämpfen immer zwei gegeneinander, nachdem die Spieler sich zunächst durchnummeriert haben. Der Spielleiter ruft eine Zahl auf, die betreffenden Spieler treten zum Kampf an (Überraschungseffekt). Gewonnen hat die Mannschaft, die die meisten Kämpfe für sich entschieden hat.

- Nur Kniestand erlaubt.

- Schatz vergraben und bewachen (RE 39)
- Halbstarkentreffen (RG 23)
- Flohkiste (RG 35)

RRR
genießen & ausleben

Kissenschlacht im Dunkeln (RG 8)

Emotional-soziale Voraussetzungen
Niedrig
Mittel ✓
Hoch

Sozialform
Partner
Kleingruppe ✓
Großgruppe ✓

Äußere Bedingungen
Mattenfläche, klein
Mattenfläche, groß
reißfeste Kleidung
Barfuß/Socken
Medien/Material ✓

Charakter
Spielerisch ✓
Übend
Kämpferisch ✓

Aus der Gruppe werden zwei Mannschaften gebildet, die sich mit einem Abstand von ca. 10m auf den Boden setzen. Nun treten die Kämpfer der beiden Mannschaften in einer vorher festgelegten Reihenfolge einzeln gegeneinander an. Die beiden haben die Augen verbunden und tragen ein großes Kopfkissen in ihrer Hand. Durch Zurufe der eigenen Mannschaft sollen sie versuchen, den Gegner als erster mit dem Kopfkissen zu treffen. Der Sieger gewinnt einen Punkt für seine Mannschaft. Danach folgt das Kampfpaar zwei, dann drei usw.

- Darauf achten, dass die Kampffläche frei von Hindernissen ist.

Führen und Folgen (V 11)
Hand-Fechten (RA 29)
Rückenklopfen (RE 24)

Klau' den König! (RG 9)

RRR
genießen & ausleben

Emotional-soziale Voraussetzungen	
Niedrig	
Mittel	
Hoch	✓
Sozialform	
Partner	
Kleingruppe	
Großgruppe	✓
Äußere Bedingungen	
Mattenfläche, klein	
Mattenfläche, groß	✓
reißfeste Kleidung	✓
Barfuß/Socken	✓
Medien/Material	
Charakter	
Spielerisch	✓
Übend	✓
Kämpferisch	✓

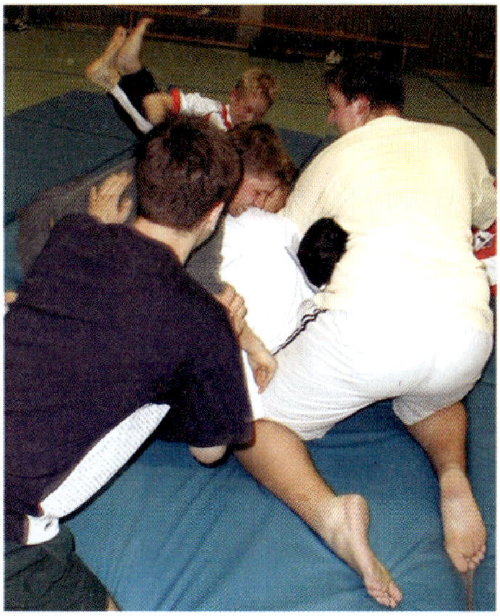

Es werden zwei Mannschaften gebildet, die sich auf je eine Spielfeldhälfte zurückziehen. Jede Mannschaft bestimmt einen König, der sich im Schneidersitz auf den Boden setzt und von seiner Mannschaft zunächst in einem Halbkreis geschützt wird. Ziel ist es nun, den König der anderen Mannschaft auf ein vorher markiertes Feld in der eigenen Mattenhälfte zu ziehen. Gleichzeitig soll jedoch der eigene König geschützt werden.

Dem König wird ein besonderes Kennzeichen (z.B. Stirnband) gegeben.

- Durchführung des Spiels im Stand.
- Die Könige dürfen sich wehren.

- Bei unfairen Handlungen sofort das Spiel unterbrechen.

- Ballwache (RV 12)
- Bodenrandori (RG 7)
- Königskinder (RG 10)
- Keilriemenrugby (RG 36)

Königskinder (RG10)

RRR
genießen & ausleben

Emotional-soziale Voraussetzungen
Niedrig
Mittel
Hoch ✓

Sozialform
Partner
Kleingruppe
Großgruppe ✓

Äußere Bedingungen
Mattenfläche, klein
Mattenfläche, groß
reißfeste Kleidung ✓
Barfuß/Socken
Medien/Material

Charakter
Spielerisch ✓
Übend ✓
Kämpferisch ✓

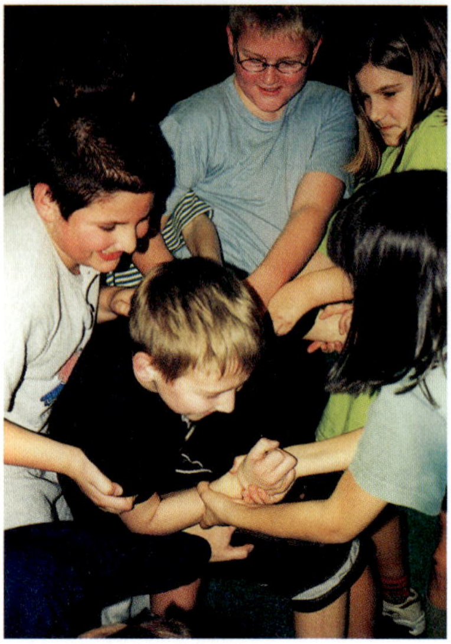

Zwei bis vier „Königskinder" (je nach Gruppengröße) stehen in den Ecken der Turnhalle. Sie hegen den innigen Wunsch, zueinander zu kommen. Die übrigen Mitspieler wollen dies verhindern (z.B. durch Festhalten an der Kleidung, Umklammern). Wenn die „Königskinder" es geschafft haben, sich zu berühren oder sich an den Händen zu halten, ist das Spiel zu Ende.

Bei jüngeren Kindern empfiehlt es sich, nicht zu laufen, sondern zunächst im Gehen zu spielen.
Evtl. ist es sinnvoll, zunächst das Festhalten auf einzelne Haltegriffe bzw. Körperstellen zu begrenzen.

- Drei oder vier „Königskinder".

- Bei unfairen Handlungen sofort das Spiel unterbrechen.

- Ballwache (RV 12)
- Bodenrandori (RG 7)
- Keilriemenrugby (RG 36)
- Klau' den König! (RG 9)

Möhrenziehen (RG 11)

RRR
genießen & ausleben

Emotional-soziale Voraussetzungen	
Niedrig	
Mittel	✓
Hoch	
Sozialform	
Partner	
Kleingruppe	✓
Großgruppe	✓
Äußere Bedingungen	
Mattenfläche, klein	
Mattenfläche, groß	
reißfeste Kleidung	
Barfuß/Socken	
Medien/Material	
Charakter	
Spielerisch	✓
Übend	
Kämpferisch	

Bis auf einen Spieler („Gärtner") liegen alle bäuchlings in Handfassung im Kreis („Möhren").Der „Gärtner" versucht von außerhalb, die „Möhren" nacheinander an den Fußgelenken aus dem Kreis zu ziehen.

Darauf achten, dass die Füße nicht zu sehr nach oben angehoben werden, da sonst Gefahr für den Rücken besteht.

- Wer aus dem Kreis herausgezogen wurde, hilft dem „Gärtner".

- Die Füße bzw. Beine der Spieler sollen beim Ziehen möglichst nah am Boden gehalten, zumindest aber sanft abgelegt werden.

- Ballwache (RE 12)
- Zerreißprobe (RG 1)
- Ausbrechen (RG 6)
- Mauseloch (RG 25)

Rausschmiss (RG 12)

RRR
genießen & ausleben

Emotional-soziale Voraussetzungen	
Niedrig	
Mittel	
Hoch	✓
Sozialform	
Partner	
Kleingruppe	✓
Großgruppe	✓
Äußere Bedingungen	
Mattenfläche, klein	
Mattenfläche, groß	✓
reißfeste Kleidung	✓
Barfuß/Socken	✓
Medien/Material	✓
Charakter	
Spielerisch	✓
Übend	
Kämpferisch	

Alle Kämpfer versuchen, sich gegenseitig aus einem Bereich (Mattenfläche oder eine auf die Judomatten gelegte Weichbodenmatte) hinauszudrängen. Wer die Fläche außerhalb der markierten Matten oder der Weichbodenmatte berührt, scheidet vorübergehend aus. Das ganze Spiel findet auf allen Vieren oder im Sitzen statt (dabei darf das Gesäß den Boden nicht verlassen).

Vorbereitung erfolgt durch Bodenrandori, Rückenkämpfchen usw.

- Wer von der Matte herunter gedrängt worden ist, darf von außerhalb helfen.
- Alle versuchen, auf die Matte zu kommen, die zunächst von ein bis zwei Wächtern gesichert wird.

- Aufstehen ist nicht erlaubt.

- Schatz vergraben und bewachen (RE 39)
- Schildkrötendrehen (RG 13)
- Außerirdische greifen an (RG 27)

RRR
genießen & ausleben

Schildkrötendrehen (RG 13)

Emotional-soziale Voraussetzungen	
Niedrig	
Mittel	
Hoch	✓
Sozialform	
Partner	
Kleingruppe	
Großgruppe	✓
Äußere Bedingungen	
Mattenfläche, klein	
Mattenfläche, groß	✓
reißfeste Kleidung	✓
Barfuß/Socken	✓
Medien/Material	
Charakter	
Spielerisch	✓
Übend	
Kämpferisch	✓

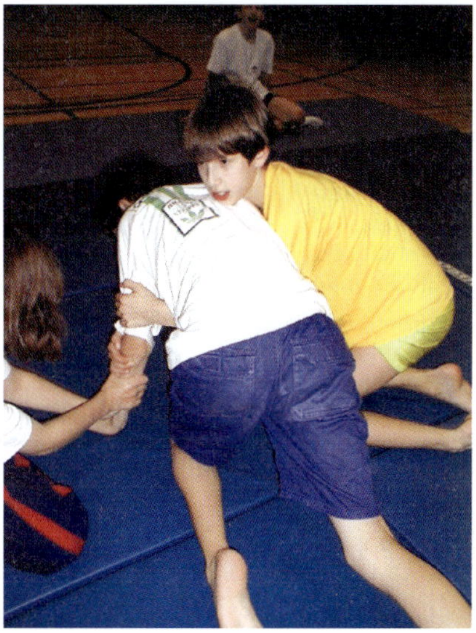

Bis auf einen Spieler befinden sich alle auf Knien und Händen an einem Ende der Mattenfläche. Ein Spieler kniet auf der gegenüberliegenden Seite. Auf ein Signal hin krabbeln die „Schildkröten" auf die andere Seite der Mattenfläche, der Fänger kommt ihnen entgegen und versucht, die „Schildkröten" festzuhalten und diese auf den Rücken zu drehen. Gelingt ihm dies, sind die Spieler im nächsten Durchgang ebenfalls Fänger bzw. „Schildkrötendreher".

Für dieses Spiel muss eine ausreichende große Mattenfläche zu Verfügung stehen; ansonsten sollte die Gruppe geteilt werden.

- Zwei Mannschaften treten gegeneinander an, welche schafft es, in einem bestimmten Zeitraum die meisten „Schildkröten" umzudrehen?

- Aufstehen ist verboten, die Mattenfläche verlassen ebenfalls.

- Das ist mein Ball! (RE 2)
- Unumstößlich (RE 4)
- Halbstarkentreffen (RG 23)

Sockenklau (RG 14)

RRR
genießen & ausleben

Emotional-soziale Voraussetzungen	
Niedrig	
Mittel	
Hoch	✓
Sozialform	
Partner	
Kleingruppe	✓
Großgruppe	✓
Äußere Bedingungen	
Mattenfläche, klein	
Mattenfläche, groß	✓
reißfeste Kleidung	✓
Barfuß/Socken	✓
Medien/Material	
Charakter	
Spielerisch	✓
Übend	✓
Kämpferisch	✓

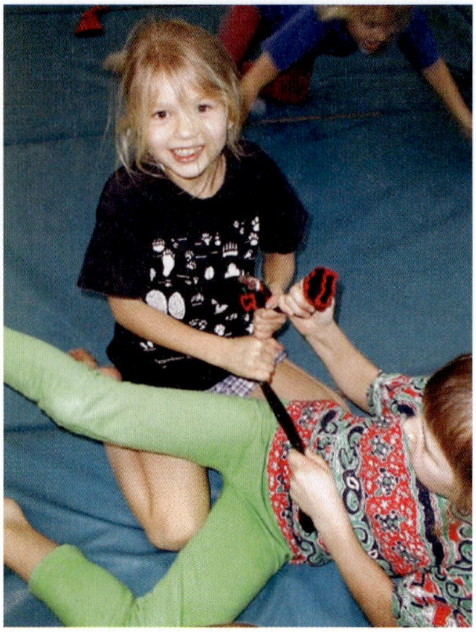

Alle Spieler bewegen sich im Spinnengang (Vierfüßlergang rücklings) vorwärts, seitwärts und rückwärts über die Mattenfläche. Treffen sie auf andere Mitspieler, versuchen sie, diese festzuhalten und ihnen die Socken auszuziehen. Gleichzeitig versuchen alle, das Ausziehen ihrer eigenen Socken zu verhindern. Die ausgezogenen Socken bleiben auf der Mattenfläche liegen.

- Die eine Hälfte der Mannschaft trägt keine Socken.
- Andere Fortbewegungsart: z.B. im Sitzen bzw. Rutschen.

- Aufstehen ist verboten, auf das Abschlagen der Mitspieler achten.

- Schlussverkauf (BF 13)
- Igel-Stachel-Klau (RA 30)
- Rückenkralle (RE 25)

RRR
genießen & ausleben

Werwolf (RG 15)

Emotional-soziale Voraussetzungen	
Niedrig	
Mittel	
Hoch	✓
Sozialform	
Partner	
Kleingruppe	
Großgruppe	✓
Äußere Bedingungen	
Mattenfläche, klein	
Mattenfläche, groß	✓
reißfeste Kleidung	✓
Barfuß/Socken	✓
Medien/Material	
Charakter	
Spielerisch	✓
Übend	
Kämpferisch	✓

Ein Mitspieler wird als „Werwolf“ bestimmt, der auf allen Vieren beginnt und versucht, die weglaufenden Mitspieler zu fangen bzw. abzuschlagen. Hat der Werwolf einen Spieler abgeschlagen und zu Fall gebracht, wird dieser ebenfalls zum „Werwolf“ und hilft beim Fangen mit. Um die Chancen des „Werwolfs“ zu verbessern, wird das Spielfeld begrenzt. Wer es verlässt, wird ebenfalls zum „Werwolf“.

Das Spielfeld muss mit Matten ausgelegt sein. Die Spieler sollen „weich“ fallen können. Ggf. wird das Zu-Fall-Bringen bzw. Herunterreißen zu zweit vorher geübt.

- Statt Abschlagen den Spieler festhalten und direkt zu Boden ziehen. Dies erfolgt i.d.R. an den Füßen und Beinen.

- Springen über die „Werwölfe“ ist nicht erlaubt.

- Fallen und Sichern (RA 6)
- Hecht im Karpfenteich (RE 40)
- Bodenrandori (RG 7)
- Schildkrötendrehen (RG 13)

Rutschball (RG 16)

RRR
genießen & ausleben

Emotional-soziale Voraussetzungen	
Niedrig	
Mittel	
Hoch	✓
Sozialform	
Partner	
Kleingruppe	
Großgruppe	✓
Äußere Bedingungen	
Mattenfläche, klein	
Mattenfläche, groß	
reißfeste Kleidung	
Barfuß/Socken	
Medien/Material	✓
Charakter	
Spielerisch	✓
Übend	✓
Kämpferisch	✓

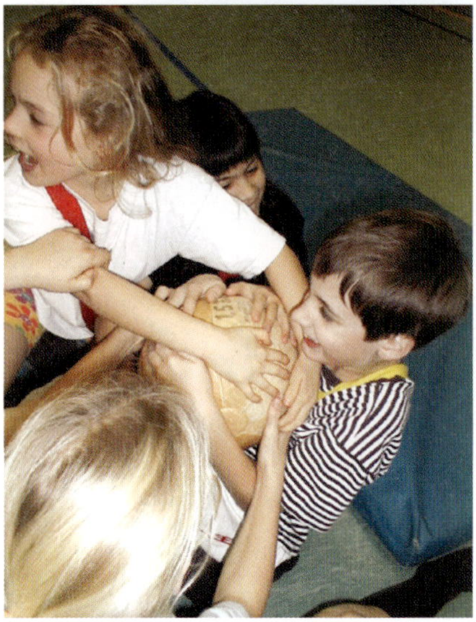

Zwei Mannschaften spielen gegeneinander. Jede Mannschaft hat in ihrer Hälfte ein Mal, z.B. eine Bodenmatte, auf dem jeweils ein Medizinball liegt. Die Mannschaften versuchen gleichzeitig, den eigenen Ball auf das Mal der gegnerischen Mannschaft zu legen und dabei dies umgekehrt zu verhindern. Die Spieler bewegen sich dabei nur rutschend vorwärts. Der Ball darf nicht den Kontakt zum Boden verlieren, muss also rollend zugespielt werden. Die Spieler der anderen Mannschaft dürfen festgehalten werden, allerdings nur mit fairen Mitteln. Ein Ball, der ins Aus geht, wird von den Schiedsrichtern an der gleichen Stelle wieder in das Spiel eingebracht. Zunächst dürfen nur die Spieler angegriffen werden, die im Ballbesitz sind. Soll der Ball von einer Körperseite zur anderen bewegt werden, so kann er um den Körper herumgerollt oder über die Beine gerollt werden, ohne ihn anzuheben.

Die Bälle sollten gekennzeichnet sein, damit keine Verwechslungsgefahr besteht.

- Es dürfen auch Spieler angegriffen und blockiert werden, die nicht im Ballbesitz sind.
- Spieler, die aus dem Spielfeld herausgedrängt wurden, dürfen für eine bestimmte Zeit nicht mehr mitspielen.

- Medizinball-Torjagd (BF 5)
- Bodenrugby (RG 33)
- Spinnefeind (RG 37)

RRR
genießen & ausleben

Stuhlkreiswettkampf (RG 17)

Emotional-soziale Voraussetzungen
Niedrig
Mittel ✓
Hoch

Sozialform
Partner
Kleingruppe
Großgruppe ✓

Äußere Bedingungen
Mattenfläche, klein
Mattenfläche, groß
reißfeste Kleidung
Barfuß/Socken
Medien/Material ✓

Charakter
Spielerisch ✓
Übend
Kämpferisch

Ein Spieler steht in der Mitte eines Stuhlkreises, von dem ein Stuhl frei ist. Nach dem Startkommando versucht der Mittelspieler, den freien Stuhl zu erreichen und sich auf ihn zu setzen. Durch Versetzen der Kreisspieler soll dies aber verhindert werden. Schafft es der Mittelspieler jedoch, sich auf einen freien Stuhl zu setzen, so wird das langsamere Kind Mittelspieler. Das Versetzen/Umsetzen der Spieler kann beliebig nach rechts oder links erfolgen. Sieht der Mittelspieler jedoch kaum Chancen für sich, kann er „Obstsalat" rufen. Daraufhin müssen alle anderen den Platz wechseln.

Den Kreis so eng wählen, dass der Mittelspieler eine Chance hat, den freien Stuhl zu erreichen.

- In der Turnhalle kann dieses Spiel im Stehen ausgeführt werden, statt der Stühle werden Gymnastikreifen genommen.
- Auch die Kreisspieler dürfen „Obstsalat" rufen, um dem Mittelspieler eine neue Chance zu eröffnen.

- Platz da! (RG 20)

Rückenschieberei (RG 18)

RRR
genießen & ausleben

Emotional-soziale Voraussetzungen	
Niedrig	
Mittel	✓
Hoch	
Sozialform	
Partner	
Kleingruppe	✓
Großgruppe	✓
Äußere Bedingungen	
Mattenfläche, klein	
Mattenfläche, groß	
reißfeste Kleidung	
Barfuß/Socken	
Medien/Material	
Charakter	
Spielerisch	✓
Übend	
Kämpferisch	✓

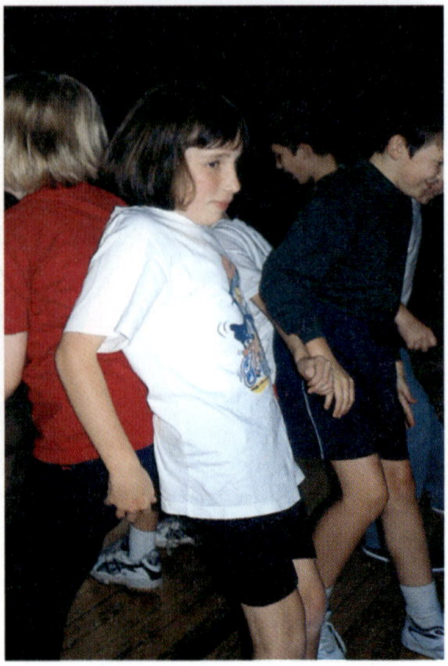

Die Gruppe stellt sich mit dem Rücken zueinander in einer Gasse auf. Sie haken sich mit den Armen ein und versuchen dann, Rücken gegen Rükken die jeweils andere Mannschaft über eine Linie zu drücken. Der Mannschaft, der es als erstes gelingt, die andere Mannschaft komplett über diese Linie zu drücken, hat den Durchgang gewonnen.

Es ist günstig, wenn die sich schiebenden Partner ungefähr gleich groß sind.

- Statt des Schiebens Rücken an Rücken mit dem Gesäß schieben.
- Änderung der Ausgangsposition: Festhalten an den Fußgelenke des jeweiligen Nachbarn.

- Nach dem Überqueren der Linie stehen bleiben, dann Druck und Gegendruck langsam verringern.

- Rückenkralle (RE 25)
- Rückenringkampf (RE 26)
- Spinnenrandori (RG 5)

Andere Länder, andere Sitten (RG 19)

RRR
genießen & ausleben

Emotional-soziale Voraussetzungen	
Niedrig	
Mittel	
Hoch	✓
Sozialform	
Partner	✓
Kleingruppe	✓
Großgruppe	✓
Äußere Bedingungen	
Mattenfläche, klein	✓
Mattenfläche, groß	
reißfeste Kleidung	✓
Barfuß/Socken	✓
Medien/Material	✓
Charakter	
Spielerisch	✓
Übend	✓
Kämpferisch	✓

Für jeweils zwei Spieler wird eine Gymnastik- oder Judomatte in den Raum gelegt. Zur Musik läuft die Gruppe durch die Halle. Stoppt die Musik, finden sich jeweils zwei Spieler auf einer Matte zusammen. Dort werden vorher festgelegte Übungen, Kämpfchen oder Spiele innerhalb eines vorherbestimmten Zeitraumes durchgeführt. Dazu ist es erforderlich, dass auf einigen Matten Geräte, Materialien (Medizinball, Seilchen...) liegen. So könnte es eine „Randori-Insel“, eine „Roll-Insel“, eine „Schildkröten-Insel“, eine „Rückenschiebe-Insel“ oder auch eine „Ruhe-Insel“ geben. Wenn die Musik wieder einsetzt, läuft die Gruppe wieder frei durch den Raum.

Vorher muss genau festgelegt werden, auf welchen Inseln welche Übungen durchgeführt werden sollen. Zur Spielregel gehört außerdem, dass sich immer neue Paare finden und dass nicht zweimal hintereinander dieselbe Insel aufgesucht wird.

- Eine Reihenfolge der Inseln festlegen.
- Paare werden vorher festgelegt und besuchen in einer festgelegten Reihenfolge die Inseln.

- Es gelten die für die jeweiligen Übungen, Kämpfe und Spiele erforderlichen Sicherheitsmaßnahmen.

- Bodenrandori (RG 7)

Platz da! (RG 20)

RRR
genießen & ausleben

Emotional-soziale Voraussetzungen	
Niedrig	
Mittel	✓
Hoch	
Sozialform	
Partner	
Kleingruppe	✓
Großgruppe	✓
Äußere Bedingungen	
Mattenfläche, klein	
Mattenfläche, groß	
reißfeste Kleidung	
Barfuß/Socken	
Medien/Material	✓
Charakter	
Spielerisch	✓
Übend	
Kämpferisch	✓

Alle Mitspieler, bis auf einen, stellen sich in jeweils einen der im Raum verteilten Gymnastikreifen. Ein Spieler steht in der Mitte der Halle. Auf ein Zeichen hin sollen alle versuchen, in einen anderen Reifen zu gelangen (Platzwechsel). Der Spieler in der Mitte versucht seinerseits, einen freiwerdenden Reifen zu erobern. Gelingt ihm dies, geht das Spiel weiter, gelingt ihm dies nicht, hat er ca. 10 sec. Zeit, einen Mitspieler an seiner Kleidung oder Oberarmen, Gürtel etc. aus seinem Gymnastikreifen herauszuziehen. Dieser setzt nun das Spiel fort.

Darauf achten, dass alle Mitspieler auch tatsächlich den Reifen wechseln.

- Durch Rückenschieben versuchen, einen Reifen zu erobern.
- Statt Gymnastikreifen Gymnastikmatten verwenden. Diese können dann Mittels Bodenrandori erobert werden.

Darauf achten, dass die Spieler nicht auf die Reifen treten, da diese wegrutschen können (ggf. auf Mattenfläche durchführen)

- Insel-Duell (RA 26)
- Stuhlkreiswettkampf (RG 17)

RRR
genießen & ausleben

Black & White (RG 21)

Emotional-soziale Voraussetzungen	
Niedrig	
Mittel	✓
Hoch	
Sozialform	
Partner	
Kleingruppe	✓
Großgruppe	✓
Äußere Bedingungen	
Mattenfläche, klein	
Mattenfläche, groß	
reißfeste Kleidung	
Barfuß/Socken	
Medien/Material	
Charakter	
Spielerisch	✓
Übend	
Kämpferisch	✓

Die Mitspieler setzen sich Rücken an Rücken auf die Mittellinie der Turnhalle. Es wird eingeteilt, welche Reihe „schwarz“ und welche „weiß“ ist. Auf den Ruf des Spielleiters „Schwarz“, dreht sich die schwarze Seite schnell um und jagt den „Weißen“ hinterher, die versuchen sollen, ohne abgeschlagen oder festgehalten zu werden, eine bestimmte Linie zu erreichen. Ruft der Spielleiter „Weiß“, hat diese Reihe die Aufgabe, die „Schwarzen“ zu fangen. Wer abgeschlagen ist, wechselt zur anderen Mannschaft.

Es ist wichtig, dass die Mitspieler zunächst ruhig Rücken an Rücken in dieser Position verharren. Je nach Spielverlauf kann der Abstand in der Ausgangsposition vergrößert werden.

- Wer abgeschlagen ist, darf durch Zurücktragen (Huckepack) des Partners in der Mannschaft bleiben.
- Andere Ausgangspositionen (z.B. im Liegen, Hocken usw.)

- Rückenschubsen (RE 27)
- Rückenschieben im Stand (RG 18)

RRR
genießen & ausleben

Luftkämpfchen (RG 22)

Emotional-soziale Voraussetzungen
Niedrig
Mittel
Hoch ✓

Sozialform
Partner ✓
Kleingruppe
Großgruppe

Äußere Bedingungen
Mattenfläche, klein
Mattenfläche, groß
reißfeste Kleidung
Barfuß/Socken
Medien/Material ✓

Charakter
Spielerisch ✓
Übend
Kämpferisch ✓

Partner A hat einen Luftballon und tippt diesen möglichst oft mit einer Hand hoch. Partner B hält ihn an der Hüfte fest und versucht, ihn vom fliegenden Luftballon wegzuzerren. Ein Spieldurchgang ist zu Ende, wenn der Luftballon den Boden berührt. Die richtigen Versuche können als Punkte gezählt werden.

Darauf achten, dass die Partner annähernd gleich groß bzw. gleich schwer sind. Ansonsten ist das Spiel auch in der Konstellation 2 zu 1 möglich.

- Im Knien auf der Mattenfläche.
- Als Gruppenwettkampf: Mannschaft A versucht ihre Luftballons in der Luft zu halten (jeder zweite Mitspieler von Mannschaft A hat einen Luftballon). Mannschaft B soll versuchen, die fliegenden Luftballons wegzuschnappen. Die Mitspieler der Mannschaft A, die keinen Luftballon haben, sollen versuchen, die Mitspieler von Mannschaft B zurückzudrängen bzw. von den Luftballons fern zu halten (z.B. durch Hüftumklammerung).

- Eventuell für die Durchführung in der Partnerform vorher die Wettkampffläche festlegen. (z.B. durch Linien am Boden).

- Wildpferdzähmen (RE 6)
- Wegschleifen (RE 10)
- Trotzphase (RG 4)

RRR
genießen & ausleben

Halbstarkentreffen (RG 23)

Emotional-soziale Voraussetzungen
Niedrig
Mittel
Hoch ✓

Sozialform
Partner
Kleingruppe
Großgruppe ✓

Äußere Bedingungen
Mattenfläche, klein
Mattenfläche, groß ✓
reißfeste Kleidung ✓
Barfuß/Socken ✓
Medien/Material

Charakter
Spielerisch ✓
Übend ✓
Kämpferisch ✓

Die Gruppe bewegt sich kniend über die Mattenfläche. Treffen zwei Spieler aufeinander, umfasst einer den Nacken des anderen sowie einen Arm seines Gegenübers und versucht, den Partner seitlich umzudrücken oder umzuwerfen und ihn für eine bestimmte Zeit am Boden festzuhalten.

Es ist hilfreich, vor diesem kleinen Kampf folgende Ausgangspositionen zu vereinbaren. Die Partner knien voreinander, wobei der rechte Fuß neben dem des Partners steht, die rechten Hände sind wie beim Armdrücken gefasst. Erst dann versuchen die Partner, sich gegenseitig umzudrücken. Täuschungen und Finten sind nicht nur erlaubt, sondern auch erwünscht.

- Statt Bewegen im Kniestand kann das gesamte Spiel auch im Langsitz-Rutschen durchgeführt werden.
- Mit erfahrenen Teilnehmern kann das Spiel auch im Stand bzw. aus dem Gang heraus durchgeführt werden. Dabei stehen die Partner voreinander, der rechte Fuß steht neben dem des anderen, die rechten Hände sind wiederum wie beim Armdrücken gefasst.

- Auf eine genügend große Mattenfläche achten; zu große Gruppen in mehrere Untergruppen unterteilen.

- Rasenmäher (RA 34)
- Hecht im Karpfenteich (RE 40)
- Flohkiste (RG 35)

RRR
genießen & ausleben

Tanz der Vögel (RG 24)

Emotional-soziale Voraussetzungen	
Niedrig	
Mittel	
Hoch	✓
Sozialform	
Partner	
Kleingruppe	
Großgruppe	✓
Äußere Bedingungen	
Mattenfläche, klein	
Mattenfläche, groß	✓
reißfeste Kleidung	✓
Barfuß/Socken	✓
Medien/Material	✓
Charakter	
Spielerisch	✓
Übend	✓
Kämpferisch	✓

Alle Mitspieler sind Vögel und tanzen zur Musik mit ausgebreiteten Armen. Begegnen sich zwei, umfasst ein „Vogel" den Nacken bzw. den Arm des anderen und bringt ihn (dabei vorsichtig festhaltend) zu Fall. Dabei darf der Kopf des geworfenen Partners auf keinen Fall auf den Boden gelangen. Der Fallende wird am Ärmel langsam zu Boden gelassen und kann mit dem anderen Arm abschlagen.

Voraussetzung für dieses Spiel ist eine gründliche Erarbeitung des Fallens und Abrollens. Judojacken und -gürtel sind empfehlenswert.

- Auf eine genügend große Mattenfläche achten, sonst die Gruppe unterteilen.

- Andere Länder, andere Sitten (RG 19)
- Halbstarkentreffen (RG 23)

RRR
genießen & ausleben

Mauseloch (RG 25)

Emotional-soziale Voraussetzungen
Niedrig
Mittel
Hoch ✓

Sozialform
Partner
Kleingruppe
Großgruppe ✓

Äußere Bedingungen
Mattenfläche, klein
Mattenfläche, groß ✓
reißfeste Kleidung ✓
Barfuß/Socken ✓
Medien/Material

Charakter
Spielerisch ✓
Übend
Kämpferisch ✓

Die Gruppe (mit Ausnahme von vier Spielern), bildet einen Innenstirnkreis (Mauseloch) und hält sich an den Händen. Die übrigen Mitspieler knien außerhalb des Kreises auf dem Boden und sind „Mäuse". Auf ein Zeichen hin (es bedeutet: „die Katze kommt!"), haben sie eine bestimmte Zeit, in ihr „Mauseloch" zurückzukehren. Die Kreisspieler machen den Kreis möglichst eng, damit es für die „Mäuse" schwierig wird, hinein zu gelangen. Die „Mäuse" dürfen sich gegenseitig helfen (ziehen oder drücken). Die „Mäuse", die es in der vorgegebenen Zeit nicht geschafft haben, sind Opfer der „Katzen".

Eine Markierung auf dem Boden (z.B. durch Klebeband oder einen Kreidestrich) erleichtert das Einhalten des Kreises.

- Ein oder zwei „Katzen" ins Spiel bringen, die versuchen, die „Mäuse" an den Hüften vom „Mauseloch" wegzuzerren.

- Ballwache (RE 12)
- Ausbrechen (RG 6)
- Abführen (RG 34)

Wackelpudding (RG 26)

RRR
genießen & ausleben

Emotional-soziale Voraussetzungen	
Niedrig	
Mittel	
Hoch	✓
Sozialform	
Partner	
Kleingruppe	✓
Großgruppe	✓
Äußere Bedingungen	
Mattenfläche, klein	
Mattenfläche, groß	✓
reißfeste Kleidung	✓
Barfuß/Socken	✓
Medien/Material	✓
Charakter	
Spielerisch	✓
Übend	
Kämpferisch	✓

Ein Mitspieler sitzt auf einem Ball (Pezziball), seine Füße befinden sich am Boden. Die übrigen Mitspielerinnen knien auf dem Boden und bilden einen engen Kreis um den auf dem Ball sitzenden Mitspieler. Nun versuchen die Knieenden, den sitzenden Mitspieler durch Ziehen(auch an der Kleidung) oder Drücken vom Ball zu schubsen.

- Wenn eine entsprechende Anzahl von Bällen vorhanden ist, kann das Spiel auch als Partnerübung durchgeführt werden.

- Darauf achten, dass der vom Ball geschubste Mitspieler auch von den Übrigen aufgefangen wird.

- Klau' den König (RG 9)
- Königskinder (RG 10)

Außerirdische greifen an (RG 27)

RRR
genießen & ausleben

Emotional-soziale Voraussetzungen	
Niedrig	
Mittel	
Hoch	✓
Sozialform	
Partner	
Kleingruppe	
Großgruppe	✓
Äußere Bedingungen	
Mattenfläche, klein	
Mattenfläche, groß	✓
reißfeste Kleidung	✓
Barfuß/Socken	✓
Medien/Material	✓
Charakter	
Spielerisch	✓
Übend	
Kämpferisch	✓

Jeweils innerhalb und außerhalb einer Fläche von ca. 4x6 m (z.B. zwei aneinander gelegte Weichbodenmatten) befindet sich die Hälfte der Gruppe. Jedem inneren Mitspieler („Planetenbewohner") ist ein äußerer Mitspieler („Außerirdischer") zugeteilt. Die Äußeren versuchen, auf den Planeten (innere Fläche) zu gelangen. Das Spiel findet im Knien statt, ein Herumkrabbeln der „Außerirdischen" um die Mattenfläche erfordert auch ein Neuorientieren des jeweils zugeteilten „Planetenbewohners". Innerhalb eines bestimmten Zeitlimits (ca. 40 Sek.) sollen alle „Außerirdischen" auf den „Planeten" gelangt sein. Danach kann das Spiel von neuem starten (neue Paarbildung).

Das Spiel sollte durch vielfältige Kämpfe (Bodenrandori) vorbereitet werden. Günstig ist es, wenn die Weichbodenmatten von Judomatten umgeben sind.

- Durchführung im Stand (allerdings dann ohne Weichbodenmatten).
- Ebenfalls im Stand: An den Linien des „Planeten" befinden sich Bälle, Keulen o.ä., die bei den Kämpfchen nicht berührt werden dürfen.

- Schatz bewachen und vergraben (RE 39)
- Rausschmiss (RG 12)

RRR
genießen & ausleben

Bis hierhin und nicht weiter! (RG 28)

Emotional-soziale Voraussetzungen	
Niedrig	
Mittel	
Hoch	✓
Sozialform	
Partner	✓
Kleingruppe	✓
Großgruppe	✓
Äußere Bedingungen	
Mattenfläche, klein	
Mattenfläche, groß	✓
reißfeste Kleidung	✓
Barfuß/Socken	✓
Medien/Material	
Charakter	
Spielerisch	✓
Übend	✓
Kämpferisch	✓

Partnerweise befinden sich Spieler gegenüber im Kniestand. Jeder hat die Aufgabe, seinen Partner über die hinter ihm befindliche Linie zu drängen. Die Knie bleiben dabei auf dem Boden.

Vorher Schieben, Ziehen und Drücken in einer 1 : 1 Situation üben.

- Es darf auch an den Gürteln gezogen werden.
- Es darf auch an Schultern und Beinen gezogen werden.
- Im Stand (mit erfahreneren Spielern).

- Nach Beenden des Spiels Druck/Zug langsam nachlassen; den Partner nicht plötzlich loslassen.

- Rückenringkampf (RE 26)
- Schulterdrücken (RE 29)
- Rückenschieben im Stand (RG 18)

RRR
genießen & ausleben

Bärenjagd (RG 29)

Emotional-soziale Voraussetzungen	
Niedrig	
Mittel	
Hoch	✓
Sozialform	
Partner	
Kleingruppe	
Großgruppe	✓
Äußere Bedingungen	
Mattenfläche, klein	
Mattenfläche, groß	✓
reißfeste Kleidung	✓
Barfuß/Socken	✓
Medien/Material	
Charakter	
Spielerisch	✓
Übend	✓
Kämpferisch	✓

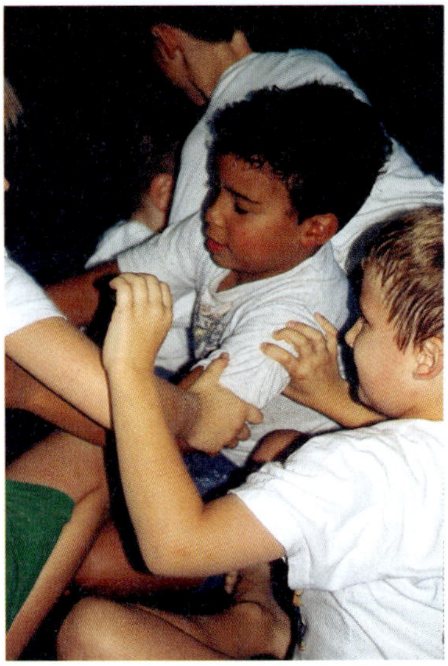

Die gesamte Mattenfläche wird in drei gleichgroße Spielfelder eingeteilt. In jedem Feld bewegen sich 4 Kinder („Bären") auf allen Vieren. Alle übrigen Mitspieler sind „Jäger" (im Stand) und haben die Aufgabe, die „Bären" aus ihrem jeweiligen Revier zu vertreiben. Dazu dürfen sie die „Bären" drängen, ziehen, schieben und auch gemeinsam tragen. Verdrängte „Bären" können nicht mehr zurück, sie bewegen sich zur „Bärensammelstelle" (z.B. Gymnastikmatte außerhalb der Mattenfläche). Das Spiel ist zu Ende, wenn sich keine „Bären" mehr in den Spielfeldern befinden.

Darauf achten, dass die Spielfelder deutlich voneinander abgetrennt werden (z.B. durch Klebestreifen).

- Die verdrängten „Bären" werden zu „Jägern".
- Die „Bären" dürfen sich gegenseitig helfen (aneinander festhalten).

- Wildschützen (RG 3)
- Schildkrötendrehen (RG 13)
- Werwolf (RG 15)
- Wildwechsel (RG 30)
- Dreiländerkampf (RG 31)

RRR
genießen & ausleben

Wildwechsel (RG 30)

Emotional-soziale Voraussetzungen	
Niedrig	
Mittel	
Hoch	✓
Sozialform	
Partner	
Kleingruppe	
Großgruppe	✓
Äußere Bedingungen	
Mattenfläche, klein	
Mattenfläche, groß	✓
reißfeste Kleidung	✓
Barfuß/Socken	✓
Medien/Material	
Charakter	
Spielerisch	✓
Übend	
Kämpferisch	✓

Die gesamte Mattenfläche wird in drei Spielfelder unterteilt. Im mittleren Spielfeld, das schmaler sein kann als die äußeren, befinden sich, je nach Gruppengröße, fünf oder mehr „Jäger“ (im Stand, oder auf allen Vieren). In einem äußeren Spielfeld befinden sich alle „Hasen“. Sie haben die Aufgabe, auf die andere Mattenseite zu krabbeln, möglichst ohne von den „Jägern“ gefangen, d.h. auf den Rücken gedreht zu werden. Die gefangenen „Hasen“ sind für einen Durchgang lang „verwundet“ und dürfe dann wieder mitspielen.. Für die übrigen „Hasen“ beginnt das Spiel von der anderen Seite von neuem.

- Die Jäger befinden sich ebenfalls auf allen Vieren.
- Statt auf den Rücken drehen, ist der Hase gefangen, der für mindestens 10 Sekunden im mittleren Feld festgehalten werden kann.

- Aufstehen und Laufen sind nicht erlaubt.

- Schildkrötendrehen (RG 13)
- Bärenjagd (RG 29)
- Dreiländerkampf (RG 31)

Dreiländerkampf (RG 31)

RRR
genießen & ausleben

Emotional-soziale Voraussetzungen	
Niedrig	
Mittel	
Hoch	✓
Sozialform	
Partner	
Kleingruppe	
Großgruppe	✓
Äußere Bedingungen	
Mattenfläche, klein	
Mattenfläche, groß	✓
reißfeste Kleidung	✓
Barfuß/Socken	✓
Medien/Material	
Charakter	
Spielerisch	✓
Übend	
Kämpferisch	✓

Die gesamte Mattenfläche wird in drei gleichgroße Felder eingeteilt. Alle Spieler befinden sich zu Beginn des Spiels im ersten (äußeren) Feld und versuchen, so lange wie möglich in diesem Feld zu bleiben, aber gleichzeitig die anderen in das Feld 2 (das mittlere Feld) zu drängen. Dabei ist das Anfassen an der Kleidung bzw. an den Schultern oder Hüften erlaubt. Diejenigen, die in das Feld 2 gedrängt worden sind, dürfen weitere Mitspieler aus Feld 1 herausholen und in Feld 3 drängen. Gewonnen hat, wer bis zuletzt in Feld 1 geblieben ist, zweiter Sieger ist derjenige, der zuletzt in Feld 2 übrig bleibt. Das ganze Spiel findet auf allen Vieren statt.

Es empfiehlt sich, dieses anstrengende Spiel durch verschiedene Randoriübungen bzw. -variationen vorzubereiten.

- Zeitlimit vorgeben.

- Auf Überanstrengung der Schulter- und Handgelenke achten.

- Schildkrötendrehen (RG 13)
- Bärenjagd (RG 29)
- Dreiländerkampf (RG 31)
- Wildwechsel (RG 30)

RRR
genießen & ausleben

Festnahme (RG 32)

Emotional-soziale Voraussetzungen
Niedrig
Mittel ✓
Hoch

Sozialform
Partner
Kleingruppe
Großgruppe ✓

Äußere Bedingungen
Mattenfläche, klein
Mattenfläche, groß
reißfeste Kleidung
Barfuß/Socken
Medien/Material

Charakter
Spielerisch ✓
Übend
Kämpferisch

Die Gruppe („Polizisten") versucht, einen Spieler („Dieb") zu fangen. Ziel ist es, den „Dieb" einzukreisen, bis er aus diesem Kreis nicht mehr ausbrechen kann. Die „Polizisten" dürfen dabei nur den Körper einsetzen, nicht die Arme oder die Beine. Der „Dieb" hat seinerseits die Möglichkeit, sich auch mit den Armen zu befreien.

Es ist eventuell günstig, das Spiel zunächst nicht im Laufen, sondern im Gehen durchzuführen.

- Mehrere Diebe werden bestimmt, die von mehreren Gruppen (jeweils 3 bis 4 Mitspieler) eingekreist werden sollen.

- Darauf achten, dass beim Halten des „Diebes" die Arme und Hände des „Polizisten" keinesfalls eingesetzt werden (die Polizisten sollten die Hände auf dem Rücken halten).

- Schätzchen suchen (BF 9)
- Kreisfangen (BF 23)
- Ausbrechen (RG 6)

RRR
genießen & ausleben

Bodenrugby (RG 33)

Emotional-soziale Voraussetzungen	
Niedrig	
Mittel	
Hoch	✓
Sozialform	
Partner	
Kleingruppe	✓
Großgruppe	✓
Äußere Bedingungen	
Mattenfläche, klein	
Mattenfläche, groß	✓
reißfeste Kleidung	✓
Barfuß/Socken	✓
Medien/Material	✓
Charakter	
Spielerisch	✓
Übend	
Kämpferisch	✓

Es werden zwei Mannschaften gebildet und entsprechend gekennzeichnet. Jeweils 3 bis 4 Mitspieler eines jeden Teams befinden sich auf der Mattenfläche auf allen Vieren. Ziel des Spiels ist es, einen Ball (Pezziball) in das gegnerische Mal (eine Judo- oder Gymnastikmatte o.ä.) abzulegen. Der Ball darf gerollt, geworfen oder auch zum Mitspieler weiter gegeben werden. Es ist erlaubt, die Spieler des anderen Teams an der Hüfte, Schultern oder auch an der Kleidung festzuhalten. Ein Punkt wird nur vergeben, wenn die Hand beim Ablegen noch am Ball ist. In Abständen von ca. 1 Minute werden die Spieler ausgewechselt.

Als Vorbereitung kann das Spiel „Rutschball" dienen (RG 16).

- Sind genügend Rollbretter vorhanden, lässt sich dieses Spiel auch auf dem normalen Hallenboden durchführen. Die Mitspieler liegen mit dem Bauch auf dem Rollbrett und müssen die Beine dabei gestreckt halten.

- Das Aufstehen und Laufen der Spieler ist verboten.

- Medizinball – Torjagd (BF 5)
- Rutschball (RG 16)
- Spinnefeind (RG 37)

Abführen (RG 34)

RRR
genießen & ausleben

Emotional-soziale Voraussetzungen	
Niedrig	
Mittel	
Hoch	✓
Sozialform	
Partner	
Kleingruppe	
Großgruppe	✓
Äußere Bedingungen	
Mattenfläche, klein	
Mattenfläche, groß	
reißfeste Kleidung	
Barfuß/Socken	
Medien/Material	
Charakter	
Spielerisch	✓
Übend	
Kämpferisch	✓

Je nach Gruppengröße bilden sich zwei bis vier Mannschaften. Sie stehen an einer Linie der Halle nebeneinander. Jede Mannschaft bestimmt zwei Mitspieler, die zum anderen Team gehen. Diese haben die Aufgabe, die Mitglieder der gegnerischen Mannschaft bis zu einem vorher festgelegten Ziel zu zerren. Diese leisten natürlich Widerstand. Sieger ist die Mannschaft, deren „Abführer" zuerst alle gegnerischen Spieler eines Teams zum Ziel gezerrt bzw. gezogen haben.

Bevor dieses Spiel mit Kindern und Jugendlichen durchgeführt werden kann, sollten die Voraussetzungen für Fallen und Sichern entwickelt worden sein.

- Die „Abgeführten" hocken auf Teppichfliesen oder Zeitungen und werden an den Händen zum Ziel gezogen
- Bei Vorhandensein einer Mattenfläche: die jeweiligen Mitspieler werden auf dem Bauch liegend „abgeführt"

- Für Kinder unter 7 Jahren weniger geeignet
- Erst den gegnerischen Mitspieler loslassen, wenn er sich im sicheren Stand befindet.

- Fünfertransport (BF 2)
- Verletzte bergen (BF 6)
- Fallen und Sichern (RA 6)
- Magnet (RE 22)
- Trotzphase (RG 4)

Flohkiste (RG 35)

RRR
genießen & ausleben

Emotional-soziale Voraussetzungen
Niedrig
Mittel
Hoch ✓

Sozialform
Partner
Kleingruppe ✓
Großgruppe ✓

Äußere Bedingungen
Mattenfläche, klein
Mattenfläche, groß ✓
reißfeste Kleidung ✓
Barfuß/Socken ✓
Medien/Material

Charakter
Spielerisch ✓
Übend ✓
Kämpferisch ✓

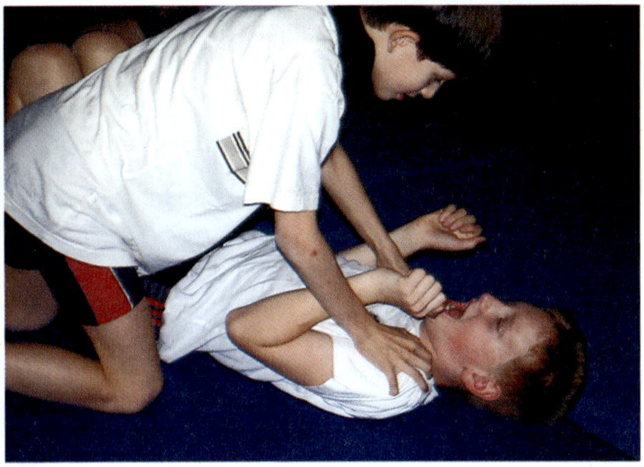

Alle Mitspieler krabbeln kreuz und quer über die Matte. Die Spieler, die sich treffen oder berühren, machen einen kleinen Ringkampf. Dabei sollen sie versuchen, den Partner auf die Schulter zu drehen. Ist dies gelungen, krabbeln sie weiter.

Darauf achten, dass häufiger Partnerwechsel stattfindet, d.h., zweimaliges Ringen hintereinander mit dem selben Partner sollte vermieden werden.

- Während des Krabbelns läuft Musik, bei Musikstopp wird der nächste Mitspieler als Kampfpartner genommen.

- Aufstehen und Laufen ist nicht erlaubt.

- Schlangengrube und Ameisenhaufen (RA 16)
- Spinnenrandori (RG 5)
- Schildkrötendrehen (RG 13)
- Halbstarkentreffen (RG 23)

Keilriemenrugby (RG 36)

RRR
genießen & ausleben

Emotional-soziale Voraussetzungen
Niedrig
Mittel
Hoch ✓

Sozialform
Partner
Kleingruppe ✓
Großgruppe ✓

Äußere Bedingungen
Mattenfläche, klein
Mattenfläche, groß
reißfeste Kleidung
Barfuß/Socken
Medien/Material ✓

Charakter
Spielerisch ✓
Übend ✓
Kämpferisch ✓

Zwei Mannschaften (von jeweils drei bis sechs Spielern) stellen sich an den Spielfeldenden gegenüber, während in der Spielfeldmitte ein Keilriemen (eines Automotors) liegt. Auf ein Startsignal hin bewegen sich alle Spieler in der vorgegebenen Weise (Laufen, Vierfüßlergang, Krabbeln) und versuchen, den Keilriemen in das gegnerische Tor (z.B. ein kleiner Kasten) zu befördern. Der Keilriemen darf getragen, geworfen, festgehalten, an ihm gezerrt werden usw. Kann er nicht mehr gespielt werden (z.B. weil zu viele Spieler gleichzeitig an ihm zerren), wird vom Spielleiter von 5 bis 0 zurückgezählt und alle müssen ihn loslassen. Daraufhin erfolgt ein Hochwurf durch den Spielleiter.

Das Spiel kann zunächst ohne oder mit wenig Körperkontakt bzw. –einsatz eingeführt werden.

- Bei jüngeren Kindern kann man auch einen Vollgummiring nehmen.

- Der Keilriemen darf keinesfalls über den Kopf oder den Arm gezogen werden.

- Medizinball-Torjagd (BF 5)
- Trotzphase (RG 4)
- Rutschball (RG 16)
- Bodenrugby (RG 33)

Spinnenfeind (RG 37)

Emotional-soziale Voraussetzungen	
Niedrig	
Mittel	✓
Hoch	
Sozialform	
Partner	
Kleingruppe	✓
Großgruppe	✓
Äußere Bedingungen	
Mattenfläche, klein	
Mattenfläche, groß	
reißfeste Kleidung	
Barfuß/Socken	
Medien/Material	✓
Charakter	
Spielerisch	✓
Übend	
Kämpferisch	✓

Alle Spieler bewegen sich im Spinnengang durch den Raum. Zwischen den Knien hat jeder Spieler einen Gymnastikball geklemmt. Ziel des Spiels ist es, durch Schubsen, vorsichtiges Rempeln und Drücken Schulter gegen Schulter für einen Ballverlust der anderen Spieler zu sorgen. Wer den Ball verliert, darf sich am Spielfeldrand ausruhen. Sitzen dort drei und der Vierte kommt hinzu, darf der Erste wieder mitspielen.

Das Spiel kann gut paarweise oder in Kleingruppen vorbereitet werden. Hier können zunächst Finten und Tricks ausprobiert und eingeübt werden. Es empfiehlt sich, das Spielfeld zu begrenzen.

- Spieler ohne Ball bleiben im Spiel, bis ein Sieger feststeht.
- Statt mit Bällen mit Luftballons.

- Aufstehen und Laufen sind nicht erlaubt.

- Klemmball (RE 14)
- Käseraub (RE 38)
- Rutschball (RG 16)
- Bodenrugby (RG 33)

RRR
genießen & ausleben

Fünferball (RG 38)

Emotional-soziale Voraussetzungen	
Niedrig	
Mittel	✓
Hoch	
Sozialform	
Partner	
Kleingruppe	
Großgruppe	✓
Äußere Bedingungen	
Mattenfläche, klein	
Mattenfläche, groß	✓
reißfeste Kleidung	✓
Barfuß/Socken	✓
Medien/Material	✓
Charakter	
Spielerisch	✓
Übend	
Kämpferisch	✓

Zwei Mannschaften werden durch Parteibänder gekennzeichnet; alle Spieler befinden sich auf allen Vieren. Ziel des Spiels ist es, einen Gymnastik- oder Pezziball in den eigenen Reihen zu halten (weitergeben, rollen oder werfen). Die jeweils gegnerische Mannschaft versucht, dies zu verhindern, in dem sie der anderen Mannschaft den Ball wegnimmt oder deren Mitspieler vom Ball wegzerrt (an der Hüfte, an den Schultern oder auch am Gürtel). Gelingt es einer Mannschaft, den Ball fünfmal hintereinander den eigenen Mitspielern weiterzugeben, gibt es einen Punkt.

Es ist günstig, wenn bei den ersten Durchgängen nur der ballführende bzw. ballhaltende Mitspieler durch die gegnerischen Mitspieler angegriffen werden darf.
Das Spiel wird am besten erst einmal im Laufen durchgeführt, wobei ein Wegzerren der anderen Spieler noch nicht erlaubt ist.

- Aus „Fünferball“ kann auch „Zehnerball“ werden.

- Aufstehen und Laufen ist nicht erlaubt.

- Medizinball – Torjagd (BF 5)
- Rutschball (RG 16)
- Luftkämpfchen (RG 22)

Mäuseplage (RG 39)

RRR
genießen & ausleben

Emotional-soziale Voraussetzungen
Niedrig
Mittel ✓
Hoch

Sozialform
Partner
Kleingruppe
Großgruppe ✓

Äußere Bedingungen
Mattenfläche, klein
Mattenfläche, groß ✓
reißfeste Kleidung
Barfuß/Socken ✓
Medien/Material ✓

Charakter
Spielerisch ✓
Übend
Kämpferisch ✓

Bis auf eine „Katze“ und eine „Maus“ sitzen alle im Kreis und halten ein möglichst großes Sprungtuch (Fallschirm) in den Händen. Die „Maus“ befindet sich kriechend unter, die „Katze“ auf allen Vieren auf dem Tuch. Die Kreisspieler versetzen das Tuch in Wellenbewegung durch kräftiges Auf- und Abbewegen der Hände, so dass die „Katze“ die Position der „Maus“ nicht mehr ausmachen kann. Sie soll die „Maus“ fangen und für mindestens 10 bis 15 Sek. festhalten.

Darauf achten, dass die Wellenbewegung des Tuches groß genug sind, um die Maus zu verbergen.

- Mehrere „Katzen“ und/oder mehrere „Mäuse“ führen das Spiel gleichzeitig durch.

- Aufrichten von „Maus“ noch „Katze“ sind nicht erlaubt.

- Halten und Drehen (RE 3)
- Trotzphase (RG 4)

Moorgeister (RG 40)

RRR
genießen & ausleben

Emotional-soziale Voraussetzungen
Niedrig
Mittel ✓
Hoch

Sozialform
Partner
Kleingruppe ✓
Großgruppe ✓

Äußere Bedingungen
Mattenfläche, klein
Mattenfläche, groß
reißfeste Kleidung
Barfuß/Socken
Medien/Material

Charakter
Spielerisch ✓
Übend
Kämpferisch

Bis auf zwei sitzen die Spieler außerhalb eines markierten Kreises (z.B. Mittelkreis der Turnhalle). Die beiden Spieler im Kreis („Moorgeister") versuchen, die anderen an den Füßen ins „Moor" zu ziehen. Diese dürfen sich mit den Händen am Boden abstützen bzw. festhalten. Wer in den Kreis gezogen worden ist, wird ebenfalls zum „Moorgeist".

Darauf achten, dass die außerhalb des Kreises sitzenden Mitspieler keinen zu weiten Abstand zueinander haben.

- Die äußeren Spieler dürfen sich gegenseitig helfen (festhalten).
- Mit Schwungtuch: Die äußeren Spieler halten das Tuch und machen Wellen, die „Moorgeister" sind unter dem Tuch und ziehen die anderen nach und nach herein.

- Ein plötzliches und ruckartiges Ziehen sollte vermieden werden, da sonst die Gezogenen mit dem Hinterkopf auf den Boden schlagen können.

- Möhrenziehen (RG 11)
- Mauseloch (RG 25)
- Abheben (RE 32)

4.4 Spiele im Überblick

Spielbezeichnung	Kategorie	Turnhalle	Aula, Pausen-. halle u.ä.	Außen- gelände	Schwimm- bad	Zu Hause
Abführen	RG 34	X	X	X	X	
Abheben	RE 32	X	X	X		X
Affenfelsen	RE 1	X				X
Airbag	RE 37	X				
Andere Länder, andere Sitten	RG 19	X				
Anklammerei	V 23	X	X	X		X
Ansatz	BF 25	X	X	X		
Atomspiel	KK 21	X	X	X	X	
Auf und Nieder	RA 35	X				
Aufstand	BF 1	X	X	X		X
Ausbrechen	RG 6	X	X	X	X	
Außerirdische greifen an	RG 27	X				
Aussitzen	KK 14	X	X	X	X	
Ballwache	RE 12	X				
Bärenjagd	RG 29	X				
Bauchtanz	KK 1	X	X			X
Bauchziehen	RE 13	X	X			X
Baumstammflößen	V 1	X	X			
Baumstammtreiben	RA 1	X				
Bis hierhin und nicht weiter!	RG 28	X	X	X	X	X
Black & White	RG 21	X	X	X	X	
Bleib' auf deiner Linie!	RE 15	X				X
Bleib' auf'm Teppich	RE 36	X				X
Blitzschlag	BF 20	X				
Blume in Sonne und Regen	RA 2	X				
Bodenrandori	RG 7	X				X
Bodenrugby	RG 33	X				
Briefbeschwerer	RA 20	X				
Butterwiegen und Rüttelrücken	KK 2	X	X	X	X	X

Spielbezeichnung	Kategorie	Turnhalle	Aula, Pausen-halle u.ä.	Außen-gelände	Schwimm-bad	Zu Hause
Das ist mein Ball!	RE 2	X				X
den Hals umdrehen...	KK 3	X	X	X	X	X
Denkmal abtasten	V 22	X	X	X	X	X
Distanz	V 20	X	X	X	X	X
Drehwurm	BF 14	X	X	X	X	
Dreierfang	BF 17	X	X	X	X	
Dreiländerkampf	RG 31	X				
Durch diese dunkle Gasse	V 24	X	X	X	X	
Eierlegen	V 2	X		X		
Entfernen gegen Widerstand	RA 5	X	X	X	X	X
Fallen und Sichern	RA 6	X				X
Familie Meyer	KK 22	X				
Fangen und Erlösen mit Körperkontakt	KK 4	X	X	X	X	
Fangen und Umschmeißen	BF 22	X				
Farbe bekennen	RA 39	X	X	X		X
Federklau	RE 11	X				
Federn lassen	RE 31	X				
Festnahme	RG 32	X	X	X	X	
Flohkiste	RG 35	X				
Flotte Feger	RA 24	X				
Führen und Folgen	V 11	X	X	X	X	X
Fünferball	RG 38	X			X	
Fünfertransport	BF 2	X	X	X		
Fußangel	RE 27	X	X	X		X
Fußdrücken	RE 16	X	X	X		X
Füßeln	RE 18	X	X	X	X	X
Gefangenenflucht	RA 28	X	X	X		
Gegeneinander	RA 8	X	X	X	X	X
Gewusel	V 3	X				
Gletscherspalte	V 4	X				

Spielbezeichnung	Kategorie	Turnhalle	Aula, Pausen-. halle u.ä.	Außen-gelände	Schwimm-bad	Zu Hause
Gondoliere	KK 23	X	X	X	X	
Gordischer Knoten	KK 11	X	X	X	X	
Halbstarkentreffen	RG 23	X				
Halten und Drehen	RE 3	X		X		X
Hände-Klatschen	RA 9	X	X	X	X	X
Hand-Fechten	RA 29	X	X	X	X	X
Handstandziehen	KK 5	X			X	
Hahnenkämpfchen	RE 7	X	X	X	X	
Hase und Igel	BF 12	X	X	X		
Hecht im Karpfenteich	RE 40	X				
Henne und Geier	BF 24	X	X	X	X	
Ho!-Ha!	BF 3	X	X	X	X	
Hochwasser	KK 15	X				
Igel-Stachel-Klau	RA 30	X				
Insel-Duell	RA 26	X				
Käseraub	RE 38	X				
Katapult	RA 10	X	X	X		X
Keilriemenrugby	RG 36	X	X	X	X	
Kissenschlacht im Dunkeln	RG 8	X				
Klau' den König	RG 9	X				
Klebemeister	KK 13	X	X	X		X
Kleiner und großer Bär	RA 23	X				X
Klemmball	RE 14	X	X	X		X
Kletterbaum	RA 11	X	X	X	X	X
Komm' schon her!	RA 33	X	X	X	X	X
Königskinder	RG 10	X	X	X	X	
Körperteile begrüßen sich	KK 24	X	X	X	X	X
Kraftfeld	V 12	X	X	X	X	X
Kreisbewegung	V 5	X	X	X	X	X
Kreisfangen	BF 23	X	X	X		
Lagebesprechung	V 18	X	X	X	X	

Spielbezeichnung	Kategorie	Turnhalle	Aula, Pausen-. halle u.ä.	Außen-gelände	Schwimm-bad	Zu Hause
Liegekämpfchen	RE 20	X				X
Liegestützkampf	RE 21	X	X	X		X
Luftkämpfchen	RG 22	X	X		X	X
Maden im Speck	KK 8	X				
Magnet	RE 22	X	X	X	X	
Magnetische Gelenke	KK 19	X	X	X		X
Marionettenspiel	KK 20	X				X
Mausefalle	RA 13	X				X
Mauseloch	RG 25	X	X	X	X	
Mäuseplage	RG 39	X				
McDonalds	KK 18	X	X	X		
Medizinball - Torjagd	BF 5	X				
Medizinballschieben	RE 23	X				
Menschenrüttelbank	V 6	X	X	X		
Menschen-Tunnel-Brücke	KK 6	X				
Möhrenziehen	RG 11	X	X	X		
Moleküle	RA 21	X	X	X		X
Monsterball	RA 38	X	X	X		
Moorgeister	RG 40	X				
Nachträuber	RE 5	X	X			
Namenstag	BF 16	X	X	X		
Nervensache	BF 19	X				
Pantoffelhelden	RE 35	X				
Papiertiger	RA 32	X				X
Partnerstemmen	RA 14	X				X
Pendel	V 14	X	X	X	X	X
Platz da!	RG 20	X	X	X		
Popcorn	BF 8	X	X	X	X	
Po-Puffer	RA 15	X	X			X
Puppenspieler	KK 12	X				X
Rasenmäher	RA 34	X	X	X		

Spielbezeichnung	Kategorie	Turnhalle	Aula, Pausen-. halle u.ä.	Außen-gelände	Schwimm-bad	Zu Hause
Raupenfang	RA 36	X	X	X	X	
Rausschmiss	RG 12	X				
Reifendrehlauf	BF 15	X	X			
Riesenpurzelbaum	RA 12	X				X
Ringerdusche	KK 17	X				X
Ringrichter	RA 37	X	X	X		
Roboterspiel	V 13	X	X	X	X	X
Rodeo	RE 8	X				X
Rollbahn	KK 9	X				
Rückenklopfen	RE 24	X	X	X	X	X
Rückenkralle	RE 25	X	X	X		X
Rückenmassage	KK 16	X	X	X	X	X
Rückenringkampf	RE 26	X				X
Rückenschieberei	RG 18	X	X			X
Rücken-Touchdown	RE 28	X	X	X		X
Rückentunnel	RE 19	X				X
Rumkugeln	RA 25	X				
Rutschball	RG 16	X				
Saftpresse	BF 18	X	X	X	X	
Sandwich	V 19	X				
Schattenboxen	RA 22	X	X	X	X	X
Schatz vergraben und bewachen	RE 39	X				
Schätzchen suchen	BF 9	X	X	X	X	
Schildkrötendrehen	RG 13	X				
Schlangenfangen	BF 21	X	X	X		
Schlangengrube und Ameisenhaufen	RA 16	X				
Schlussverkauf	BF 13	X				
Schulterdrücken	RE 29	X	X	X		X
Schutzball	BF 11	X	X	X	X	
Schwebesitzkampf	RA 27	X				X

Spielbezeichnung	Kategorie	Turnhalle	Aula, Pausen-. halle u.ä.	Außen- gelände	Schwimm- bad	Zu Hause
Schwertransporter	RA 4	X				X
Segelflieger	V 10	X				X
Sockenklau	RG 14	X				
Sommerregen	V 17	X				
Spinnenfeind	RG 37	X				
Spinnennetz	V 21	X	X	X		
Spinnenrandori	RG 5	X				
Spirale	KK 10	X	X	X	X	
Spürkreis	V 16	X	X	X	X	
Stuhlkreiswettkampf	RG 17	X	X			
Sumo-Uhr	RA 17	X	X	X		X
Tango-Randale	RE 17	X				
Tanz der Vögel	RG 24	X				
Tauloses Tauziehen	RE 33	X	X	X	X	
Tauzieh-Variationen	RA 31	X	X	X	X	X
Tentakelfangen	BF 4	X	X	X		
Touch-Down	RE 30	X	X	X		X
Treffpunkt	V 8	X	X	X		X
Treue Seelen	KK 25	X	X	X	X	
Trotzphase	RG 4	X	X	X	X	X
Tücherjagd	RE 34	X				
Überlaufen	V 15	X	X	X		
Umarmung	RA 18	X	X	X	X	X
Umgehung	V 7	X	X	X		X
Umwerfer	RA 3	X				
Unumstößlich	RE 4	X				X
Urschrei	BF 10	X	X	X	X	
Vampir	KK 7	X	X	X	X	
Verkettet	RE 9	X				
Verletze bergen	BF 6	X				
Vertrauensschlange	V 25	X	X	X	X	

Spielbezeichnung	Kategorie	Turnhalle	Aula, Pausen-. halle u.ä.	Außen-gelände	Schwimm-bad	Zu Hause
Verwundete Hasen	BF 7	X	X	X		
Viereckziehen	RG 2	X	X			
Wachklopfereien	RA 40	X	X	X	X	X
Wackelpudding	RG 26	X				
Wände einrennen	RA 19	X				
Wegschleifen	RE 10	X				
Werwolf	RG 15	X				
Widerstand	RA 5	X		X		X
Wildpferd zähmen	RE 6	X				X
Wildschützen	RG 3	X				
Wildwechsel	RG 30	X				
Wir passen auf!	V 9	X	X	X	X	
Zerreißprobe	RG 1	X	X	X	X	
Zieh, Zieh, Zieh!!!	RA 7	X				

5. Literatur

Abel, A. / Raithel, J. (1997): Kampfspiele – friedlich und fair. In: Sportpädagogik, 21 (6), 49-51.

Anders, W. (1982): Kriterien zur Planung und Durchführung von Bewegungsspielen im Elementar- und Primarbereich. In: Motorik, 5 (2), 68-74.

Anders, W. (1984): Unterrichtsdidaktisches Konzept zur Einführung von Entspannungsübungen bei verhaltensauffälligen Schülern. In: Motorik, 7 (4), 157-166.

Anders, W. (1985): Eutonie und autogenes Training bei verhaltensauffälligen Schülern. In: Motorik, 8 (2), 58-66.

Anders, W. (1996): Wie werde ich überschüssige Kräfte los? In: Beins, H.-J./ Lensing–Conrady, R./Pütz, G./Schönrade, S. (Hrsg.): Wenn Kinder durchdrehen. Vom Wert des Fehlers In der Psychomotorik. Dortmund: borgmann publishing, 10-19.

Anders, W. (2001): Psychomotorik in der Neonatologie? Zur Bedeutung des Körperkontaktes und der sanften Pflege bei zu früh Geborenen. In: Motorik, 24 (4), 138-145.

Anders, W. (2001): Häute scho(e)n berührt? Gedanken zum Körperkontakt in der Psychomotorik. In: Zimmer, R ./Hunger, I.: Kindheit in Bewegung. Schorndorf, Hofmann, 113-117.

Anders, W. / Weddemar, S. (^{2}2002): Häute scho(e)n berührt? Körperkontakt in Entwicklung und Erziehung. Dortmund: borgmann publishing.

Bielefelder Sportpädagogen (1998^{3}): Methoden im Sportunterricht. Schorndorf: Hofmann

Beudels, W. / Kleinz, N. / Delker, K. (Hrsg.) (1997): Außer Rand und Band. WenigKostenvielSpaßgeschichten mit Alltagsmaterialien. Dortmund: borgmann publishing.

Beudels, W. / Lensing-Conrady, R. / Beins, H. J. (1994): ... das ist für mich ein Kinderspiel. Handbuch zur psychomotorischen Praxis. Dortmund: borgmann publishing.

Beudels, W. (2002): „Ich lass' mich doch nicht unterkriegen!" – Ringen und Raufen in der Förderung mit sogenannten hyperaktiven Kindern. In: Schönrade, S. u.a. (Hrsg.): Kindheit ans Netz? Was Psychomotorik in einer Informationsgesellschaft leisten kann. Dortmund: borgmann, 87-104.

Broich, I. (1993): Körper- und Bewegungsspiele. Köln: Maternus.

Bruhn, A. (1998): Kämpfen: Für Mädchen kein Thema?! In: Sportpädagogik, 22 (5), 45-49.

Dirnbacher, H. (1993): Mädchen brauchen Kraft – Mädchen haben Kraft. In: Sportpädagogik, 17 (1), 44-47.

Drefke, H. (1982): Körpererfahrung oder Körperkontakt – oder müssen wir uns wieder anfassen? In: Sportunterricht, 31 (5), 185-190.

Fikar, S. / Meier-Munding, E. (1996): Körperbewußtsein und Körpererfahrung in der gestalttherapeutischen Arbeit mit behinderten Menschen. In: Praxis der Psychomotorik, 21 (1), 42-45.

Fischer, K. (1996): Körpererfahrung und Identität als Grundbegriffe der Psychomotorik. In: Motorik, 19 (3), 102-104.

Frank, W. (1988): Rücksichtsvoll kämpfen lernen. In: Sportpädagogik, 12 (4), 39-46.

Funke, J. (Hrsg.)(1983): Sportunterricht als Körpererfahrung. Reinbek: Rowohlt.

Funke-Wieneke, J. (1997): Soziales Lernen. In: Sportpädagogik, 21 (2), 28-39.

Funke, J. (1988): Psychomotorik In der Schule. In: Motorik, 11 (4), 119-128.

Funke, J. (1988): Ringen und Raufen. In: Sportpädagogik, 22 (4), 13-22.

Funke-Wieneke, J. (1994): Pankration im Schulsport? Versuch einer sonderpädagogischen Argumentation zum Vorhaben der „Selbstverteidigung für Mädchen". In: Sportunterricht, 43 (6), 259-261.

Geist, S. (1996): Ein Versuch, mit Aggression umzugehen. In: Sportpädagogik, 20 (4), 47-50.

Gerdes, L. (1998): Zweikämpfen mit Kontakt als Übung im Vertrauen. In: Sportpädagogik, 22 (5), 50-53.

Gerr, R. (1980): Pädagogische und psychomotorische Aspekte des Ringens und Raufens in Vor- und Grundschule. Erfahrungen aus den USA. In: Motorik, 3 (4), 158-165.

Gerr, R. (1981): Rauf- und Kampfspiele als auflockernde Maßnahmen im Sportunterricht. In: Praxis der Psychomotorik, 6 (1), 1- 6.

Gerr, R. (1982): Ringen und Raufen als psychomotorisches Bildungs- und Erziehungsmittel, Dortmund (modernes lernen).

Happ, S. (1998): Zweikämpfen mit Kontakt. In: Sportpädagogik, 22 (5), 13-23.

Hennemann, M. (1996): Shiatsu-Gespräch mit den Händen. In: Praxis der Psychomotorik, 21 (1), 46-52.

Innenmoser, J. / Janko, W. / Vögtle, H-J. (1992): Judo als Rehasport – Behindertenspezifische Aufarbeitung der Sportart Judo, Idstein (Schulz-Kirchner).

Jakob, M. (1985): Wenn Mädchen kämpfen. In: Sportpädagogik, 22 (5), 29-34.

Jung, W. (1988): Vom Rangeln zum Ringen. In: Sportpädagogik, 4, 47-53.

Keller, B. / Anders, W. (1997): Das Prinzip Hoffnung In der Psychomotorik. In: Vorstand der Deutschen Gesellschaft für Logotherapie (Hrsg.): Das Prinzip Hoffnung In der Logotherapie, Sonderheft Logotherapie und Existenzanalyse, 157-165.

Klocke, U. (1998): Judo lernen. Offizielles Lehrbuch des Deutschen Judo-Bundes e.V. (DJB) zur Ausbildungs- und Prüfungsordnung. Bonn: Born.

Kopp, B. (1977): Sport für verhaltensgestörte Kinder und Jugendliche. Schorndorf: Hofmann.

Krüger, M. (1992): Selbstverteidigung für Mädchen – ein Thema für die Sportpädagogik und den Sportunterricht. In: Sportunterricht, 41 (9), 372-379.

Kupsch, T. (1998): Kampfspiele zu „Kultivierung" von Aggressionen. In: Sportpädagogik, 22 (5), 41-44.

Lensing-Conrady, R. (2001): Von der Heilsamkeit des Schwindels. Gleichgewichtswahrnehmungen als Motor für Entwicklung und Lernen. Dortmund: borgmann publishing.

Lohre, T. (1995): Körpererfahrung durch Taekwon-Do. In: Sportpädagogik, 19 (4), 51-55.

Matthiass, R. (1998): Miteinander ringen, raufen, kämpfen und Vertrauen entwickeln. In: Sportpädagogik, 4, 35-40.

Meier, A. (1991): Wie wollen wir miteinander umgehen? In: Sportpädagogik, 15 (2), 28-30.

Miethling, W. D. (1996): Aggressionen im Sportunterricht. In: Sportpädagogik, 20 (4), 19-31.

Müller, B. (1996): Gegeneinander kämpfen – um friedlich miteinander sein zu können. In: Sportpädagogik, 20 (4), 41-46.

Olivier, J.-C. (1995): Wohin mit den Aggressionen? Raufen und Spielen nach Regeln, Linz: Veritas-Verlag.

Patermann, R. (1998): Distanz und Nähe. Aikido als Integrationsangebot für junge Aussiedler. In: Sportpädagogik, 22 (5), 54-57.

Petrov, R. (Hrsg)(1995): L'ABC de la lutte. FILA, Lausanne.

Raschke, H. (1991): Füße erleben – Füße bewegen. In: Praxis der Psychomotorik, 16 (4), 256-259.

Rieder, H. (1980): Warum sind Ringen und Raufen in Vorschul- und Schulsport heute verpönt? In: Motorik, 3 (4).

Rieder, H. (1977): Sport als Therapie. Berlin: Bartels & Wernitz.

Ruch, L. (1998): Ringen. Rahmentrainingskonzeption für Kinder und Jugendliche im Leistungssport, Wiesbaden: Limpert.

Ruck, I. (1998): Ringen und Raufen im Bewegungskindergarten. In: Sportpädagogik, 22 (5), 24-28.

RuL: Sport-Richtlinien und Lehrpläne für die Grundschule in Nordrhein-Westfalen. (1999) Ministerium für Schule und Weiterbildung, Wissenschaft und Forschung des Landes Nordrhein-Westfalen. Ritterbach, Frechen.

Salis, B. (1996): Wettergott und Bärenatmung. In: Motorik, 19 (3), 142-148.

Schmerbitz, H. / Seidendsticker, W. (1997): Die Welt ist nicht mehr zu erobern. In: Sportpädagogik, 21 (6), 23-24.

Schmerbitz, H. / Seidensticker, W. (1997): Sportunterricht und Jungenarbeit. In: Sportpädagogik, 21 (6), 25-37.